Philipp Lutz

Definitionen für die Zivilrechtsklausur

Formulierungen, Streitgegenstände und Beispiele aus dem gesamten Zivilrecht zum Auswendiglernen

4. Auflage 2011

ISBN 978-3-86724-028-4

4. Auflage 2011

© 2011 niederle media

Bezug möglich direkt vom Verlag
niederle media
48341 Altenberge
Fax (02505) 93 98 99
E-Mail: info@niederle-media.de
www.niederle-media.de

Lektorat: Jan Wendorf

▸ Inhalt

▸ Definitionen für die Zivilrechtsklausur

a. A./A. A.	andere Auffassung
allg.	allgemein
bzgl.	bezüglich
Bsp.(e)	Beispiel(e)
Def.	Definition
d. h.	das heißt
ggf.	gegebenenfalls
GoA	Geschäftsführung ohne Auftrag
h. M.	herrschende Meinung
Hs./HS	Halbsatz
i. d. R.	in der Regel
i. H. v.	in Höhe von
i. R. d.	im Rahmen der
i. S. d.	im Sinne der
i. Z.	im Zweifel
insbes.	insbesondere
KV	Kaufvertrag
Lit.	Literatur
M.M.	Mindermeinung
obj.	objektiv
Rspr.	Rechtsprechung
RF(en)	Rechtsfolge(n)
str.	streitig
subj.	subjektiv
SV	Sachverhalt
Tb.	Tatbestand
u.	und
Vor.	Voraussetzung
WE	Willenserklärung

▶ Vorwort

Dieses Skript ist gedacht als **Lernhilfe** für Zivilrechtsklausuren und für die mündliche Prüfung im Zivilrecht. So wie man eine Fremdsprache nur erlernen kann, wenn man regelmäßig Vokabeln „paukt", kann man auch eine Zivilrechtsklausur nur dann bewältigen, wenn man vorher die zentralen Definitionen auswendig gelernt hat.

Wann sind z.B. die Voraussetzungen der *Drittschadensliquidation* oder des *Vertrags mit Schutzwirkung zugunsten Dritter* gegeben? Was versteht man unter *Analogie* oder unter *Schickschuld?* Und welche Voraussetzungen hat ein rechtmäßiger *Streik* im Arbeitsrecht?

Diese Grundbegriffe kann man sich am besten aneignen, wenn man – wie bei einem Vokabelheft – eine Hälfte der Seite mit einem Stück Papier etc. abdeckt und ausprobiert, ob die aufgelisteten Begriffe bekannt sind. Das zeitaufwändige Beschreiben von Karteikarten kann man sich so ersparen.

Für Ihre Klausuren und die mündliche Prüfung drücken wir schon jetzt ganz fest die Daumen,

Philipp Lutz & Jan Niederle

▶ Unsere 📖 Skripten 🗂 Karteikarten 🎧 Hörbücher (CD & MP3)

Zivilrecht

- 📖 Standardfälle für Anfänger (7,90 €)
- 📖 Grundlagen und Fälle BGB für 1. und 2. Sem. (9,90 €)
- 📖 🎧 Standardfälle BGB AT (7,90 €)
- 📖 🎧 Standardfälle Schuldrecht (7,90 €)
- 📖 Standardfälle Ges. Schuldverh., §§ 677, 812,823 (7,90 €)
- 📖 🎧 Standardfälle Sachenrecht (7,90 €)
- 📖 Standardfälle Familien- und Erbrecht (7,90 €)
- 📖 Originalklausuren Übung für Fortgeschrittene (7,90 €)
- 📖 🎧 Basiswissen BGB (AT) (Frage-Antwort) (7 €)
- 📖 🎧 Basiswissen SchuldR (AT) 📖 🎧 SchuldR (BT) (7 €)
- 📖 🎧 Basiswissen Sachenrecht, 📖 🎧 FamR, 📖 🎧 ErbR
- 📖 Einführung in das Bürgerliche Recht (7,90 €)
- 📖 Studienbuch BGB (AT) (9,90 €)
- 📖 Studienbuch Schuldrecht (AT) (9,90 €)
- 📖 Schuldrecht (BT) 1 - §§ 437, 536, 634, 670 ff. (7,90 €)
- 📖 Schuldrecht (BT) 2 - §§ 812, 823, 765 ff. (7,90 €)
- 📖 SachenR 1 – Bewegl. S., 📖 SachenR 2 – Unb. S. (7,9 €)
- 📖 Familienrecht und 📖 Erbrecht (Einführungen) (7,90 €)
- 📖 Streitfragen Schuldrecht (7 €)
- 📖 🎧 Definitionen für die Zivilrechtsklausur (9,90 €)

Strafrecht

- 📖 🎧 Standardfälle für Anfänger Band 1 (9,90 €)
- 📖 Standardfälle für Anfänger Band 2 (7,90 €)
- 📖 Standardfälle für Fortgeschrittene (9,90 €)
- 📖 🎧 Basiswissen Strafrecht (AT) (Frage-Antwort)
- 📖 🎧 Basiswissen Strafrecht BT 1 und 📖 🎧 BT 2 (7 €)
- 📖 Strafrecht (AT) (7,90 €)
- 📖 Strafrecht (BT) 1 – Vermögensdelikte (7,90 €)
- 📖 Strafrecht (BT) 2 – Nichtvermögensdelikte (7,90 €)
- 📖 🎧 Definitionen für die Strafrechtsklausur (7,90 €)

Öffentliches Recht

- 📖 Standardfälle Staatsrecht I – StaatsorgaR (9,90 €)
- 📖 Standardfälle Staatsrecht II – Grundrechte (9,90 €)
- 📖 🎧 Standardfälle f. Anfänger (StaatsorgaR u. GRe) (7,9 €)
- 📖 Standardfälle Verwaltungsrecht (AT) (9,90 €)
- 📖 Standardfälle Polizei- und Ordnungsrecht (7,90 €)
- 📖 Standardfälle Baurecht (9,90 €)
- 📖 Standardfälle Europarecht (9,90 €)
- 📖 Standardfälle Kommunalrecht (7,90 €)
- 📖 🎧 Basiswissen StaatsR I –StaatsorgaR (Fr-Antw.) (7 €)
- 📖 🎧 Basiswissen StaatsR II –GrundR (Frage-Antw.) (7 €)
- 📖 🎧 Basiswissen VerwaltungsR AT– (Frage-Antwort) (7 €)
- 📖 Studienbuch Staatsorganisationsrecht (9,90 €)
- 📖 Studienbuch Grundrechte (9,90 €)
- 📖 Studienbuch Verwaltungsrecht AT (9,90 €)
- 📖 Studienbuch Europarecht (12 €) u. 🎧 Basiswissen EuR
- 📖 Staatshaftungsrecht (7,90 €)
- 📖 VerwaltungsR AT 1 – VwVfG u. 📖 AT 2–VwGO (7,90 €)
- 📖 VerwaltungsR BT 1 – POR (7,90 €)
- 📖 VerwaltungsR BT 2 – BauR 📖 BT 3 – UmweltR (7,90 €)
- 📖 🎧 Definitionen Öffentliches Recht (9,90 €)

Steuerrecht

- 📖 Abgabenordnung (AO) (8,90 €)
- 📖 Einkommensteuerrecht (EStG) (9,90 €)
- 📖 Erbschaftsteuerrecht (9,90 €)
- 📖 Steuerstrafrecht/Verfahren/Steuerhaftung (7,90 €)

Sozialrecht

- 📖 Kinder- und Jugendhilferecht (7,90 €)
- 📖 Sozpäd. Diagn.: SPFH & ambul. Hilfen d. KJH
- 📖 Sozialrecht (7,90 €)

Nebengebiete

- 📖 Standardfälle Handels- & GesellschaftsR (7,90 €)
- 📖 Standardfälle Arbeitsrecht (7,90 €)
- 📖 Standardfälle ZPO (8,90 €)
- 📖 🎧 Basiswissen HandelsR (Frage-Antwort) (7 €)
- 📖 🎧 Basiswissen Gesellschaftsrecht (Fra.-Antwort)
- 📖 🎧 Basiswissen ZPO (Frage-Antwort) (7,90 €)
- 📖 🎧 Basiswissen StPO (Frage-Antwort) (7 €)
- 📖 Handelsrecht (7,90 €)
- 📖 Gesellschaftsrecht (7,90 €)
- 📖 Arbeitsrecht (7,90 €)
- 📖 Kollektives Arbeitsrecht (9,90 €)
- 📖 ZPO I – Erkenntnisverfahren (7,90 €)
- 📖 ZPO II – Zwangsvollstreckung (7,90 €)
- 📖 Strafprozessordnung – StPO (7,90 €)
- 📖 Einf. Internationales Privatrecht - IPR (9,90 €)
- 📖 Standardfälle IPR (9,90 €)
- 📖 Insolvenzrecht (8,90 €)
- 📖 Gewerbl. Rechtsschutz/Urheberrecht (8,90 €)
- 📖 Wettbewerbsrecht (7,90 €)
- 📖 Ratgeber 500 Spezial-Tipps für Juristen (12 €)
- 📖 Mediation (7,90 €)

Karteikarten (je 8,90 €)

- 🗂 Zivilrecht: BGB AT/Grundlagen/ 🎧 Schemata
- 🗂 Strafrecht: AT/BT-1/BT-2/Streitfragen
- 🗂 Öffentliches Recht: StaatsorgaR/GrundR/VerwR

Assessorexamen

- 📖 Die Relationstechnik (7 €)
- 📖 Der Aktenvortrag im Strafrecht (7,90 €)
- 📖 Der Aktenvortrag im Wahlfach Strafrecht (7,90 €)
- 📖 Der Aktenvortrag im Zivilrecht (7,90 €)
- 📖 Der Aktenvortrag im Öffentlichen Recht (7,90 €)
- 📖 Urteilsklausuren Zivilrecht (7,90 €)
- 📖 Staatsanwaltl. Sitzungsdienst & Plädoyer (7,90 €)
- 📖 Die strafrechtliche Assessorklausur (7,90 €)
- 📖 Die Assessorklausur VerwR Bd. 1 (7,90 €)
- 📖 Die Assessorklausur VerwR Bd. 2 (7,90 €)
- 📖 Zwangsvollstreckungsklausuren (7,90 €)
- 📖 Vertragsgestaltung in der Anwaltsstation (7 €)

BWL

- 📖 Einführung i. die Betriebswirtschaftslehre (7,90 €)
- 📖 Marketing (7 €)
- 📖 Organisationsgestaltung & -entwickl. (7,90 €)
- 📖 Internationales Management (7 €)
- 📖 Wie gelingt meine wiss. Abschlussarbeit? (7 €)
- 📖 Ratgeber Assessment Center (9,90 €)

Irrtümer und Änderungen vorbehalten!

Schemata

- 📖 Die wichtigsten Schemata-ZivR,StrafR,ÖR (12 €)
- 📖 Die wichtigsten Schemata–Nebengebiete (9,90 €)

Irrtümer und Änderungen vorbehalten!

🎧 bedeutet: auch als **Hörbuch** (Audio-CD oder MP3) lieferbar!

Im **niederle-shop.de** bestellte Artikel treffen idR *nach 1-2 Werktagen* ein!

1. Lektion: BGB Allgemeiner Teil

Rechtsfähigkeit

Fähigkeit, Träger von **Rechten** u. **Pflichten** zu sein => Beginnt bei natürlichen Personen mit der Vollendung der Geburt (§ 1) u. endet mit dem Tod (Hirntod)

Handlungsfähigkeit

Fähigkeit des Menschen, **rechtlich** bedeutsame Handlungen vorzunehmen => Man unterscheidet zwischen Geschäfts- u. Deliktsfähigkeit

Geschäftsfähigkeit

Fähigkeit, **Rechtsgeschäfte** vorzunehmen => Tritt mit Erreichen des **18**. Lebensjahres ein. Vor Erreichen der Volljährigkeit besteht entweder eine beschränkte Geschäftsfähigkeit (§ 106) oder eine Geschäftsunfähigkeit (§ 104) => siehe Def.

Deliktsfähigkeit

Fähigkeit, im Rahmen der §§ 823 ff. zivilrechtlich für einen **Schaden** zur Verantwortung gezogen zu werden => Ab welchem Alter diese Fähigkeit besteht, vgl. **§ 828**!

Ipso iure

Ohne weitere rechtsgeschäftliche Akte

Ex tunc

„von damals an"; von Anfang an

Ex nunc

„von jetzt an"

Lex specialis

Sondergesetz, das Vorrang hat vor der Lex generalis => **vorrangige Prüfung**!

Lex generalis

Allgemeines Gesetz

Erläuternde Vertragsauslegung

Mit ihr wird der **Inhalt** des Vertrages bzw. seine Vertragsbestandteile ermittelt => Kriterien: Wortlaut, verfolgter Zweck, Verkehrssitte, Treu u. Glauben

8

Ergänzende Vertragsauslegung

Mit ihr werden **Lücken** rechtsgeschäftlicher Vereinbarungen geschlossen => Eine ausfüllungsbedürftige Lücke liegt dann vor, wenn beim Vetragsschluss beide Parteien einen bestimmten Umstand nicht oder in falscher Weise berücksichtigt haben. Dann gilt es zu ermitteln, was bei dem Vertrag beide Parteien gewollt hätten, wenn sie den nicht bedachten Umstand berücksichtigt hätten (= Ermittlung des **hypothetischen Willens** der Vertragsparteien)

Analogie

Ausdehnung von Rechtssätzen auf einen im Gesetz nicht geregelten oder vom Gesetzeswortlaut nicht mehr erfassten Fall => In der Praxis: Übertragung einer im Gesetz enthaltenen Regelung auf einen nicht geregelten Fall, sofern 1. eine Regelungs**lücke** besteht, 2. die Regelungs-/Gesetzes**lücke** vom Gesetzgeber **nicht beabsichtigt** war u. 3. es die Interessenlage gebietet, die Lücke i. S. d. vorhandenen Regelung zu schließen (**Interessengleichheit**)

Person

Jemand, der Träger von Rechten sein kann (**Rechtssubjekt**)

Natürliche Person

Jeder lebende Mensch

Verbraucher

Legaldefinition in § 13

Unternehmer

Legaldefinition in § 14 I

Juristische Person

Zweckgebundene **Organisation**, der die Rechtsordnung Rechtsfähigkeit verliehen hat => Das BGB enthält 2 Formen der juristischen Person des Privatrechts: **Verein** (§§ 21 ff.),**Stiftung** (§§ 80 ff.). Bspe. für Sonderformen des Vereins: AG, GmbH, Genossenschaft

Vereine (§§ 21 ff.)	**1)** Auf **Dauer** angelegte Verbindung **2) mehrerer 3)** natürlicher oder juristischer **Personen 4)** zur Erreichung eines **gemeinsamen Zwecks, 5)** die **körperschaftlich organisiert** ist, **6)** einen **Gesamtnamen** führt u. **7)** auf **wechselnden** Mitgliederbestand angelegt ist => BGB unterscheidet zwischen **ideellen**, d. h. nichtwirtschaftlichen (§ 21) u. **wirtschaftlichen** (§ 22) Vereinen
Stiftungen (§§ 80 ff.)	**Vermögensmassen** mit eigener Rechtspersönlichkeit. Der Stifter bestimmt den Zweck der Stiftung => Im Gegensatz zum Verein ist sie **keine** Personenvereinigung, hat keine Mitglieder, sondern lediglich die von ihr begünstigten Personen (**Destinatäre**)
Sachen	Alle körperlichen Gegenstände (**Rechtsobjekte**), § 90 => Beispiele für „Nichtsachen": Forderungen, Daten. Tiere stehen gemäß § 90a im Ergebnis weitgehend den Sachen gleich, da die für Sachen geltenden Vorschriften entsprechend angewendet werden
Privatautonomie	Recht des Einzelnen, seine Lebensverhältnisse im Rahmen der Rechtsordnung **eigenverantwortlich** zu gestalten => Bspe.: Vertrags-, Vereinigungs-, Eigentums-, Testierfreiheit
Vertragsfreiheit	Freie Entscheidung des Einzelnen, ob und mit wem er einen Vertrag schließt (**Abschlussfreiheit**) und was dessen Inhalt sein soll (**Gestaltungsfreiheit**)

Kontrahierungszwang	**Abschlusspflicht/ -zwang.** Rechtssatz, nach dem der Empfänger eines Antrags nicht ablehnen darf. Er **muss** den Antrag annehmen => Der Kontrahierungszwang ergibt sich unmittelbar aus Gesetz, z. B. § 22 PBefG für Beförderungsunternehmen oder besteht bei Unternehmen mit monopolartiger Stellung, z. B. Post, Telekom, Stadtwerke. Bsp.: Lokalzeitungen haben oft eine Monopolstellung u. dürfen dann die Annahme unpolitischer Anzeigen nicht ablehnen. Falls dennoch Ablehnung, Schadensersatzanspruch prüfen (§§ 826, 249 S. 1). Aus § 826 könnte dann ein Kontrahierungszwang folgen
Vereinigungsfreiheit	Recht, Vereine und Gesellschaften zu gründen (Art. 9 I GG), auch Vereinsfreiheit
Eigentumsfreiheit	Berechtigung des Einzelnen, Ei.-gentum zu haben u. mit diesem nach seinem Belieben zu verfahren u. andere von jeder Einwirkung auszuschließen (Art. 14 I GG, § 903)
Testierfreiheit	Recht des Einzelnen, durch Testament zu bestimmen, an wen nach seinem Tode sein Vermögen fallen soll (§ 1937)
Rechtsgeschäft	Besteht aus einer oder mehreren **Willenserklärungen**, die allein oder in Verbindung mit anderen Tatbestandsmerkmalen eine **Rechtsfolge** herbeiführen, weil sie gewollt ist => Das Rechtsgeschäft unterscheidet sich von den **geschäftsähnlichen Handlungen** u. von den **Realakten**. Des Weiteren unterscheidet man zwischen **einseitigen** u. **mehrseitig-**

en Rechtsgeschäften. Wegen des im Zivilrecht geltenden **Trennungs-** u. **Abstraktionsprinzips** ist bei Rechtsgeschäften weiter zu unterscheiden zwischen **Verpflichtungs-** u. **Verfügungsgeschäften**

Geschäftsähnliche Handlungen

Auf tatsächlichen Erfolg gerichtete Erklärungen, deren RFen **unabhängig vom Willen kraft Gesetzes** eintreten => Bspe.: Androhung (z. B. § 384 I), Mahnung (§ 286 I, II), Fristsetzung (z. B. § 286 I), Aufforderung (z. B. § 108 II), Anzeige (z. B. § 170). Die Erklärungen richten sich nicht auf eine bestimmte **gewollte** RF, sondern auf eine **gesetzlich** vorgesehene. Bei den geschäftsähnlichen Handlungen gelten die **Vorschriften für Rechtsgeschäfte** i. d. R. **analog**, wobei dies jedes Mal ausdrücklich zu begründen ist!

Realakte

Tathandlungen. Willentliche Tathandlungen, deren RFen **unabhängig vom Willen kraft Gesetzes** eintreten => Bspe.: Verbindung (§§ 946, 947), Vermischung (§ 948), Verarbeitung (§ 950). Da diese Handlungen nicht durch Erklärungen vorgenommen werden, sind die **Vorschriften für Rechtsgeschäfte** auf Realakte **nicht anwendbar** u. zwar auch nicht analog!

Einseitiges Rechtsgeschäft

Die WE bereits **einer** Person reicht aus, um eine bestimmte rechtsgeschäftliche Folge auszulösen => Bspe.: Testament (§ 2247), Auslobung (§ 657), Anfechtung (§ 142), Rücktritt (§ 349)

Mehrseitiges Rechtsgeschäft	Liegt vor, wenn es die WEen **mehrerer**, mind. zweier, Personen enthält => Bspe.: Vertrag (z. B. Kaufvertrag § 433), Beschluss
Vertrag	Rechtsgeschäft, das aus **inhaltlich übereinstimmenden**, mit Bezug aufeinander abgegebenen **WEen** von mind. 2 Personen besteht (Angebot u. Annahme)
Angebot	**Antrag/Offerte**. Ist eine empfangsbedürftige **WE**, durch die einem anderen ein Vertragsschluss so angetragen wird, dass nur von dessen Einverständnis das Zustandekommen des Vertrages abhängt (u. zwar durch ein **schlichtes „ja"**) => Abgrenzung zur invitatio ad offerendum! Der Antrag muss die sog. „essentialia negotii" zumindest erkennen lassen
Essentialia negotii	**Wesentliche Vertragspunkte** müssen bestimmt oder bestimmbar sein: Vertragspartner, Geschäftstyp, Geschäftsgegenstand
Annahme	Ist eine empfangsbedürftige **WE**, durch die der Antragsempfänger dem Antragenden sein Einverständnis mit dem angebotenen Vertragsschluss zu verstehen gibt => **Kurzform**: Vorbehaltloses Einverständnis mit dem Antrag. Lässt sich auf ein **bloßes „ja"** beschränken, ansonsten neuer Antrag, § 150 II. Annahme auch durch schlüssiges Verhalten möglich, z. B. durch Zahlung, oder auch durch Schweigen bei § 362 HGB oder Schweigen auf ein kaufmännisches Bestätigungsschreiben. Beachte die Annahme**frist, § 147**

Kaufmännisches Bestätigungs-schreiben

Wiedergabe vorangegangener **Vertragsverhandlungen,** die noch nicht zum Vertragsschluss geführt haben => Voraussetzungen: **a)** Beide Parteien sind **Unternehmer** (§ 14), nicht notwendig Kaufleute; **b)** Parteien haben **Vertragsverhandlungen** geführt; **c)** Wiedergabe des **wesentlichen** Vertragsinhalts => Schreiben darf nur soweit vom Stand der Verhandlungen abweichen, als aus objektiver Sicht die Zustimmung des Empfängers zu erwarten ist; **d)** Absender darf **nicht arglistig** sein, d. h. er darf nicht bewusst unrichtig oder entstellt das Verhandlungsergebnis wiedergeben (=> sonst: kein Bestätigungsschreiben); **e)** Zugang des Schreibens innerhalb **angemessener** Frist; **f) Kein unverzüglicher** Widerspruch des Empfängers

Synallagmatische Verträge

Gegenseitig verpflichtende Verträge. Jede Partei verpflichtet sich, weil **und** damit sich auch die andere verpflichtet => Bspe.: Dienst-, Werk-, Mietvertrag. Exemplarisch am KV: Pflicht zur Übergabe u. Übereignung einer Sache, § 433 I 1; Pflicht zur Zahlung des Kaufpreises, § 433 II. Nur die **vertragstypbestimmenden** Pflichten stehen **immer** im **Synallagma** (z. B. § 535: Überlassung der Mietsache ⇔ Zahlung der vereinbarten Miete), die **nicht vertragstypbestimmenden** Pflichten **nur** dann, wenn alle Vertragsparteien dies **ausdrücklich** bzw. **konkludent bestimmen** oder dies die ergänzende Vertragsauslegung ergibt (§ 157). Beachte den Unterschied zu **zweiseitigen** Schuldverhältnissen: Hier haben beide Parteien Pflichten, allerdings stehen diese **nicht** im Synallagma => Bsp.: Leihe (§§ 598, 604)

Genetisches Synallagma

Keine synallagmatische Pflicht entsteht ohne die andere

Funktionelles Synallagma

Jede Partei braucht nur zu leisten, wenn auch die andere leistet („Zug um Zug"), § 320. Diese Abhängigkeit in der Erfüllung nennt man das funktionelle Synallagma

Konditionelles Synallagma

Wer nach § 275 I, II, III nicht zu leisten braucht, verliert den Anspruch auf die Gegenleistung

Beschluss

WEen werden **gebündelt** dem Empfänger gegenüber abgegeben => Dient der Willensbildung im Gesellschafts- u. Vereinsrecht, wobei für den Beschluss nicht das Prinzip der Willensübereinstimmung, sondern das **Mehrheitsprinzip** gilt. Auch derjenige, der sich nicht an der Abstimmung beteiligt oder dagegen gestimmt hat, wird an den Beschluss gebunden!

Verpflichtungsgeschäft

Rechtsgeschäft, durch das die **Verpflichtung** zu einer Leistung begründet wird => Meistens ein **Vertrag**, Bsp.: KV (§ 433). Gem. § 241 I begründet das Schuldverhältnis lediglich eine Verpflichtung gegenüber dem Vertragspartner, das in einem Handeln, Unterlassen oder Dulden bestehen kann. D. h. im konkreten Bsp. des § 433 I 1: Der Käufer erwirbt durch den KV den Anspruch auf Übergabe u. Übereignung der Kaufsache, wobei sich durch das Verpflichtungsgeschäft (hier: der KV) unmittelbar nichts an der

Rechtslage der Kaufsache ändert, d. h. allein durch das Verpflichtungsgeschäft wird noch **keine Änderung der Eigentumslage** herbeigeführt, es bildet lediglich den **Rechtsgrund** für das Verfügungsgeschäft

Verfügungsgeschäft

Rechtsgeschäft, das **unmittelbar** auf ein Recht durch Übertragung, Aufhebung, Belastung oder Inhaltsänderung einwirkt => Bspe.: Übertragung (z. B. § 929 S. 1), Aufhebung (§ 875 I), Inhaltsänderung (§ 877). **Voraussetzungen** für ein **wirksames** Verfügungsgeschäft: **A)** Verfügender muss **Verfügungsmacht** über die Sache besitzen. Diese steht regelmäßig dem Inhaber des Rechts zu. Bsp.: Eigentümer einer Sache ist ermächtigt, durch Übereignung der Sache nach § 929 darüber zu verfügen. Verfügungen von einem Nichtberechtigten sind unwirksam, es sei denn in folgenden Fällen: 1) **Einverständnis** des Rechtsinhabers führt zur Wirksamkeit (§ 185 I); 2) **Genehmigung** des Rechtsinhabers (§ 185 II 1); 3) **Guter Glaube** des Erwerbenden an das Bestehen der Rechtsinhaberschaft (z. B. § 932, aber beachte § 935); **B)** Wahrung des **Bestimmtheitsgrundsatzes**, d. h. die Verfügung muss sich auf einen **konkreten** Gegenstand beziehen; **C)** Wahrung des **Publizitätsprinzips**: Rechtsgeschäfte des Sachenrechts wirken gegenüber jedermann, d.h. wirken absolut; **D) Geschäftsfähigkeit** des Verfügenden

Trennungsprinzip

Trennung der **schuldrechtlichen** Verträge von **sachenrechtlichen** Übertragungsgeschäften => So bewirken schuldrechtliche Geschäfte (Verpflichtungsgeschäfte) **keinerlei** Gütertransfer. Der erfolgt getrennt vom Verpflichtungsgeschäft durch Verfügungsgeschäfte!

Abstraktionsprinzip

Das **Verpflichtungsgeschäft** u. das **Verfügungsgeschäft** (dingliches Erfüllungsgeschäft) existieren **rechtlich selbstständig u. unabhängig** voneinander => Bsp.: KV ist ungültig. Trotzdem wirkt sich diese Ungültigkeit i. d. R. nicht auf die Übereignung aus. Der Käufer wird **trotzdem** Eigentümer, allerdings muss er die Sache nach den §§ 812 ff. an den Verkäufer zurückübereignen. **Vorsicht:** In diesen Fällen besteht **kein** Herausgabeanspruch nach § 985, sondern ein Bereicherungsanspruch nach § 812 I 1

Willenserklärung

Willensäußerung einer Person, die auf die Herbeiführung einer bestimmten RF gerichtet ist => Da der innerlich gebildete Wille nach außen erklärt wird, besteht eine WE aus dem **subj.** u. aus dem **obj. Tatbestand.** Dabei ist rechtlich nur der erklärte Wille u. die aus obj. Sicht gewollte Erklärung relevant. Der **Wille** kann dabei **ausdrücklich** oder **konkludent,** d. h. durch schlüssiges Verhalten oder in seltenen Fällen durch Schweigen erklärt werden. **Grundsatz:** Schweigen ist **keine** WE. **Ausnahme:** Schweigen kann die Bedeutung einer WE haben, wenn der andere unter den konkreten Umständen nach

Treu u. Glauben unter Berücksichtigung der Verkehrssitte (§§ 133, 157) auf die Abgabe einer WE schließen durfte. „Beredtes Schweigen" bei Parteivereinbarung. Beachte bei AGB § 308 Nr. 5 BGB! „Normiertes Schweigen" (gesetzlich geregelte WEen): z. B. §§ 108 II2, 177 II 2, 416 I 2, 455 S. 2, 516 II 2

Konkludentes Verhalten

Der Handelnde nimmt Handlungen vor, die **mittelbar** einen Schluss darauf zulassen, dass ein **bestimmter** rechtlich gesicherter wirtschaftlicher Erfolg **gewollt** ist => Bspe.: Schlichte Inanspruchnahme einer entgeltlich angebotenen Leistung: Besteigen der Straßenbahn, des Busses; Annahme eines Vertragsangebots durch Kopfnicken; unkommentiertes Bezahlen des Eintrittsgeldes

Subjektiver Tatbestand der WE

Innerer Erklärungstatbestand der WE. Dieser umfasst **4** Bestandteile: Handlungswille, Erklärungsbewusstsein, Geschäftswille, Rechtsbindungswille

Handlungswille

Wille, überhaupt etwas zu **tun** oder **bewusst** zu unterlassen => Fehlt nur bei unbewussten Bewegungen (z. B. Reflexe) u. vis absoluta, d. h. bei unmittelbarer willensausschließender körperlicher Gewalt. **Fehlt** der Handlungswille, liegt grundsätzlich **keine** WE vor (Mindestvoraussetzung einer WE)!

Erklärungsbewusstsein

Bewusstsein, etwas **rechtlich Erhebliches** zu erklären => Rechtliche Behandlung bei Fehlen des Erklärungsbewusstseins: **1)** Willenstheorie: Es liegt keine gültige

WE vor. **2) Erklärungstheorie** (h. M.): Hätte der Erklärende bei pflichtgemäßer Sorgfalt erkennen können u. müssen, dass sein Verhalten als WE aufgefasst werden könnte, wird ihm seine Erklärung als WE zugerechnet. Allerdings besteht ein Anfechtungsrecht analog § 119 I 2. Fall. Kannte der Erklärungsempfänger das Fehlen des Erklärungsbewusstseins oder durfte er aus anderen Gründen nicht auf das Geschäft vertrauen, ist eine Zurechnung ausgeschlossen! Bsp.: „**Trierer Weinversteigerung**". Hier winkt der ortsfremde Z bei der Versteigerung durch Erheben der Hand seinem Freund Y zu. Z weiß nicht, dass hier das Handheben die Abgabe eines um 50 € höheren Kaufangebots bedeutet. Der Versteigerer schlägt dem Z das Fass Wein zu

Geschäftswille

Wille des Erklärenden, eine **ganz bestimmte** RF herbeizuführen, z.B. ob eine Sache gekauft oder gemietet werden soll. Das Fehlen des Geschäftswillens ist stets unbeachtlich. I. Z. gilt die WE so, wie sie obj. zu verstehen ist, also von einem vernünftigen Dritten verstanden worden wäre. **Aber**: Anfechtung nach den §§ 119 ff. möglich, wobei der Erklärende dann gem. § 122 auf Schadensersatz haftet

Rechtsbindungswille

Wille, sich rechtlich binden zu wollen. Fehlt i.d.R. bei Gefälligkeiten, Erteilen von Auskünften/ Ratschlägen/Empfehlungen und der invitatio ad offerendum

Gefälligkeit

Versprechen einer **unentgeltlichen** Hilfe oder Annehmlichkeit.

Jemand wird also für einen anderen tätig, überlässt ihm Sachen oder bewahrt dessen Sachen auf, ohne dafür ein Entgelt zu erhalten! => 3 Fallgruppen sind zu unterscheiden: Gefälligkeits*vertrag*; Gefälligkeits*verhältnis*; Alltägliche *Gefälligkeit*

Gefälligkeitsvertrag

Unentgeltlicher Vertrag, bei dem **keine** Verpflichtung zur **Gegenleistung** besteht. Eine echte vertragliche Einigung liegt vor, die nur einen der Vertragspartner zur Leistung verpflichtet => Beteiligte wollen sich vertraglich verpflichten, haben also Rechtsbindungswillen! Bspe.: §§ 516, 598, 662, 688. Bei Verletzung: Haftung nach § 280 bzw. nach den entsprechenden Haftungsprivilegierungen, z. B. § 521

Gefälligkeitsverhältnis

Gefälligkeitszusage. Bedeutet die (oft unentgeltl.) Erbringung einer Leistung, ohne dass dem eine rechtliche Verpflichtung des Leistenden zugrunde liegt. Die Beziehungen der Beteiligten sind **nicht** von einem gemeinsamen Rechtsbindungswillen getragen, sie handeln damit **nicht** auf vertraglicher Grundlage, sondern aus Gefälligkeit. => Entscheidendes **Abgrenzungskriterium** zum **Gefälligkeitsvertrag** ist also, ob die Leistungszusage mit Rechtsbindungswillen erfolgt (ermitteln durch Auslegung der Erklärung, § 133). Liegt dieser den Erklärungen erkennbar zugrunde, dann Gefälligkeitsvertrag! Bei schuldhafter Verletzung: Ansprüche aus §§ 280 I, 241 II, 311 II; Verschuldensmaßstab ist streitig: Analoge Anwendung der Haftungsprivilegierungen, d. h. Haftung auf Vorsatz u. grobe Fahrlässigkeit

(BGH: normaler Haftungsmaß-
stab, § 276, d. h. Haftg. f. Vorsatz
u. **jede** Form von Fahrlässigkeit)

Alltägliche / reine Gefälligkeit

Abreden, bei denen sich die Be-
teiligten **rechtlich nicht binden**
u. damit keine WE abgeben u.
keine vertraglichen Pflichten ein-
gehen wollen => Es fehlt folglich
der Rechtsbindungswille! Bsp.:
Einladung zu einer Geburtstags-
party. Bei Verletzung **keine** Haf-
tung des Betroffenen, weder auf
Erfüllung noch auf Schadenser-
satz!

Invitatio ad offerendum

**Aufforderung zur Abgabe einer
WE** u. damit Aufforderung zur
Abgabe eines Angebots zu einem
Vertragsschluss => Hier **fehlt**
also der Rechtsbindungswille!
Bspe.: Zeitungsanzeigen, Schau-
fensterauslagen. Würden dies
Angebote sein, könnte eine unbe-
grenzte Anzahl von Personen
durch Annahme einen Vertrags-
schluss zustande bringen. Dem
Anbieter wird das bei der invitatio
ad offerendum erspart. Die an-
deren machen das Angebot, das
er dann annehmen oder ablehn-
en kann, z. B. wenn diese zah-
lungsunfähig sind

Freibleibendes Angebot

2 Auffassungen: **1)** invitatio ad of-
ferendum; **2)** Verbindliches Ange-
bot, das aber noch unverzüglich
nach Zugang der Annahmeerklä-
rung widerrufen werden kann
(h.M.) => Bspe.: Angebot „frei-
bleibend", „unverbindlich"

Objektiver Tatbestand der WE

Äußerer Erklärungstatbestand
der WE => Gedankliche Hilfsfra-
ge: Wie ist das Verhalten aus der
Sicht eines obj. Dritten bzw. ei-
nes vernünftigen Empfängers zu

würdigen (§ 133)? Für diesen obj. Dritten (in der Rolle des Erklärungsempfängers) muss sich das Verhalten des Erklärenden als die **Äußerung eines Rechtsbindungswillen** darstellen. Für den äußeren Erklärungstatbestand spielt es also keine Rolle, ob der Erklärende den zum Ausdruck gekommenen Willen tatsächlich hatte!

Empfangsbedürftige Willenserklärung

WE, die **einem anderen gegenüber abzugeben** ist (§ 130 I 1) => Wird nur mit Abgabe u. Zugang der Erklärung wirksam; Bspe.: Kauf-, Werk-, Dienstvertrag, Kündigung, Anfechtung wegen arglistiger Täuschung/Irrtums (§ 143)

Nicht empfangsbedürftige WE

Liegt vor, wenn sich aus dem Regelungszusammenhang oder einer ausdrücklichen Vorschrift ergibt, dass ihre Wirksamkeit **nicht vom Zugang abhängt** => § 130 gilt deshalb nicht! Bspe.: Testament wird mit Abgabe wirksam; Auslobung (§ 657); Eigentumsaufgabe (§ 959)

Abgabe einer Willenserklärung (unter Abwesenden) § 130

Abgabe einer empfangsbedürftigen WE liegt vor, wenn die Erklärung vom Erklärenden **willentlich** so in Verkehr gebracht wird, dass ohne sein weiteres Zutun der Zugang der Erklärung eintreten kann => Bsp.: X lässt ein unterschriebenes Schriftstück auf seinem Schreibtisch liegen, das seine Putzfrau findet u. es in den Briefkasten wirft. Hilfsfrage: Hätte der Erklärende damit rechnen müssen? Wenn ja, dann gilt die Erklärung als abgegeben! Im Fall hätte X nicht damit rechnen müssen! **Abgabe** einer **nicht** empfangsbedürftigen WE ist die endgültige willentliche **Entäußerung**, d. h. diese WEen werden bereits in dem Zeitpunkt wirksam, in dem sie formuliert werden

Zugang einer empfangsbedürftigen Willenserklärung (unter Abwesenden)

Zugegangen ist eine WE, wenn sie so in den **Machtbereich des Empfängers** gelangt ist, dass mit ihrer **Kenntnisnahme** durch den Adressaten zu rechnen ist (§ 130 I 1) => Sowohl bei der Abgabe als auch beim Zugang können auf beiden Seiten Hilfspersonen (Stellvertreter, Boten) zur Übermittlung bzw. Entgegennahme eingeschaltet werden. Zugang erfolgt auch bei beschränkter Geschäftsfähigkeit / Geschäftsunfähigkeit des Empfängers, § 131 I u. II, jedoch erst wirksam, wenn sie dem gesetzlichen Vertreter zugeht! Ebenso erfolgt Zugang bei unberechtigter Annahmeverweigerung. Hier geht die Erklärung in dem Moment zu, in dem der Empfänger die Erklärung hätte entgegennehmen können (= **Zugangsfiktion**)

Abgabe einer Willenserklärung (unter Anwesenden)

Schriftliche Erklärung: Abgegeben, wenn sie dem Anwesenden zur Entgegennahme überreicht wird; **Mündliche Erklärung**: Abgegeben, wenn der Erklärende sie ausgesprochen hat

Zugang einer Willenserklärung (unter Anwesenden)

Schriftliche Erklärung: Zugegangen, wenn sie dem Anwesenden übergeben, d.h. ausgehändigt wird u. somit in seinen Herrschaftsbereich gelangt. **Mündliche Erklärung**: Nach der eingeschränkten Vernehmungstheorie (h. M.) geht die Erklärung zu, wenn der Empfänger sie akustisch vernommen hat bzw. wenn der Erklärende damit rechnen

23

konnte, dass der Empfänger seine Erklärung richtig u. vollständig verstanden hat

Erklärungsbote

Derjenige, der nach der Verkehrsanschauung als **nicht ermächtigt** anzusehen ist, z.B. Kinder oder Nachbarn. Mögliche Fehler des Boten gehen zu **Lasten** des Erklärenden (aber: Anfechtung bei unbewusst falscher Übermittlung nach § 120 möglich). Erklärung ist **zugegangen**, wenn sie an den Empfänger *tatsächlich übermittelt* worden ist.

Empfangsbote

Derjenige, der vom Empfänger zur **Empfangnahme** bestellt bzw. **ermächtigt** ist **oder** nach der Verkehrsanschauung als **ermächtigt gilt** u. hierzu bereit u. geeignet ist => Bspe.: Ehepartner, Oma, Opa, Haus-, Büroangestellte; *Keine* Empfangsboten: Der im Haus zufällig arbeitende Handwerker, Nachbarn, 3jähriges Kind. Erklärung ist dann **zugegangen**, wenn mit der Weiterleitung an den Empfänger unter normalen Umständen zu rechnen ist. Mögliche Übermittlungsfehler des Boten gehen zu Lasten des Empfängers. **Beachte**: Eine Person, die vom Empfänger nicht bestellt ist u. auch keine Vertretungsmacht für ihn hat, ist dann als Bote des Erklärenden anzusehen. Die Erklärung von diesem Boten geht dann erst zu, wenn sie tatsächlich in den Herrschaftsbereich des Empfängers gelangt ist (beachte **§ 150 I**)!

Widerruf

Empfangsbedürftige WE, die dem Empfänger zu erkennen gibt, dass eine **gültige WE nicht wirksam** werden soll (**§ 130 I 2**)

=> Nur wirksam, wenn der Widerruf **spätestens gleichzeitig** mit der ursprünglichen WE zugeht. Unerheblich, welches Schriftstück der Empfänger zuerst gelesen hat!

Falsa demonstratio non nocet

Falschbezeichnung schadet nicht. Die Parteien erklären obj. etwas anderes, als sie subj. übereinstimmend wollten => Gemeinsames/r missverstandenes/r Wort/ganzer Satz/Vertrag. Bsp.: Parteien verwenden einen einzelnen Ausdruck übereinstimmend falsch. 2 Deutsche schlossen einen KV über „Haakjöringsköd", was auf norwegisch „Haifleisch" bedeutet, verstanden aber beide darunter Walfleisch. Gegenstand des KV war trotz der falschen Bezeichnung Walfleisch!

Dissens

Einigungsmangel. Zwischen den rechtlich relevanten Inhalten der WEen der Parteien besteht keine vollständige Übereinstimmung

Totaldissens

Ohne Einigung über die wesentlichen Vertragsbestandteile kommt ein Vertrag **nicht** zustande => Auf §§ 154, 155 darf nicht zurückgegriffen werden!

Offener Dissens

§ 154. Einigung über vertragliche **Nebenpunkte** konnte nicht erzielt werden u. diese mangelnde Einigung ist den Parteien **bekannt** => „Im Zweifel" ist der Vertrag nicht zustande gekommen (§ 154 I 1). Den Parteien steht es somit frei, den Vertrag als geschlossen anzusehen, d. h. § 154 enthält lediglich eine **Auslegungsregel**!

Versteckter Dissens

§ 155. Der Einigungsmangel ist den Parteien **unbekannt** geblieben, weil **1)** ein regelungsbedürftiger Punkt **vergessen** oder übersehen wurde, **2)** die WEen bereits **äußerlich** voneinander **abweichen**, die Parteien ihre Erklärungen aber wechselseitig mißverstehen u. an das Zustandekommen eines Vertrages glauben (= **Erklärungsdissens**), **3)** das Erklärte obj. **mehrdeutig** ist u. sich im Wege der Auslegung kein eindeutiger Sinn ermitteln lässt (= **Scheinkonsens**). Es ist dann zu fragen, ob die Parteien den Vertrag auch ohne die entsprechende Vereinbarung geschlossen hätten. Wenn ja, so ist der Vertrag zustande gekommen! **Bspe.**: zu 1): Kaufvertragsschluss ohne Einigung über den Preis; zu 2): X u. Y verhandeln telegraphisch in Kürzeln über eine Ware u. werden sich „einig". Als X Erfüllung verlangt, stellt sich heraus, dass beide *ver*kaufen wollten; zu 3): Vor Euroeinführung: Vertragsschluss zwischen einem Belgier u. einem Franzosen in einem dritten Land über „Francs", wenn jeder seine Heimatwährung gemeint hat, belgische / franz. Francs => Versteckter Dissens. Durch Auslegung nicht festzustellen, welche Währung gelten soll, d. h. Vertrag ist unwirksam!

Geschäftsunfähigkeit

§ 104 Nr. 1. Wer das 7. Lebensjahr noch nicht vollendet hat => Fristberechnung: § 187 II S. 2, d. h. Geschäftsunfähigkeit dauert bis zum Beginn (0.00 Uhr) des Geburtstags, an dem das Kind 7 Jahre alt wird => RF: **§ 105 I**. Nach § 104 Nr. 2 bezieht sich die Geschäftsunfähigkeit auf alle

Rechtsgeschäfte. Anerkannt ist aber auch eine **partielle Geschäftsunfähigkeit**

Partielle Geschäftsunfähigkeit

Die krankhafte Störung der Geistestätigkeit kann auf einen **bestimmten** Lebensbereich begrenzt sein. Für alle übrigen Geschäfte besteht dann weiter volle Geschäftsfähigkeit => Bspe.: Kann bei krankhafter Querulanz in Rechtsstreitigkeiten, bei krankhafter Eifersucht für Fragen der Ehe vorliegen

Relative Geschäftsunfähigkeit

Auf **schwierige** Rechtsgeschäfte begrenzte Geschäftsunfähigkeit, da fehlendes Verständnis => Für jene Personen von Bedeutung, die aufgrund des Geisteszustandes nur die **einfachen** Geschäfte des täglichen Lebens zu besorgen vermögen. Bsp.: Versicherungsverträge. H. M. lehnte dies ab. Streit nicht mehr relevant, da seit August 2002 § 105a existiert! **Beachte:** § 105a bezieht sich nur auf **volljährige** Geschäftsunfähige, Leistung u. ggf. Gegenleistung müssen bewirkt sein. Vertragliche Sekundäransprüche, wie Schadensersatz, können gegen den Geschäftsunfähigen **nicht** begründet werden! Dagegen können vertragliche Folgeansprüche **zugunsten** des Geschäftsunfähigen bestehen!

Ausschließender Zustand der freien Willensbestimmung

§ 104 Nr. 2. Person muss aufgrund ihres Geisteszustandes außerstande sein, ihre Entscheidungen von vernünftigen Erwägungen abhängig zu machen => Zustand muss **von Dauer** sein (Abgrenzung zur vorübergehenden Störung, wie z. B. bei Volltrunkenheit, § 104 Nr. 2 nicht einschlägig!)

Bewusstlosigkeit (§ 105 II)

Hochgradige Bewusstseinstrübung, die das Erkennen von Inhalt u. Wesen der Handlung ganz oder in bestimmter Richtung ausschließt => Bsp.: Volltrunkenheit. Entscheidender Unterschied zu § 104 Nr. 2, § 105 I: dem Bewusstlosen/Volltrunkenen kann eine WE **wirksam zugehen!**

Beschränkte Geschäftsfähigkeit

§ 106. Minderjähriger, der das 7., aber noch nicht das 18. Lebensjahr vollendet hat => Fristberechnung wie bei § 104 Nr. 1 nach § 187 II S. 2: Beginn der Geschäftsfähigkeit an dem 7. Geb. 0.00 Uhr u. endet an dem 18. um 0.00 Uhr! Zentrale Norm: **§ 107.**

Einwilligung (§ 107)

Vorherige Zustimmung, § 183 S. 1

Genehmigung (§ 108)

Nachträgliche Zustimmung, § 184 I

Lediglich rechtlich vorteilhaft (§ 107)

Sind nur solche Rechtsgeschäfte oder Zuwendungen, die die Rechtsstellung eines beschränkt Geschäftsfähigen **ausschließlich verbessern** => Beachtung des Abstraktionsprinzips: **getrennte** Prüfung von Verpflichtungs- u. Verfügungsgeschäft! Bei der Beurteilung kommt es **nicht** auf den wirtschaftlichen Vor- oder Nachteil für den Minderjährigen an. **Bsp.:** X bietet dem 15jährigen Y ein kaum gebrauchtes Mountainbike zum Freundschaftspreis von 20 € an. Y kauft ohne Wissen seiner Eltern das Rad. Hier ist der KV (Verpflichtungsgeschäft) für Y aber nicht lediglich rechtlich vorteilhaft, weil er für ihn die Pflicht zur Kaufpreiszahlung (§ 433 II) mit sich bringt. **Beachte:** Ein **Verpflichtungsgeschäft** ist nur dann zustimmungsfrei, wenn der Minderjährige daraus nur einen Anspruch erwirbt, jedoch selbst **keine** Verpflichtung eingeht. Bspe.: Schenkungsversprechen (§ 518 I), Annahme eines Schuldversprechen (§ 780), Schuldanerkenntnis (§ 781). Rechtlich **nachteilig** ist die Entgegennahme einer Leistung als Erfüllung (§ 362 I). Hierdurch verliert nämlich der Minderjährige seinen Anspruch. **Begründung**: Dem Minderjährigen fehlt die Empfangszuständigkeit, die sich nach den Grundsätzen der Verfügung (nach § 107) beurteilt. Bsp.: 16jähriger X hat sein Mountainbike für 30 € an den 20jährigen Y verkauft, der X gleich das Geld gab. X verprasst das Geld. Seine Eltern erfahren am Abend von dem "Geschäft" u. verlangen von Y erneut Bezahlung => Für die Entgegennahme des Kaufpreises fehlte X die Empfangszuständigkeit, Folge: trotz Eigentumsübergangs ist die Forderung des X gegen Y nicht gem. § 362 I erloschen. Allerdings: Anspruch des Y aus §§ 812 ff. auf Rückforderung des Geleisteten. Beachte aber **§ 818 III**. Stimmen also die gesetzlichen Vertreter nicht zu, erwirbt der Minderjährige die geleistete Sache bzw. das geleistete Recht, **ohne** dass sein Erfüllungsanspruch erlischt! Dagegen sind **Verfügungsgeschäfte** für den Minderjährigen lediglich rechtlich vorteilhaft, wenn zu seinen Gunsten ein Recht übertragen, aufgehoben, verändert oder belastet wird. Zum 1. Bsp. (15jähriger Y):

Die Aushändigung des Rads ist als Übereignung nach § 929 S. 1 zu werten. Dieses Rechtsgeschäft ist für Y lediglich rechtlich vorteilhaft, weil er dadurch das Eigentum am Rad erwirbt, ohne Rechtsnachteile zu erleiden! Y ist also Eigentümer des Rads geworden. Jedoch muss er es nach § 812 I wegen unwirksamen KV an X zurückgeben. **Weiterer Fall**: Verfügungen des Minderjährigen über **fremde** Rechte: Nach h. M. liegt hier bei der Verfügung als Nichtberechtigter ein **neutrales** Rechtsgeschäft vor, dass der Minderjährige **ohne** Mitwirkung seines gesetzlichen Vertreters vornehmen kann. **Beachte**: Zuwendung **belasteter** Gegenstände. Bsp.: Tante X übereignet ihrer 15jähr. Nichte ein Grundstück im Wert von 150000 €, auf dem eine Hypothek in Höhe von 400.000 € lastet. Hier haftet der beschränkt Geschäftsfähige nicht persönlich, sondern kann schlimmstenfalls das Grundstück im Wege der Zwangsversteigerung verlieren (Steuern oder kommunale Abgaben bleiben außer Betracht). Folglich ist eine Übertragung des Grundstücks **ohne** Zustimmung der Eltern möglich! Gleicher Fall z. B. auch bei Grundschuld (§ 1191), Nießbrauch (§ 1030). **Nachteilig**: z. B. Erwerb eines Grundstücks, das mit einer **Reallast** belastet ist!

Indifferente Geschäfte

Neutrale Rechtsgeschäfte, die für den beschränkt Geschäftsfähigen weder rechtlich vorteilhaft noch nachteilig sind, kann dieser auch selbst wirksam vornehmen => Bsp.: Rechtsgeschäfte, die ein

Minderjähriger als Vertreter eines anderen tätigt

Einzeleinwilligung

Spezialeinwilligung. Einwilligung kann für ein **bestimmtes** Rechtsgeschäft erteilt werden => Bsp.: Vater gibt seinem 17jährigen Sohn Geld, damit er das Niederle-BGB-Skript kaufen kann

Beschränkter Generalkonsens / Generaleinwilligung

Einwilligung des gesetzlichen Vertreters kann sich auch auf eine **bestimmte Art** oder einen bestimmten, abgrenzbaren Kreis noch nicht individualisierter Rechtsgeschäfte beziehen => Allerdings kann sich der Generalkonsens nur auf solche Geschäfte erstrecken, die **üblicherweise** mit dem Vorhaben des Minderjährigen verbunden sind (i. Z.: **enge Auslegung**!). Bsp.: Erlaubnis der Eltern zu einer Ferienreise ihres 16jährigen Sohnes enthält auch die Einwilligung in die dazu erforderlichen Rechtsgeschäfte, z. B. Kauf von Speisen u. Getränke, nicht jedoch von Zigaretten u. Alkohol! **Problem:** **Schwarzfahrten**. Bsp.: Vater gibt regelmäßig seinem Sohn (14 J.) 2,50 € für die Bahn zur Schule. Sohn löst keinen Fahrschein, um das Geld zu behalten. Er wird erwischt u. ein Beförderungsgeld i. H. v. 50 € erhoben. Liegt ein beschränkter Generalkonsens vor, der sich auf sämtliche Bahnfahrten zur Schule bezog u. damit auch auf die Schwarzfahrt? Die Einwilligung des gesetzlichen Vertreters zur Benutzung öffentl. Verkehrsmittel gilt i. Z. **nicht** für Schwarzfahrten (h. M.) => Beförderungsvertrag schwebend unwirksam; Verweigerung der Genehmigung der Schwarzfahrt seitens des Vaters; Vertrag unwirksam. Aber: Anspruch der Bahn AG auf Zahlung des normalen Fahrpreises gem. §§ 812 I S. 1 1. Fall, 818 II (nur Sohn ist bösgläubig, nicht jedoch der Vater)

Taschengeldparagraph	**§ 110.** Konkludente **Einwilligung** der gesetzlichen Vertreter durch Überlassen von Mitteln, z. B. Taschengeld => Umfang ergibt sich aus der mit der Überlassung der Mittel verbundenen Zweckbestimmung. Geschäft wird **erst** wirksam, wenn der Minderjährige die vertragsgemäße Leistung bewirkt hat. Teilzahlungsgeschäfte werden folglich erst mit Bezahlung der letzten Rate wirksam! Durch **Auslegung** ist zu ermitteln, ob u. wie der Minderjährige mit den Gegenständen verfahren darf, die er mit den Mitteln erworben hat (**Zweckbestimmung**). Bsp.: Lottogewinn
Ermächtigung	Der Ermächtigte handelt im **eigenen** Namen, mit der Folge, dass das Rechtsgeschäft in seiner Person zustande kommt
Erwerbsgeschäft (§ 112)	Jede erlaubte, selbstständig, berufsmäßig ausgeübte u. auf Gewinn gerichtete Tätigkeit
Dienst oder Arbeit (§ 113)	Jede Tätigkeit selbstständiger oder unselbstständiger Art => Berufsausbildungsverhältnisse fallen nicht unter § 113 (h. M.), hier steht nicht die Dienst- oder Arbeitsleistung im Vordergrund! Ermächtigung erfasst nur Rechtsgeschäfte, die **verkehrsüblich** sind!

Bedingung

Eine durch den **Parteiwillen** in ein Rechtsgeschäft eingefügte Bestimmung, welche die **Rechtswirkungen** des Geschäfts von einem **zukünftigen ungewissen** Ereignis abhängig macht => §§ 158 ff. Zwei Arten der Bedingung: die **aufschiebende** (§ 158 I) u. die **auflösende** (§ 158 II). Bsp.: Schenkung unter der Bedingung, dass der Beschenkte etwas tut. Bspe. für keine Bedingung: sog. Rechtsbedingung; Vergangenes oder gegenwärtiges Ereignis (sog. uneigentliche Bedingung), Bsp.: Jurastudent verkauft seinen Schönfelder unter der Bedingung, dass er das Examen bestanden hat. Wenn das Ergebnis bereits im Zeitpunkt des Vertragsschlusses feststeht, liegt eine uneigentliche Bedingung vor. Teilweise wird dann vertreten, § 158 analog anzuwenden

Rechtsbedingung

Wenn die Parteien ein gesetzliches Wirksamkeitserfordernis zur Bedingung des Rechtsgeschäfts machen => Bsp.: Minderjähriger kauft unter der Bedingung ein Fahrrad, dass seine Eltern nachträglich zustimmen

Aufschiebende Bedingung

Die gewollten Rechtswirkungen treten erst mit **Eintritt** der Bedingung, d. h. des zukünftigen ungewissen Ereignisses, ein (**§ 158 I**) => Bsp.: Veräußerung unter Eigentumsvorbehalt, d. h. Übereignung einer beweglichen Sache unter der aufschiebenden Bedingung der vollständigen Bezahlung des Kaufpreises. Für Verfügungsbefugnis, Geschäftsfähigkeit u.s.w. des Veräußerers kommt es allein auf den Zeitpunkt der Vornahme des Rechtsgeschäfts an, sodass ein Erwerb vom Nichtberechtigten möglich ist (jedoch Voraussetzung: gutgläubiger Vorbehaltserwerber)!

Auflösende Bedingung

Die Rechtswirkungen **entfallen** mit Eintritt der Bedingung (§ 158 II) => Bsp.: X übereignet dem Y sein Auto. Das Eigentum soll automatisch wieder an X zurückfallen, wenn X das ihm von Y gewährte Darlehen zurückzahlt

Bedingungsfeindliche Rechtsgeschäfte

Rechtsgeschäfte, die einen Schwebezustand nicht vertragen u. die deshalb nur **unbedingt** vorgenommen werden dürfen => Bspe.: Aufrechnungserklärung (§ 388 S. 2), Auflassung (§ 925 II), Eheschließung (§ 1311 S. 2). Bedingung ist aber **ausnahmsweise** dann zulässig, wenn der Erklärungsgegner damit einverstanden oder der Bedingungseintritt vom Verhalten des Empfängers abhängig ist!

Befristung

Wenn für die Wirkungen eines Rechtsgeschäfts ein **Anfangs-** oder ein **Endtermin** vorgesehen ist (**§ 163**) => Gegensatz zur Bedingung: Die Wirkung eines Rechtsgeschäfts hängt bei der Befristung von einem zukünftigen gewissen Ereignis ab (Maßgebend: Auslegung!) => Bsp.: Abschluss eines Arbeitsvertrages für die Zeit vom 1.7. bis zum 31.7. Bedingungsfeindl. Rechtsgeschäfte sind grundsätzlich **auch** befristungsfeindlich!

Fernabsatzvertrag

Legaldefinition in **§ 312b I**

Rechtshindernde Einwendung

Hier entsteht **erst gar nicht** ein Anspruch => RF: Grundsätzlich Nichtigkeit des Rechtsgeschäfts

34

(ex tunc). Bspe.: §§ 104 ff, §§ 116-118, §§ 125 ff., § 134, § 138

Rechtsvernichtende Einwendung

Zunächst entstandener Anspruch wird **rückwirkend** zerstört => Bspe.: Anspruch kann nachträglich durch Erfüllung (§ 362), Aufrechnung (§ 389), Anfechtung (a. A.: Anfechtung ist eine rechtshindernde Einwendung) erlöschen

Einrede

Geltendmachung eines **Leistungsverweigerungsrechts** durch den Schuldner => Schuldner kann dieses Recht geltend machen, er muss es aber nicht. Sofern er davon Gebrauch macht, geht der Anspruch nicht unter, sondern wird nur in seiner Durchsetzung **gehemmt**. 2 Arten von „Hemmungen": dilatorische und peremptorische Einrede

Dilatorische Einrede

Aufschiebende Einrede. Hemmt die Durchsetzung eines Anspruchs nur **zeitweilig** => Bspe.: Zurückbehaltungsrecht (§ 273), Nichterfüllter Vertrag (§ 320), Stundung, Vorausklage (§ 771) gewähren dem Schuldner das Recht, die Leistung **vorübergehend** zu verweigern

Peremptorische Einrede

Dauernde Einrede. Hemmt die Durchsetzung eines Anspruchs **dauernd** => Bsp.: Einrede der Verjährung (§§ 214 ff.)

Mentalreservation

Geheimer Vorbehalt, § 116

Scheingeschäft

Simuliertes Geschäft, § 117 => Kennzeichen: **Einverständlicher** Mangel eines Rechtsbindungswillens. Unterschied zu § 116 u. § 118: **Einverständnis** des Erklärenden u. des Erklärungsempfängers, dass das Geschäft nicht gelten soll. Bsp.: X gibt bei einer Auktion im Einverständnis mit dem Auktionator Y ein Gebot ab, um zum Höherbieten zu animieren. **Keine** Scheingeschäfte sind: Treuhand-, Strohmann- u. Umgehungsgeschäfte

Treuhandgeschäft

Liegt vor, wenn jemand einen anderen (den Treuhänder) juristisch zum Inhaber eines Rechts macht, obwohl dieser das Recht, wirtschaftlich gesehen, nur verwalten soll => Bsp.: Da X überschuldet ist, übereignet er seinen Jaguar an seine Freundin Y, um ihn vor dem Gerichtsvollzieher in Sicherheit zu bringen. Wirksame Übereignung, kein Scheingeschäft!

Strohmanngeschäft

Der an dem Rechtsgeschäft Interessierte möchte nicht selbst als Geschäftspartner auftreten u. schiebt daher einen anderen (den sog. Strohmann) als Vertragspartei vor. Dieser schließt das erstrebte Rechtsgeschäft **im eigenen** Namen, aber **für Rechnung** seines „Hintermanns" ab => Bsp.: Autohändler X will neue Audi-Fahrzeuge anbieten, wird jedoch von Audi nicht beliefert. Deswegen bedient er sich zum Ankauf eines Strohmannes

Umgehungsgeschäft

Liegt vor, wenn die Beteiligten ein Rechtsgeschäft tätigen, das nur der **Umgehung** der für das wirklich gewollte Rechtsgeschäft geltenden Vorschriften dient => Bsp.: Der überschuldete X will die bevorstehende Lohnpfändung abwenden u. vereinbart arbeitsvertraglich mit seinem Arbeitgeber Y, dass X kein Gehalt mehr bezieht u. dass stattdessen Frau X Zahlungsansprüche gegen Y zustehen sollen. Kein Scheingeschäft, **beachte** jedoch: Umgehungsgeschäft eventuell aus einem anderen Grund (z. B. nach § 134, § 138) nichtig

Scherzerklärung

§ 118 => Erklärender geht davon aus, der andere wird die Nichternstlichkeit der Erklärung erkennen ("**guter Scherz**"); Motiv (z. B. Prahlerei) des Erklärenden spielt keine Rolle! Entscheidend ist nur, dass der Erklärende **ohne Täuschungsabsicht** handelt, d. h. es spielt keine Rolle, ob der andere die Nichternstlichkeit überhaupt erkennt oder wenigstens erkennen kann. Bsp.: Wegen einer Reifenpanne an seinem nagelneuen Jaguar lässt sich X darüber am Abend am Stammtisch aus u. bietet ihn seinem Freund Y für 500 € an. Der willigt sofort ein u. will ihn am nächsten Tag abholen, worauf X kopfschüttelnd meint, dass das Angebot doch nicht ernst gemeint war. Hier darf X davon ausgehen, dass die Nichternstlichkeit seines Angebots erkannt wurde (**krasses Missverhältnis** zwischen den Werten!). Y hat keinen Anspruch auf Übereignung und Schadensersatz (da § 122 II: "fahrlässig")

Urkunde (§§ 126 ff.)

Jede **schriftlich** verkörperte WE, die geeignet u. bestimmt ist, im Rechtsverkehr Beweis zu erbringen, u. den Aussteller erkennen lässt. Kurz: **Jedes Schriftstück** => Bspe.: Kopie, Fax, Telegramm, Vordrucke

Auf andere zur dauerhaften Wiedergabe in Schriftzeichen geeignete Weise	**§ 126b**. Erklärungen, die vor allem auf elektronischen Medien gespeichert sind => Bspe.: USB-Stick, CD, Festplatte
Unterzeichnet (§ 126)	Unterschrift muss unter dem Text der Urkunde stehen, sie also **räumlich abschließen** => Nachträge, anders als eingefügte Änderungen, müssen erneut unterschrieben werden
Unterschrift (§ 126)	**Individueller** Schriftzug => Braucht nicht lesbar sein, muss jedoch zumindest einzelne Buchstaben erkennen lassen. I. d. R. Unterzeichnung mit dem Familiennamen, nur der Vornamen genügt nicht! Auch reichen Kürzel oder Handzeichen nicht aus! Pseudonym nur, wenn es im Melderegister eingetragen ist
Eigenhändig (§ 126)	**Handschriftlich** => Nicht ausreichend: Stempelaufdruck, eingescannte Unterschrift, unterschriebenes Telefax (da nur Fernkopie, kein Original!)
Notarielle Beurkundung (§ 128)	Notar bestätigt in einer Urkunde, dass jemand in seiner Gegenwart eine bestimmte, wörtlich wiedergegebene WE abgegeben hat => Für die sachliche Richtigkeit übernimmt der Notar aber keine Gewähr!
Beglaubigung (§ 129)	**Bestätigung** / Zeugnis eines **Notars**, dass eine Unterschrift in seiner Gegenwart vollzogen bzw. anerkannt wurde (§ 40 I BeurkG) => Beglaubigung sichert also nur gegen **Unterschriftsfälschung** u. bezieht sich nicht auf den Text, wie es bei der Beurkundung der Fall ist. Bsp.: Vorgesehen in § 29 I GBO

Gesetzliche Vertretung

Geschäftsunfähige u. juristische Personen können nicht selbst rechtsgeschäftlich handeln. Ihnen ist daher ein gesetzlicher Vertreter zur Seite gestellt => Bspe.: gesetzliche Vertreter des Minderjährigen sind seine Eltern (§ 1629); Verein wird durch Vorstand (§ 26 II 1) vertreten

Gewillkürte Vertretung

Wer **nicht selbst** rechtsgeschäftlich handeln will, kann andere Personen bevollmächtigen, für ihn tätig zu werden => Fall des § 164! Bsp.: X möchte ein Auto beim Händler Y kaufen, muss aber verreisen. Er bevollmächtigt deshalb seinen Freund Z, für ihn den Kauf zu tätigen

Mittelbare Stellvertretung

Wenn jemand ein Rechtsgeschäft im **eigenen** Namen, aber im Interesse u. **für Rechnung** des Geschäftsherrn vornimmt. Kein Fall der in §§ 164 ff. geregelten unmittelbaren Stellvertretung! => Schließt er einen Vertrag, wird er selbst Vertragspartei, nicht sein Auftraggeber. Die Rechte des mittelbaren Vertreters werden nur durch ein weiteres Rechtsgeschäft an den Geschäftsherrn übertragen. Bsp.: Tätigkeit des Kommissionärs (§ 383 ff. HGB)

Repräsentationsprinzip

Der Vertretene wird durch den Vertreter, der für ihn handelt, **repräsentiert**

Stellvertretung

Rechtsgeschäftliches Handeln **im Namen** des Vertretenen mit der Wirkung, dass die Rechtsfolgen **unmittelbar** in der Person des Vertretenen eintreten (= **unmittelbare Stellvertretung**) => Geregelt in den §§ 164 ff. Vorauss. des **§ 164 I 1: 1)** Zulässigkeit der

Stellvertretung, **2)** Eigene WE des Vertreters, **3)** Handeln im fremden Namen (Offenkundig-keitsprinzip), **4)** Bestehen einer Vertretungsmacht

Aktiv-Vertretung

§ **164 I.** Wenn es sich um die **Abgabe** einer WE handelt, spricht man von aktiver Vertretung

Passiv-Vertretung

§ **164 III.** Wenn es sich um den **Empfang** einer WE handelt, spricht man von passiver Vertretung

Zulässigkeit der Stellvertretung

Vertretung ist nicht nur bei **Rechtsgeschäften,** sondern auch bei **rechtsgeschäftsähnlichen** Handlungen, wie z. B. Mahnung, möglich, allerdings unter analoger Anwendung der §§ 164 ff. Dagegen ist sie bei **Realakten nicht** anwendbar! Auch ist sie bei **höchstpersönlichen** Rechtsgeschäften **ausgeschlossen** => Bspe.: Erbvertrag (§ 2274), Eheschließung (§ 1311), Testamentserrichtung (§ 2064)

Eigene WE des Vertreters

Abgrenzung zur Botenschaft: Vertreter gibt eine **eigene** WE ab, während der Bote nur eine **fremde** WE überbringt => Abgrenzung problematisch, dann durch Auslegung (§§ 133, 157) ermitteln! Entscheidend für die Abgrenzung ist das **äußere Auftreten** (obj. Empfängerhorizont). Stellvertretung verlangt zumindest eine beschränkte Geschäftsfähigkeit (§ 165) des Vertreters, Botenstellung kann auch von einem Geschäftsunfähigen vorgenommen werden! Bei Willensmängeln: Über § 164 I werden WEen zugerechnet, über § 166 I erfolgt eine **Wissens**zurechnung.

Regel: Abzustellen ist hier einzig auf den **Vertreter**. Beachte auch § 166 II!

Vertreter mit gebundener Marschroute

Vertreter ist der Handelnde auch dann, wenn er das ihm vom Geschäftsherrn aufgetragene, inhaltlich bestimmte Rechtsgeschäft genauso tätigt, aber als Vertreter auftritt => Trotz sehr geringem Maß an Entscheidungsfreiheit dennoch Vertreter!

Offenkundigkeitsprinzip

Vertreter muss seine WE **im Namen** des Vertretenen abgeben, d. h. er muss kundtun, dass die RFen nicht ihn, sondern einen anderen treffen => Dies kann in ausdrücklicher Form geschehen. Bsp.: X sagt dem Y, er wolle das Buch für Z erwerben. Aber es kann auch in schlüssiger Weise offenkundig gehandelt werden. Bsp.: Bei der Kassiererin A im Supermarkt des B ergibt sich aus dem Umstand, dass sie für B handelt, weil sie eben dort an der Kasse sitzt. Richtet sich der Wille des Handelnden nicht erkennbar auf ein Fremdgeschäft, wird das Geschäft als Eigengeschäft behandelt. Handelnder kann gemäß § 164 II nicht nach § 119 I 1. Fall anfechten! Einschränkungen des Offenkundigkeitsprinzips beim verdeckten Geschäft für den, den es angeht u. beim Handeln unter fremdem Namen (Identitätstäuschung)

Unternehmensbezogene Geschäfte

Wenn eine Person im Tätigkeitsbereich eines **Unternehmens** oder Freiberuflers auftritt, deutet dies i. d. R. auf ein Handeln „im Namen" des Unternehmens hin => Unternehmensinhaber wird dann aus dem Rechtsgeschäft berechtigt u. verpflichtet. Bsp.: Jeder weiß, dass i. d. R. die Kassiererin im Supermarkt nicht Geschäftsinhaberin u. damit nicht Vertragspartnerin ist, sondern als Vertreterin handelt

Offenes Geschäft für den, den es angeht 2 Fallgruppen: **1)** Handelnder tritt im Namen eines anderen auf, ohne dass für den Dritten **erkennbar** ist, wer der Vertretene ist; **2)** Vertreter **behält** sich die Benennung des Vertretenen **vor**. Findet der Vertreter einen Vertretenen, wird das Geschäft mit der Benennung des Vertretenen gültig, sonst greift § 179 analog ein! => Bspe.: zu 1): Beim Kauf eines Gemäldes erklärt X, dass er es für einen anderen erwerbe. Dieser ist Kunstsammler u. will ungenannt bleiben, weil er befürchtet, der Verkäufer würde sonst einen wesentlich höheren Preis verlangen. Zu 2): X will von Y ein Gemälde kaufen, wobei er deutlich macht, dass er es nicht für sich kaufen will, sondern für einen von ihm noch zu benennenden Geschäftsherrn. Y ist einverstanden, Übereignung u. Übergabe sollen in 3 Wochen stattfinden. Schon nach 2 Wochen findet X einen Interessenten Z u. bittet Y, das Gemälde an Z zu übereignen

Verdecktes Geschäft für den, den es angeht Erklärender macht dem Dritten **nicht** klar, dass er für einen anderen auftritt, so dass das Offenkundigkeitprinzip nicht gewahrt ist => Ein solches Geschäft ist i. d. R. ein **Eigengeschäft. Ausnahme:** Ist es dem Geschäftspartner **gleichgültig**, mit wem er kontrahiert, bedarf er nicht des Schutzes durch das Offenkundigkeitprinzip. Dann treffen die Wirkungen des Geschäfts den Vertretenen! Vor allem bei *Bargeschäften* des täglichen Lebens anzutreffen. Bsp.: X bittet den Y, der mit ihm in der WG wohnt, die Tageszeitung vom Kiosk mitzubringen u. gibt ihm gleich das Geld mit. Y kauft am Kiosk seine Fernsehzeitschrift u. die Tageszeitung. Hier liegt ein Geschäft für den, den es angeht vor, fehlende Offenkundigkeit ist unschädlich!

Identitätstäuschung

Handelnder benutzt einen **fremden** Namen als eigenen => 2 RFen: **1)** Ist dem Geschäftspartner der Namensträger **unbekannt** oder **gleichgültig**, so kann nur der Handelnde Vertragspartner sein => **Eigengeschäft** des Handelnden (Handeln unter falscher Namensangabe, **Namenstäuschung**). Bsp.: Verheirateter X will mit seiner Geliebten ungestört ein paar Stunden im Hotel verbringen. Um keine Spuren zu hinterlassen, checkt er unter dem Namen „Ehepaar Mayer" ein u. zahlt sofort bar; **2)** Kein Eigengeschäft des Handelnden liegt vor, wenn es dem Erklärungsempfänger darauf ankommt, dass er mit dem **wirklichen** Namensträger abschließt => Hier liegt ein **Fremdgeschäft** vor, dessen Wirkungen nur den Namensträger treffen können. Bsp.: Zahlungsunfähiger X kauft unter dem Namen des Y bei Z auf Kredit. Z glaubt, den ihn bekannten kreditwürdigen Y vor sich zu haben. Hier sollen die Regeln der §§ 164 ff. **analoge** Anwendung finden. Das Geschäft ist schwebend unwirksam, sofern der Handelnde ohne Vertretungsmacht gehandelt hat. Heilung durch Genehmigung des „Vertretenen", §§ 177, 184 I analog. Bei Verweigerung der Zustimmung: Haftung des Handelnden gem. § 179 I analog!

Vertretungsmacht

Fähigkeit, **im Namen eines anderen** WEen abzugeben u. zu empfangen => Sie kann beruhen auf: **Rechtsgeschäft** (Bevollmächtigung § 167 I, Unterfälle der Vollmacht: Prokura §§ 48 ff HGB, Handlungsvollmacht §§ 54 ff. HGB), **Verfassung einer juristischen Person** (z. B. Vorstand eines Vereins § 26 II 1, einer AG § 78 AktG), **Gesetz** (z. B. Eltern § 1629, Ehegatten § 1357), **Staatsakt** (z. B. Vormund § 1793, Betreuer § 1902), **Rechtsschein** (z. B. §§ 170 ff., Duldungs-, Anscheinsvollmacht). Die Vertretungsmacht betrifft das **Außenverhältnis** zu Dritten, die Geschäftsführungsbefugnis dagegen das **Innenverhältnis** Vertreter/Vertretener, z. B. Auftrag (§ 662). Die Vollmacht ist gegenüber diesem Innenverhältnis abstrakt, d. h. unabhängig! D. h. trotz Nichtigkeit des Grundgeschäfts zwischen Vertreter/Vertretener bleibt die wirksam erteilte Vollmacht bestehen! **Umfang** der Vertretungsmacht: Bestimmung durch den Vollmachtgeber; i. Z.: Umfang zu ermitteln im Wege der **Auslegung** der Bevollmächtigung. Bei der **Außenvollmacht** kommt es darauf an, wie ein unbefangener **Dritter** in der Position des Geschäftspartners die Erklärung des Vollmachtgebers verstehen durfte; bei der **Innenvollmacht** kommt es auf die objektivierte Sicht des **Bevollmächtigten** an

Vollmacht

Die durch Rechtsgeschäft erteilte Vertretungsmacht (**§ 166 II 1**) => Die Erteilung erfolgt durch eine einseitige, empfangs-, aber nicht annahmebedürftige WE (Bevollmächtigung), **§ 167 I** gegenüber **1)** dem zu Bevollmächtigenden (= **Innenvollmacht**, § 167 I 1. Fall), **2)** gegenüber dem Geschäftspartner (= **Außenvollmacht**, § 167 I 2. Fall). Die Erteilung ist grundsätzlich **formfrei** (§ 167 II) u. kann auch konkludent erfolgen, z. B. wenn Mitarbeitern Aufgaben übertragen werden, die nur durch Abschluss von Rechtsgeschäften erfüllt werden können. **Ausnahme**: Erteilung ist formbedürftig, wenn die Parteien eine besondere Form vereinbart haben oder wenn das Gesetz eine besondere Form vorschreibt, z. B. § 1945 III 1. Handelt der Vertreter **ohne Vollmacht**, ist das Rechtsgeschäft **schwebend unwirksam** u. hängt dann von der Genehmigung ab, §§ 177 ff. **Erlöschen der Vollmacht**: Richtet sich nach deren **Inhalt** oder nach **gesetzlichen Vorschriften**. Soweit die Vollmacht selbst keine Regelungen enthält, gilt **§ 168**!

Nach außen kundgetane Innenvollmacht

Betrifft die Fälle, in denen zur Innenvollmacht die **Kundgabe** der Vollmacht an den Geschäftsgegner hinzutritt (**§ 171**)

Spezialvollmacht

Sie berechtigt nur zu Vornahme eines **ganz bestimmten** Geschäfts => Bsp.: X beauftragt Y, für ihn einen Fernseher zu kaufen

Generalvollmacht

Sie berechtigt zur Vornahme **aller** Rechtsgeschäfte, bei denen eine Vertretung zulässig ist =>

Bsp.: 90jährige Oma bittet ihre Tochter, den gesamten Rechtsverkehr für sie zu erledigen

Gattungsvollmacht

Sie gilt für eine bestimmte **Art** von Rechtsgeschäften => Bsp.: Vollmachten eines Kaufmanns für den Wareneinkauf

Gesamtvollmacht

Mehrere Personen sind bevollmächtigt u. dürfen nur **gemeinsam** den Geschäftsherrn vertreten (Legaldefinition in § 125 II 1 HGB) => Erklärungen einzelner Vertreter sind schwebend unwirksam! Zur Entgegennahme von WEen ist jeder Gesamtvertreter allein berechtigt!

Untervollmacht

Vollmacht, die nicht der Vertretene, sondern sein Vertreter (Hauptvertreter) einem **Dritten** (Untervertreter) erteilt => Sie befugt den Untervertreter seinerseits nur im Namen des Vertretenen WEen abzugeben u. zu empfangen. Er muss dabei nicht deutlich machen, dass er nur Untervertreter ist. Ob der Hauptvertreter einem Dritten Untervollmacht erteilen darf, ist eine **Auslegungsfrage** (§§ 133, 157); Stichwort: Interesse des Geschäftsherrn! **Untervollmacht fehlerhaft**: Genehmigung des Geschäfts vom Hauptvertreter oder vom Vertretenen, sonst: § 179; **Hauptvollmacht fehlerhaft**: Genehmigung des Geschäfts nur vom Vertretenen, sonst haftet Unterbevollmächtigter nach § 179, sofern dieser nicht die Unterbevollmächtigung offengelegt hat. Wurde sie offengelegt, dann Haftung des Hauptvertreters nach § 179! (Literaturauffassung: Untervertreter haftet unabhängig von einer Offenlegung nach § 179, Vorauss.: Untervollmacht bestand! Der aus § 179 II in Anspruch genommene gutgläubige Untervertreter hat einen entsprechenden Rückgriffsanspruch gegen den Hauptvertreter aus dem zugrunde liegenden Rechtsverhältnis)

Vollmacht kraft Rechtsscheins

§§ 170-173. In diesen **gesetzlich** geregelten Fällen geht es um den Schutz des guten Glaubens des Dritten an den Fortbestand einer einmal wirksam erteilten, inzwischen aber erloschenen Vollmacht. So soll der Dritte auf den **Rechtsschein**, dass die in Wirklichkeit nicht mehr bestehende Vollmacht noch wieterbesteht, **vertrauen** dürfen! => Ausnahme: § 173, „wenn der Dritte das Erlöschen... kennt oder kennen muss". § **170** betrifft die **Außenvollmacht.** Vorauss.: Widerruf gegenüber dem Bevollmächtigten (§ 168 S. 3). Anzeige des Erlöschens muss dem Dritten zugehen, damit sie ihre Wirkung auslöscht. Sie ist eine geschäftsähnliche Handlung, auf die die Vorschriften über WEen analoge Anwendung finden. § **171** betrifft die nach **außen** kund-getane **Innenvollmacht.** Bei der Kundgabe handelt es sich auch um eine geschäftsähnliche Handlung! § **172**: Vorlage einer **Vollmachtsurkunde** (siehe Def.) => Nur das Original, keine Fotokopien oder beglaubigte Abschriften, dann eventuell Rechtsscheinhaftung nach den Grundsätzen der Anscheins-/Duldungsvollmacht! **Vorgelegt** ist sie, wenn sie dem Geschäftspartner zur sinnlichen Wahrnehmung unmittelbar zugänglich gemacht wurde. Nicht erforderlich ist, dass Geschäftspartner tatsächlich Einsicht nimmt. §§ 170-173 sind auch auf eine **vornherein nicht** erteilte Vollmacht analog anwendbar, sodass der Rechtsschein erst zerstört ist, wenn die Kundgabe widerrufen wird

Vollmachtsurkunde

Unterzeichnetes Schriftstück, das den **Aussteller**, den **Bevollmächtigten** u. den **Umfang** der Vollmacht erkennen lässt

Duldungsvollmacht

Vertretungsmacht kraft Rechtsscheins. Von Rspr. u. Lit. entwickelter, gesetzlich nicht geregelter Rechtsscheintatbestand. Liegt vor, wenn **1)** jemand sich benimmt, als habe er Vertretungsmacht, **2)** der angeblich Vertretene dies **weiß**, aber trotz entsprechender Verhinderungsmöglichkeit nichts dagegen **unternimmt**, **3)** der Geschäftspartner dieses Dulden nach Treu u. Glauben dahin **verstehen** darf, dass der als Vertreter Handelnde **bevollmächtigt** ist u. **deswegen** das Rechtsgeschäft abschließt. **RF**: Der Duldende muss sich so behandeln lassen, als habe er wirksam eine Vollmacht erteilt! **Anfechtung** nach h. M. **nicht möglich**, in der Duldung liegt keine WE! Nur diese können aber angefochten werden, nicht jedoch Rechtsscheintatbestände! **Ausnahme**: Kein Rückgriff auf die Duldungsvollmacht, wenn das Verhalten des angeblich Vertretenen bereits als konkludente Bevollmächtigung angesehen werden kann, dann regulär § 164!

48

Konkludente Bevollmächtigung

Liegt vor, wenn dem „angeblich Vertretenen" das Auftreten des nicht ausdrücklich Bevollmächtigten zur **Kenntnis** kommt u. er dieses Auftreten mit rechtsgeschäftlichem Willen (**Bevollmächtigungswille**) billigt => Im Wege der Auslegung (§§ 133, 157) zu ermitteln (Empfängerhorizont)!

Anscheinsvollmacht

Vertretungsmacht kraft Rechtsscheins. Auch von Rspr. u. Literatur entwickelt. Liegt vor, wenn **1)** der Vertretene **keine** Vollmacht erteilt hat, **2)** das Handeln des Vertreters auch **nicht** kennt u. duldet, **3)** aber es bei **pflichtgemäßer Sorgfalt** hätte kennen u. verhindern können, u. **4)** der Geschäftspartner wegen der Untätigkeit auf das Bestehen der Vollmacht **vertraut** u. **deswegen** das Rechtsgeschäft abschließt => **Voraus.**: Ein wiederholtes, sich über einen gewissen Zeitraum erstreckendes Auftreten des unbefugten Vertreters! Leicht fahrlässige Unkenntnis genügt! => Unterschied zur Duldungsvollmacht: Der angeblich Vertretene kennt **nicht** das Auftreten des Scheinvertreters. **Anfechtung** wie bei Duldungsvollmacht **nicht möglich**!

Insichgeschäft

§ 181. Rechtsgeschäft, das eine Person gegenüber **sich selbst** vornimmt => **2 Fälle: Selbstkontrahieren, Mehrvertretung**. RF: Das Rechtsgeschäft ist keineswegs nichtig, sondern **schwebend unwirksam**, § 177 I analog. Wirksamkeit kann durch Genehmigung eintreten. Wenn keine erfolgt, dann handelt der Vertreter ohne Vertretungsmacht, Haftung § 179 analog. Bsp.: Prokurist X des Y schließt in dessen Namen mit sich einen Vertrag, wonach sein Monatsgehalt um 300 € erhöht wird. Ist Y mit der Erhöhung einverstanden, kann er genehmigen u. der Vertrag ist gültig! **Ausnahmsweise** ist das Insichgeschäft **gültig**, wenn **1)** dem Vertreter die Mitwirkung auf beiden Seiten des Geschäfts **gestattet** ist, **2)** der Vertreter zum **Zwecke der Erfüllung** einer Verbindlichkeit gehandelt hat oder **3)** wenn das Rechtsgeschäft für den Vertreter lediglich einen **rechtlichen Vorteil** bringt. Bsp. zu 2): Geschäftsherr X hat von seinem Prokuristen Y einen Computer gekauft. Y erfüllt die Pflicht des X zur Kaufpreiszahlung, indem er den von X geschuldeten Betrag aus der Kasse des X nimmt. Bsp. zu 3): Ein Vater schließt mit seinem 14jährigen Sohn einen Schenkungsvertrag über einen Teppich, wobei er zugleich als Vertreter des beschenkten Sohnes u. als Schenker im eigenen Namen auftritt. Sohn entsteht kein Nachteil, folglich greift der Normzweck des § 181 nicht ein. § 181 wird auch **analog** angewendet, wenn der Vertreter einen Untervertreter bestellt u. mit diesem das Rechtsgeschäft vornimmt, um so die RF des § 181 zu umgehen. D. h. § 181 findet analoge Anwendung, wenn trotz Personenverschiedenheit ein Interessenkonflikt droht u. der Vertreter selbst als Partei an dem Rechtsgeschäft beteiligt ist!

Selbstkontrahieren

§ 181 1. Fall. Vertreter nimmt im Namen des Vertretenen mit sich **selbst** im eigenen Namen ein

Rechtsgeschäft vor => Bsp.: X hat Vollmacht des Y, dessen Wagen nicht unter 3000 € zu verkaufen. Er kauft selbst den Wagen zu diesem Preis.

Mehrvertretung

§ 181 2. Fall. Wenn jemand auf **beiden** Seiten eines Rechtsgeschäfts als Stellvertreter für die jeweiligen Vertragsparteien auftritt => Bsp.: X hat Vollmacht des Y, ein Auto zu verkaufen u. gleichzeitig Vollmacht des Z, ein Auto zu kaufen. X verkauft das Auto des Y an den Z.

Falsus procurator

Vertreter **ohne** Vertretungsmacht => Vertrag ist zunächst schwebend unwirksam, kann aber durch Genehmigung des Vertretenen wirksam werden (§ 177 I). Genehmigung macht dann den Vertrag rückwirkend wirksam (§§ 182, 184 I). Bei Verweigerung der Genehmigung wird der Vertrag endgültig unwirksam. Das Interesse des Geschäftsgegners an der schnellen Beseitigung des Schwebezustandes wird durch die §§ 177 II, 178 geschützt (**Aufforderung zur Erklärung/ Widerruf**). Aufforderung stellt eine geschäftsähnliche Handlung dar, auf die die §§ 104 ff., 145 ff. analoge Anwendung finden. Widerruf, der als WE den allg. Vorschriften der §§ 104 ff., 145 ff. u. 119 ff. unterliegt, muss nicht ausdrücklich erfolgen. Auch ein konkludenter Widerruf ist zulässig u. kann in der Geltendmachung eines Anspruchs aus § 179 gegen den Vertreter zu erblicken sein. Die Erklärung muss jedoch erkennen lassen, dass der Vertrag gerade **wegen** des Vertretungsmangels nicht gelten soll! Bei einseitigen **Rechtsgeschäften** ist eine Vertretung ohne Vertretungsmacht **unzulässig** u. damit auch eine Genehmigung ausgeschlossen (§ 180 S. 1), **keine** Haftung gem. § 179, sondern ggf. gem. §§ 823 ff. Ausnahme: § 180 S. 2 empfangsbedürftige Rechtsgeschäfte, z. B. Kündigung, Rücktritt, Anfechtung. **Beachte**: Vertretung ohne Vertretungsmacht (=> § 164 I greift nicht ein!) ist vom Missbrauch der Vertretungsmacht zu trennen!

Missbrauch der Vertretungsmacht

Hier hat der Vertreter eine **rechtswirksame** Vertretungsmacht. Voraus. des Missbrauchs: Vertreter handelt im Rahmen seiner Vertretungsmacht (**rechtliches Können**), überschreitet jedoch seine Befugnisse aus dem Innenverhältnis (**rechtliches Dürfen**) u. der Vertragspartner **weiß** dies oder hätte dies ohne weiteres erkennen können (Evidenz)! **RF**: Rspr.: Wenn der Vertragspartner den Vertretenen aus dem Rechtsgeschäft in Anspruch nimmt, kann ihm dieser den Einwand der **unzulässigen Rechtsausübung** (§ 242) entgegenhalten (Lit.: Der Geschäftsgegner muss sich so behandeln lassen, als hätte keine ausreichende Vertretungsmacht vorgelegen. Es gelten die §§ 177 ff.). Wenn der Vertreter u. Geschäftspartner **bewusst** zum Nachteil des Vertretenen zusammenarbeiten, liegt eine **Kollusion** vor, mit der Folge, dass das Rechtsgeschäft gem. § 138 nichtig ist. Ggf. Ansprüche des Vertretenen aus §§ 823 II i. V. m. § 266 StGB u. aus § 826!

Kollusion

Siehe Missbrauch der Vertretungsmacht

Anfechtung

Prüfungsaufbau: 1) Anfechtung muss **zulässig** sein; **2)** Anfechtungs**grund**: §§ 119, 120, 123; **3)** Anfechtungs**erklärung** muss 1. fristgerecht und 2. gegenüber dem Anfechtungsgegner erfolgt sein; **4)** Anfechtung darf **nicht ausgeschlossen** sein durch Bestätigung des Rechtsgeschäfts (§ 144). **RFn: 1)** Vertrag ist **ex tunc** nichtig; **2)** Nach § 119 oder § 120 angefochten: Anfechtender ist zum Ersatz des Vertrauensschadens verpflichtet (**§ 122**) => Zur Zulässigkeit: Grundsätzlich ist **jede** WE nach §§ 119 ff. anfechtbar! Soweit einem Schweigen Erklärungswirkung zukommt, ist dieses ebenfalls anfechtbar. Nicht jedoch, soweit sich der Irrtum auf die rechtliche Bedeutung des Schweigens bezieht! Anfechtung ist auch von vornherein ausgeschlossen, soweit gesetzliche Sonderregelungen bestehen. Bspe.: §§ 1313 ff., §§ 1600 ff. Bei in Vollzug gesetzten Arbeits-/ Personengesellschaftsverträgen: RF der Anfechtung ist modifiziert, d. h. Nichtigkeit tritt nur mit Wirkung für die Zukunft (**ex nunc**) ein, da andernfalls untragbare Ergebnisse!

Irrtum

Unbewusstes Auseinanderfallen von obj. Erklärtem u. subj. Gewolltem => Durch **Auslegung** (§§ 133, 157) zu ermitteln! Hat der Gegner die Erklärung so verstanden oder musste er sie so verstehen, wie sie der Erklärende verstanden wissen wollte, gilt die Erklärung auch mit dieser Bedeu-

53

tung. **Beachte** daher: **Auslegung geht vor Anfechtung**!

Motivirrtum

Irrtum, der dem Erklärenden bei seinem Motiv (Beweggrund), also bei der Willens**bildung**, nicht bei der Willensäußerung unterläuft => Bsp.: X erwirbt von Y einen Gegenstand, weil er glaubt, diesen gewinnbringend wieder veräußern zu können. Dies gelingt aber nicht: Unbeachtlicher Motivirrtum! Anfechtung ausgeschlossen!

Inhaltsirrtum (§ 119 I 1. Fall)

Bedeutungsirrtum. Erklärender irrt sich über die Bedeutung oder Tragweite seiner Erklärung, d. h. er verbindet mit dem Erklärten einen anderen Sinn als ihm nach der Auslegung zukommt. Es besteht daher eine **Diskrepanz** zwischen der obj. Bedeutung der fraglichen WE u. der subj. Vorstellung des Erklärenden. Bsp.: Leiterin X einer Realschule unterschrieb eine von einem Vertreter für Toilettenpapier ausgefüllte Bestellung über „25 Gros Rollen", die Rolle zu je 1000 Blatt. Sie wusste nicht, dass die Bezeichnung „Gros" zwölf Dutzend Stück bedeutete u. nahm an, lediglich 25 große Rollen Toilettenpapier bestellt zu haben

Erklärungsirrtum (§ 119 I 2. Fall)

Irrtum beim Erklärungs**akt**. Der Erklärende setzt ein anderes als das gewollte Erklärungszeichen => Bspe.: Versprechen, Vertippen, Verschreiben, Vergreifen

Rechtsfolgenirrtum

Irrt sich der Erklärende über RFn, die **mittels** der Erklärung **unmittelbar** herbeigeführt werden sollten, liegt ein Inhaltsirrtum (§ 119 I 1. Fall) vor. Bezieht sich der Irrtum dagegen auf **gesetzliche Nebenfolgen** des Rechtsgeschäfts, die vom Erklärenden nicht erkannt u. nicht gewollt sind, so ist eine Anfechtung ausgeschlossen! => Bsp. zum 1. Fall: Ergibt die Auslegung des zwischen X u. Y geschlossenen Vertrags, dass es sich nicht um einen Dienst-, sondern Werkvertrag handelt, kann Y anfechten, sofern er irrtümlich glaubte, nur zur Leistung von Diensten, nicht aber zur Herbeiführung des Erfolgs verpflichtet zu sein. Bsp. zum 2. Fall: Bauunternehmer X übereignet schenkungsweise ein Grundstück an seine Ehefrau, irrt sich dabei aber über die steuerlichen Folgen einer Schenkung. Unbeachtlicher Motivirrtum!

Kalkulationsirrtum

Wenn sich der Erklärende über einen Umstand (z. B. Größe, Gewicht), den er seiner Berechnung zugrunde gelegt hat, irrt, er sich also **verkalkuliert** => 2 Arten: Verdeckter u. offener Kalkulationsirrtum

Verdeckter Kalkulationsirrtum

Wenn der Anbieter seine Kalkulation **nicht offengelegt** hat, d. h. die interne Kalkulation war nicht in die WE aufgenommen, berechtigt ihn eine vergessene Position **nicht** zur Anfechtung. **Unbeachtlicher Motivirrtum!** => Bsp.: Ein Fabrikant bietet auf eine Ausschreibung Elektromaterial an, hat dabei aber versehentlich bei mehreren Positionen zu niedrige Beträge eingesetzt. **Beachte:** Anfechtungsrecht ist nach h. M. auch dann ausgeschlossen, wenn der Gegner den Irrtum hätte erkennen können oder sogar kannte. Eventuelle Unbilligkeiten können ggf. über § 242 (unzulässige Rechtsausübung) korrigiert werden, wenn der Ausschluss der Anfechtung für den Erklärenden ruinöse Folgen hat u. der Gegner -trotz Kenntnis des Irrtums- Vertragsdurchführung verlangt (M. M.: Anfechtung gem. § 119 I 1. Fall analog)

Offener Kalkulationsirrtum

Beide Parteien gehen **gemeinsam** von einer bestimmten Kalkulationsgrundlage aus u. haben diese zur **Grundlage** ihrer Verhandlungen gemacht => Bsp.: X sagt zu Y: „Ein Kilo Birnen kostet 2 €. Das macht bei 4 Kilo 6 €." Bei **evidenten** Fehlern kann der rechtlich relevante Wille durch **Auslegung** ermittelt werden. Auslegungsgrundsatz: falsa demonstratio non nocet! Wenn aber die Vertragsauslegung nicht zum Ziel führt, kommt eine **Anpassung** des Vertrags nach den Grundsätzen der Störung der Geschäftsgrundlage (**§ 313**) in Betracht. Sachgerechtere Lösung als die Anfechtung, da Vertrauensschaden wegfällt! Wenn keine Möglichkeit besteht, das zu Ergänzende als sinngemäß miterklärt anzusehen oder eine Vertragsanpassung vorzunehmen, ist die Erklärung (WE) **perplex**, d. h. in sich widersprüchlich u. **nichtig**. Z. B.: Auslegung nach dem obj. Empfängerhorizont ergibt, dass der erste Teil Vorrang haben soll, d. h. KV ist über 8 € zustande gekommen

Unterschriftsirrtum

Jemand unterschreibt eine Urkunde, wobei er deren **Inhalt** nicht oder nicht richtig erfasst hat => Grund: 1) Er hat die Urkunde nicht (vollständig) gelesen; 2) Er hat ihren Inhalt nicht (vollständig) verstanden. **Lösung** dieser Fälle: Wenn der Unterzeichnende verschiedene Urkunden **verwechselt** hat, liegt ein Erklärungsirrtum vor (§ 119 I 2. Fall); wenn der Inhalt der Urkunde **falsch verstanden** wurde, liegt ein Inhaltsirrtum vor (§ 119 I 1. Fall); Wenn die Urkunde **ungelesen** unterschrieben wurde u. der Unterzeichnende keinerlei Vorstellung von deren Inhalt hat, ist **keine** Anfechtung möglich!

Eigenschaftsirrtum (§ 119 II)

Irrtum über eine **wesentliche** Eigenschaft einer Person oder einer Sache => Wenn es um einen Irrtum über verkehrswesentliche Eigenschaften geht, die gleichzeitig eine Sachmängelhaftung nach den §§ 434 ff. begründen, ist eine Anfechtung des **Käufers** gemäß § 119 II **nach** Gefahrübergang (§ 446) ausgeschlossen (ansonsten würde die kaufrechtl. Verjährung umgangen). Anfechtung auch **vor** Gefahrübergang möglich? H. M.: **Keine** Anfechtung möglich (=> Entziehung der Verantwortung, § 442), sondern auf Sachmängelgewährleistungsrech -te angewiesen. **Verkäufer** kann nach § 119 II **nur** dann anfechten, wenn dadurch die Rechte des Käufers auf Geltendmachung seiner Gewährleistungsansprüche nicht eingeschränkt werden!

Eigenschaft (§ 119 II)

Alle **tatsächlichen** oder **rechtlichen** Verhältnisse, die **dauerhaft** sind u. die Sache oder Person **unmittelbar** kennzeichnen => Eigenschaften einer **Sache**: alle **wertbildenden** Faktoren (z. B. Material, Echtheit, Herkunft,

Größe, Fahrleistung), **nicht** jedoch der **Wert** (**Preis**) selbst (z. B.: X kauft bei Y eine Flasche Wodka, weil er irrtümlich glaubt, der Preis sei herabgesetzt. Keine Anfechtung möglich). Eigenschaften einer **Person** (Geschäftspartner oder auch Dritter): Alter, Geschlecht, Zahlungsfähigkeit, Zuverlässigkeit, Vorstrafen

Verkehrswesentlichkeit (§ 119 II)

Verkehrswesentlich ist eine Eigenschaft, wenn sie nach der Verkehrsauffassung (also obj.) als wesentlich für das **konkrete** Rechtsgeschäft zu erachten, d. h. wenn sie ausschlaggebend für seinen Abschluss ist

Doppelirrtum / Beidseitiger Eigenschaftsirrtum

Bei Vertragsschluss irren sich **beide** Parteien über ein dem Vertrag zugrunde liegendes Motiv => Unbeachtlicher Motivirrtum. **Immer**: Anwendungsbereich des § 313. Bei beidseitigem Irrtum über **verkehrswesentliche** Eigenschaft: **H. M.**: Lösung über die Grundsätze der Störung der Geschäftsgrundlage (**§ 313**). Keine Anfechtung, da § 119 II **nur** den *einseitigen* Eigenschaftsirrtum regelt. Argument: Schadensersatzpflicht des zuerst Anfechtenden nach § 122 ist angesichts des beidseitigen Irrtums unbillig. **M. M.**: Anfechtungsregelungen der §§ **119 ff.** sind anwendbar. Argument: Nur derjenige wird anfechten, für den das Geschäft nachteilig ist, d. h. zu dessen Nachteil die Wirklichkeit von der gemeinsamen Vorstellung abweicht. Nicht unbillig, dem Anfechtenden die Schadensersatzpflicht aufzuerlegen

Übermittlungsirrtum (§ 120)

Erklärender muss sich die unrichtig übermittelte Erklärung zurechnen lassen, kann sich aber von ihr durch Anfechtung befreien => **Beachte**: Überbringt der Bote die Erklärung **bewusst falsch**, liegt nach h. M. keine Übermittlung i. S. d. § 120 vor. Die Erklärung ist dem Geschäftsherrn erst gar nicht zuzurechnen, so dass es keiner Anfechtung bedarf. Ggf. Haftung des Auftraggebers aus c.i.c. (§§ 280 I, 311 II, 241 II) auf Ersatz des Vertrauensschadens

Täuschung (§ 123 I 1. Fall)

Ein Irrtum über **Tatsachen** wird **hervorgerufen**, **bestärkt** oder **aufrechterhalten** => Bloße Anpreisungen u. subj. Werturteile reichen nicht aus! Bsp.: Verkäuferin zur Kundin: „Der Rock steht ihnen ausgezeichnet". Zuhause meint ihr Sohn jedoch, dass der Rock unmöglich an ihr aussieht. **Täuschungshandlung** kann entweder durch **positives Tun** (Vorspiegeln von Tatsachen) oder **Unterlassen** (Verschweigen von Tatsachen), wenn eine Rechtspflicht zur Aufklärung besteht, erfolgen. **Beachte**: Sowohl ausdrückliche als auch konkludente Täuschung möglich! Die Aufklärungs- u. Offenbarungspflicht beim Unterlassen ist nach der Verkehrsauffassung unter Berücksichtigung von Treu u. Glauben (§ 242) u. den Umständen des Einzelfalls zu entscheiden. Rechtspflicht zur Aufklärung besteht z. B. kraft gesonderter Vereinbarung, kraft Ingerenz u. kraft Treu u. Glauben (Vertrauen des Geschäftspartners auf die Fachkunde der anderen Seite; bei langjährigen Geschäftsbeziehungen). **Beachte**: Eine **unzulässige** Frage darf wahrheitswidrig oder überhaupt nicht beantwortet werden. Kein Anfechtungsrecht desjenigen, der durch die Falschangabe getäuscht wurde. Vor allem im Arbeitsrecht relevant. Bsp.: Fraugen des Arbeitgebers bei der Einstellung nach Bestehen einer Schwangerschaft oder nach der politischen Einstellung. Irrtum muss für die Abgabe der WE **kausal** gewesen sein (Mitursächlichkeit genügt!). Liegt nicht vor, wenn der Erklärende von vornherein den wahren SV kannte oder mit der Täuschung rechnete, er also die Erklärung auf alle Fälle abgegeben hätte. **Beachte**: Es spielt dagegen keine Rolle, ob der Erklärende die Täuschung ohne weiteres hätte durchschauen können oder ob er bei verständiger Würdigung die Erklärung auch bei Kenntnis von der Täuschung abgegeben hätte. Anfechtung möglich! **Verhältnis § 123 zu § 119**: Neben § 123 kann zugleich eine Anfechtung wegen Irrtums in Betracht kommen. Anfechtungsberechtigter kann dann wählen, auf welchen Grund er sich berufen will! **Beachte**: Bei § 123 scheidet § 122 I aus, also i. d. R. günstiger!

Tatsachen

Dem **Beweis** zugängliche Ereignisse oder Zustände der Gegenwart oder Vergangenheit

Offenbarungspflicht

Umfasst alle Umstände, die für die **Entscheidung** des Vertragspartners zum Vertragsschluss offensichtlich von Bedeutung sind u. deren Mitteilung nach der Verkehrsauffassung erwartet werden

60

kann => Bsp.: Beim Gebraucht-
wagenkauf: Offenlegung, dass es
sich um einen wiederherge-
stellten Unfallwagen handelt

Arglist (§ 123)

1) Der Täuschende muss die
Unrichtigkeit seiner Angaben
kennen oder die Angaben „ins
Blaue hinein" gemacht haben
(dolus eventualis ausreichend!).
2) Bewusstsein, dass der an-
dere **ohne** Täuschung die WE
möglicherweise nicht oder nicht
mit dem vereinbarten Inhalt abge-
geben hätte (dolus eventualis
ausreichend!). => Bsp.: Obwohl
der Gebrauchtwagenhändler den
Wagen nicht überprüft hat, be-
hauptet er beim Verkauf, dass
der Wagen keinen Unfall gehabt
habe. **Beachte:** Für die Arglist ist
kein Schädigungsvorsatz erfor-
derlich!

Dritte (§ 123 II 1)

Dritte i. S. d. § 123 II 1 sind nur
am Rechtsgeschäft **gänzlich Un-
beteiligte**, nicht aber diejenigen,
die im Lager des Erklärungsemp-
fängers stehen => **Nicht-Dritte**
sind Vertreter, Verhandlungsge-
hilfen, -führer oder Personen, die
in sonstiger besonders enger Be-
ziehung zum Geschäftsherrn ste-
hen. Bsp.: Wer einen Vertragsab-
schluss lediglich vermittelt, z. B.
als Makler, ist Dritter

Drohung (§ 123 I 2. Fall)

Ist das (auch konkludente) **Inaus-
sichtstellen** eines künftigen
Übels, auf dessen Eintritt der
Drohende **Einfluss** hat oder zu
haben vorgibt. Als Übel genügt
jeder Nachteil => Bspe.: Drohung
mit Strafanzeige, Verprügeln.
Durch das Inaussichtstellen des
Übels soll in dem Bedrohten
Furcht vor dem künftigen Übel

erregt werden (**psychische Zwangslage**). Bei Anwendung von physischem Zwang liegt bereits tatbestandlich keine WE vor, so dass es auch keiner Anfechtung bedarf! Eine Willensbeeinflussung ist auch gegeben, wenn die Drohung gar nicht ernst gemeint ist, der Bedrohte sie aber für ernst gemeint hält! **Beachte**: Das künftige Übel muss aus der Sicht des Bedrohten vom **Willen** des Drohenden **abhängig** sein

Widerrechtlichkeit der Drohung

Drohung ist widerrechtlich, wenn das **Mittel**, der **Zweck** oder die **Mittel-Zweck-Relation** verwerflich ist => **Mittel**: Drohung mit einer widerrechtlichen Handlung, z. B. Drohung mit Körperverletzung. **Zweck**: Bestimmung zur Abgabe einer WE ist widerrechtlich, wenn der damit erstrebte **Erfolg** widerrechtlich ist. Gilt auch dann, wenn das eingesetzte Mittel nicht zu beanstanden ist. Bsp.: X hat Y bei einem Diebstahl beobachtet. X droht Y, er werde ihn anzeigen, wenn er nicht 200 € bekomme. Hier ist die angedrohte Handlung (Strafanzeige) rechtmäßig, nicht aber der erstrebte Erfolg! **Mittel-Zweck-Relation**: Widerrechtlichkeit ist zu bejahen, wenn Mittel u. Zweck zwar für sich allein betrachtet nicht widerrechtlich sind, aber ihre **Verbindung**, nämlich die Benutzung dieses Mittels zu diesem Zweck, gegen die guten Sitten oder gegen Treu u. Glauben verstößt. **Gesamtwürdigung** aller Umstände unter besonderer Berücksichtigung der Belange nicht nur des Bedrohten, sondern auch des Drohenden! Bsp.: X hat Y bei einem Diebstahl beobachtet. X droht dem Y mit einer Anzeige, falls Y nicht eine fällige Kaufpreisforderung des X erfüllt. Widerrechtlichkeit der Mittel-Zweck-Relation, da zwischen dem Kaufpreisanspruch und der Straftat keinerlei **Zusammenhang** besteht. Anders: Drohung mit Strafanzeige zulässig, wenn die aus einer Straftat erwachsenen Schadensersatzansprüche durchgesetzt werden sollen. Drohung mit einer **Zivilklage** ist i. d. R. stets zulässig, weil sie das von der Rechtsordnung vorgesehene Mittel der Anspruchsdurchsetzung ist

Unverzüglich (§ 121)

Angemessene Überlegungsfrist des Anfechtungsberechtigten. Was angemessen ist, beurteilt sich nach den Umständen des **Einzelfalls**, insbes. nach der Bedeutung u. Komplexität des Rechtsgeschäfts => I. d. R. Entscheidung binnen weniger Tage zumutbar. Frist beginnt mit **Kenntniserlangung** des Irrtums u. nicht schon bei bloßen Zweifeln o. unbestimmten Vermutungen oder fahrlässiger Unkenntnis

Vertrauensschaden / Negatives Interesse (§ 122)

Der Anfechtende hat dem Gegner (Anspruchsberechtigten) den Schaden zu ersetzen, den dieser dadurch erleidet, dass er auf die Gültigkeit der Erklärung **vertraut**. Der Anspruchsberechtigte muss so gestellt werden, als hätte er nicht auf die Gültigkeit der WE vertraut, also nie etwas von dem Geschäft gehört => Ersatzpflicht umfasst: nutzlose Aufwendungen für das Geschäft, z. B. Telefon-, Portokosten, aber auch den dadurch entgangenen Gewinn. **Grenze** des Schadenersatzanspruchs ist das Erfüllungsinteresse. Diese Begrenzung soll verhindern, dass der Berechtigte durch die Anfechtung besser gestellt wird als bei Erfüllung des Vertrags! Bsp.: X kauft u. erwirbt von Y einen Hamster für 2 €. Der Hamster hat einen Wert von 10 €. X kauft sich einen Käfig für 50 €, doch Y ficht den KV wirksam an. X erhält die 2 € zurück und Y den Hamster. **Negatives Interesse**: Wenn X nicht auf die Gültigkeit der Erklärung vertraut hätte, hätte er die 50 € nicht ausgegeben, d. h. negatives Interesse in Höhe von 50 €. Trifft den Anfechtenden ein Verschulden, tritt neben die Schadensersatzpflicht nach § 122 I auch eine aus **c.i.c.** (§ 280 I, 311 II, 241 II) auf Ersatz des negativen Interesses. Der Vorteil gegenüber § 122 I ist, dass **keine** Begrenzung des negativen Interesses durch das positive Interesse besteht (str.). Jedoch **§ 280 I 2** beachten: Anfechtender kann sich „von Schuld befreien". Dies ist bei § 122 I nicht möglich! Auch ist § 122 II nicht anwendbar, es gilt hier § 254

Erfüllungsinteresse / Positives Interesse (§ 122 I a. E.)

Wer zum Ersatz des positiven Interesses verpflichtet ist, hat den Zustand herzustellen, der bestehen würde, wenn **ordnungsgemäß** erfüllt worden wäre => Bsp.: Hamster-Fall siehe neg. Interesse. Erfüllungsinteresse: Wenn die WE des Y gültig gewesen wäre, hätte X einen Gewinn in Höhe von 8 € gehabt, d. h. positives Interesse: 8 €. Somit hat X aus § 122 I **nur** einen Anspruch auf 8 €

Gesetzliches Verbot (§ 134)

Verbot muss sich aus einem Gesetz ergeben. Gesetz i. S. d.

BGB sind alle **Rechtsnormen**, d. h. nicht nur Gesetze im formellen Sinne, sondern auch Rechtsverordnungen u. Gewohnheitsrecht. **Verbotsgesetze** sind Gesetze, die sich gegen die Vornahme eines Rechtsgeschäftes richten. Bsp.: Schwarzarbeitsvertrag ist nach § 134 nichtig, wenn beide Parteien gegen das Gesetz verstoßen haben

Begriff der guten Sitten (§ 138 I)

Bestimmen sich nach dem **Anstandsgefühl** aller billig u. gerecht Denkender => Verstöße sind unter Berücksichtigung **aller Umstände** festzustellen: Inhalt/ Zweck des Rechtsgeschäfts, Beweggründe (Absichten, Motive) zur Vornahme des Rechtsgeschäfts, Verhalten vor Abschluss des Rechtsgeschäfts. Maßgeblicher **Zeitpunkt** der Beurteilung der Sittenwidrigkeit: Verhältnisse **im** Zeitpunkt der Vornahme des Rechtsgeschäfts! **RF**: Sittenwidriges Rechtsgeschäft ist **ex tunc** unwirksam. Ist ein Verpflichtungsgeschäft sittenwidrig, dann bleibt das abstrakte Verfügungsgeschäft von dieser Sittenwidrigkeit **unberührt**. Wenn aber der Sittenverstoß gerade in der Veränderung der Güterzuordnung liegt, dann ist auch das Verfügungsgeschäft nichtig. Rückgewährung der erbrachten Leistung nach Kondiktionsrecht! **Fallgruppen**: Wucherähnliches Geschäft (Kausalgeschäft ist unwirksam, nicht aber das dingliche Erfüllungsgeschäft! => Unterschied zu § 138 II!); Knebelungsverträge/ Bürgschaftsübernahmen; Verstöße gegen die Sexualmoral (Beachte: Seit 1.1.02 ist die Prostitution selbst nicht mehr sittenwidrig);

Gläubigergefährdung; Missbrauch einer Macht- oder Monopolstellung; anstößige Kommerzialisierung (Bsp.: Entgeltlicher Vertrag über die Verschaffung eines Ehrendoktortitels)

Wucher (§ 138 II)

Auffälliges Missverhältnis von Leistung u. Gegenleistung => Es muss eine Schwächesituation des Bewucherten vorliegen, die der Wucherer bewusst ausnutzt. Auffälliges Missverhältnis ist dann anzunehmen, wenn die Gegenleistung den Wert der Leistung um 100 % über- bzw. unterschreitet. Es ist jedoch immer eine **Gesamtwürdigung** des Einzelfalls vorzunehmen, so dass auch eine kleinere Differenz für den Wuchervorwurf genügt bzw. bei hohen Risiken eine größere Differenz berechtigt ist. Bsp.: Beim Mietvertrag ist eine Überschreitung der angemessenen Miete bereits um 50 % wucherisch. **§ 138 II** ist nur auf Verträge anwendbar, die einen **Leistungsaustausch** zum Gegenstand haben. Bspe.: Darlehens-, Miet-, Kaufvertrag. § 138 II ist gegenüber § 138 I **lex specialis**, d. h. vor diesem zu prüfen. Bezüglich § 134: zuerst § 134, dann § 138 II u. schließlich § 138 I prüfen! **RF** von § 138 II: Verpflichtungsgeschäft ist **nichtig**! Erfüllungsgeschäft des Bewucherten ist nichtig, während umgekehrt das Erfüllungsgeschäft des Wucherers wirksam ist. Bewucherter kann seine Leistung nach § 985 sowie nach § 812 I S. 1 1. Fall u. ggf. nach § 817 S. 1 zurückfordern. Anspruch des Wucherers nach § 812 I S. 1 1. Fall, eventuell nach § 817 S. 2 ausgeschlossen!

Zwangslage (§ 138 II)	**Zwingendes** Bedürfnis nach der vom Wucherer versprochenen Leistung
Unerfahrenheit (§ 138 II)	**Mangel** an Lebens- u. Geschäftserfahrung => I. d. R. nur bei Jugendlichen oder geistig beschränkten Personen anzunehmen
Mangel an Urteilsvermögen (§ 138 II)	Betroffener ist im konkreten Fall nicht in der Lage, die beiderseitigen Leistungen **richtig** zu **bewerten** => Bloße Unkenntnis von Nachteilen eines Vertrages reicht nicht aus! Fähigkeit zur Beurteilung, z. B. aufgrund von Verstandesschwäche, muss fehlen!
Erhebliche Willensschwäche (§ 138 II)	Betroffener ist wegen verminderter psychischer Widerstandsfähigkeit nicht in der Lage, die zutreffende Beurteilung des Geschäftes **in die Tat umzusetzen** => Insbesondere bei Drogen- oder Alkoholabhängigkeit gegeben, nicht bei Labilität gegenüber geschickter Werbung, da Willensschwäche erheblich sein muss!
Konversion	**Umdeutung, § 140**
Allgemeine Geschäftsbedingungen (AGB)	Legaldefinition in § 305 I 1
Vertragsbedingung (§ 305 I 1)	Regelung, die sich auf den Abschluss oder Inhalt eines Vertrags bezieht
Vorformuliert (§ 305 I 1)	Bedingungen müssen bereits **vor** Vertragsschluss vollständig formuliert u. abrufbar sein
Für eine Vielzahl	Auch dann erfüllt, wenn der Verwender die Bedingungen zum **ersten** Mal verwendet => BGH verlangt, dass mindestens eine **dreimalige** Verwendung beabsichtigt wird!

Ungewöhnlich (§ 305c I)

Ungewöhnlich ist eine Klausel, wenn ihr ein Überrumpelungs- oder Überraschungseffekt innewohnt u. zwischen ihrem Inhalt u. den Erwartungen des Kunden eine deutliche Diskrepanz besteht

2. Lektion: Schuldrecht Allgemeiner Teil

Schuldverhältnis (§ 241)

Ist ein **Rechtsverhältnis**, kraft dessen die eine Person (= Gläubiger) von der anderen (= Schuldner) eine Leistung zu **fordern** berechtigt ist => Unterscheidung zwischen Schuldverhältnis im engeren u. im weiteren Sinn. **Entstehung**: Schuldverhältnis liegt bei einem **Vertrag** vor (egal, ob synallagmatischer, ein- oder zweiseitiger Vertrag). Aber auch **gesetzliche** Schuldverhältnisse können Leistungspflichten zwischen den Parteien begründen. Bspe. §§ 677 ff., 683; deliktischer Anspruch aus §§ 823 ff. Oder auch **vorvertragliche** Schuldverhältnisse: § 311 II, III

Schuldverhältnis im engeren Sinn

Bezeichnet das Recht auf eine Leistung, die **einzelne** Forderung, den **einzelnen** Anspruch des Gläubigers gegen den Schuldner => Bsp.: Anspruch auf Kaufpreiszahlung

Schuldverhältnis im weiteren Sinn

Beschreibt ein Rechtsverhältnis als **Gesamtgebilde**. Gemeint ist die Gesamtheit aller gegenseitigen Leistungsansprüche u. -pflichten => Das Schuldverhältnis i. w. S. setzt sich aus einem oder mehreren Schuldverhältnis(sen) i. e. S. zusammen. Bsp.: KV

Primärpflichten

Konkrete Pflichten, die **unmittelbar** aus Vertrag resultieren => Bsp.: Pflicht zur Kaufpreiszahlung. Stehen bei gegenseitigen Verträgen im Synallagma

Sekundärpflichten

Entstehen bei Störungen der Primärpflichten, d. h. bei **Leistungsstörungen** => Bsp.: Gläubiger macht einen Schadensersatz wegen der Verzögerung einer Leistung geltend. Sie können neben die Primärpflichten oder auch an deren Stelle treten. Leistungsstörungen können auf verschiedene Weise eintreten: Unmöglichkeit der Leistung (§ 275); Schuldner- (§ 286) u. Annahmeverzug (§§ 293 ff.); Störung der Geschäftsgrundlage (§ 313); Schlechtleistung (§§ 281, 323); Nebenpflichtverletzung (§§ 282, 324)

Nebenleistungspflichten

Leistungsbezogene Nebenpflichten, die nicht im Synallagma stehen. Dienen der **Vorbereitung, Durchführung** u. **Sicherung** der **Hauptleistung** => Gläubiger hat einen einklagbaren Anspruch auf ihre Erfüllung. Bsp.: Anzeige-, Auskunftspflichten (§ 402, § 666), Abnahmepflicht des Käufers aus § 433 II. **Beachte**: Nichtleistungsbezogene Nebenpflichten (Verhaltens- u. Schutzpflichten) sind solche Pflichten, die der Schuldner grundsätzlich zu wahren hat, denen aber **kein** durchsetzbarer **Anspruch** gegenübersteht (nur: Schadensersatz, § 280 I. Beachte § 282!). Vor Schuldrechtsreform folgerte man ihre Existenz aus § 242. Nun werden sie in § 241 II ausdrücklich genannt

Erfüllung (§ 362 ff.)

Bewirken der geschuldeten Leistung (§ 362 I) => Voraus. für

Erfüllung: **1)** Richtiger Schuldner muss dem **2)** richtigen Gläubiger die **3)** richtige Leistung zur **4)** richtigen Zeit am **5)** richtigen Ort erbringen (Beachte: Parteivereinbarung, ggf. durch Auslegung ermitteln!). Gegenstand der Erfüllung: Sowohl Leistungshandlung (z. B. beim Dienstvertrag ist der Schuldner nur zur Vornahme einer Diensthandlung verpflichtet) als auch Leistungserfolg (z. B. Werkvertrag: Unternehmer schuldet die Herstellung eines mangelfreien Werkes). **Problem:** Ist zur Erfüllung noch ein besonderer Erfüllungsvertrag erforderlich? (Ältere) **Vertragstheorie:** Zum Tb. der Erfüllung gehört neben der Herbeiführung des vertraglich geschuldeten Leistungserfolges auch ein auf die Aufhebung des Schuldverhältnisses gerichteter Erfüllungsvertrag (Einigung der Parteien, dass die Leistung als Erfüllung erfolgt). **Theorie** der realen **Leistungsbewirkung** (h. M.): Es geht ausschließlich nur darum, ob die geschuldete Leistung tatsächlich erbracht wurde, kein besonderer Erfüllungsvertrag erforderlich! Konsequenz: Zur Erfüllung ist keine Geschäftsfähigkeit erforderlich. Deshalb verlangt diese Theorie für den Eintritt der Erfüllungswirkung, dass der annehmende Gläubiger empfangszuständig ist (siehe bei Begriff „lediglich rechtlich vorteilhaft"). Erste Theorie ist abzulehnen, Grund: Wortlaut des § 362 I! Beachte: Bei Geldschulden ist die Leistung durch Banküberweisung eine Erfüllung i. S. d. § 362! Leistungserfolg tritt ein, wenn der Gläubiger den Geldbetrag endgültig zu seiner freien Verfügung erhält

Dritter (§ 267)

Wer auf eine **fremde** Schuld eine **eigene** Leistung erbringt => Nicht-Dritter: Erfüllungsgehilfe (§ 278), Vertreter. Dritter muss die Leistung aber mit dem erkennbaren **Willen** erbringen, gerade die Verpflichtung des Schuldners zu tilgen

Unzulässige Rechtsausübung (§ 242)

Einer Partei wird die Ausübung eines an sich bestehenden Rechts **verwehrt** => Strenge Anforderungen! Folgende Fallgruppen existieren: **1)** Person hat ihr Recht durch ein gesetz-, sitten- oder vertragswidriges Verhalten erworben. Obj. unredliches Verhalten, durch welches der Gläubiger eine vorteilhafte Rechtsstellung bekommt, genügt! Bsp.: Geltendmachung eines Anspruchs, der unter erkanntem Missbrauch der Vertretungsmacht zustande gekommen ist; **2) Venire contra factum proprium**; **3)** Sog. **Verwirkung**. Ein Recht ist verwirkt, d. h. es kann, ohne verjährt zu sein, nicht mehr ausgeübt werden, wenn es der Berechtigte über längere Zeit nicht geltend gemacht, die Untätigkeit bei der Gegenpartei einen Vertrauenstatbestand geschaffen hat u. sich die jetzige Geltendmachung für die Gegenpartei als unzumutbar erweist. Bsp.: Wenn Vermieter X berechtigt war, dem Mieter Y fristlos zu kündigen, dann kann er dieses Recht nicht mehr ausüben, wenn er in Kenntnis des Kündigungsgrundes mehrere Monate untätig bleibt; **4)** Forderungen von Leistungen, die **sofort** wieder herauszugeben sind

Venire contra factum proprium

Fälle, in denen eine Partei sich in krassen **Widerspruch** zu ihrem vorherigen Verhalten setzt. Bsp.: X fährt auf einen deutlich als gebührenpflichtig gekennzeichneten Parkplatz u. sagt dem Parkplatzwärter, dass er keine Gebühr entrichten wolle. Wer aber durch konkludentes Verhalten einen Vertrag abschließt, kann sich seiner vertraglichen Pflicht nicht dadurch entziehen, dass er einen entgegenstehenden Willen äußert

Leistungsort

Ort, an dem die **Leistungshandlung** vorzunehmen ist => Richtet sich in erster Linie nach der **Parteivereinbarung**, die **beim** Vertragsschluss vorlag. Ist Vereinbarung nicht ersichtlich, dann § 269 I, II. Im Zweifel liegt also keine Bringschuld vor, auch wenn der Schuldner die Kosten für die Versendung der Leistung übernommen hat (§ 269 III). Durch **Auslegung** gilt es dann zu ermitteln, ob eine Hol- oder Schickschuld vorliegt!

Handlungsort

Ort, an dem die **Leistungshandlung** vorgenommen wird (§§ 269-271) => **Beachte:** In den §§ 447, 448, 644 II, § 29 ZPO wird vom Erfüllungsort gesprochen. Damit ist der **Handlungs-**, nicht der Erfolgsort gemeint!

Erfolgsort

Ort, an dem der **Leistungserfolg** eintritt (§ 362 I)

Leistungszeit

Darunter versteht man zum einen den Zeitpunkt, an dem der Schuldner frühestens leisten darf (**Erfüllbarkeit**), u. zum anderen den Zeitpunkt der **Fälligkeit**, an dem der Schuldner spätestens leisten muss => Leistungszeit ergibt sich aus der **Parteivereinbarung** u. den **Umständen** des Einzelfalls, ansonsten allgemeine Vorschrift: § 271. „**Sofort**" (§ 271 I) = So schnell, wie dies nach obj. Maßstäben möglich ist!

Stückschuld / Speziesschuld

Liegt vor, wenn die geschuldete Sache nach **individuellen** Merkmalen konkret **bestimmt** ist => Bsp.: „Dieser gebrauchte BMW"

Gattungsschuld (§ 243)

Liegt vor, wenn die geschuldete Leistung nur nach **allgemeinen** Merkmalen bestimmt ist. **Kurz:** Was nicht Stück- oder Geldschuld ist! => Sorte, Typ, Farbe, Gewicht, Herkunft u.s.w. Bsp.: Ein BMW. Ob Gattungs- oder Stückschuld vorliegt, bestimmt allein der Parteiwille!

Vorratsschuld

Unterart der Gattungsschuld. Liegt vor, wenn die geschuldete Sache nach der Parteivereinbarung aus einer **bestimmten Menge** entnommen werden soll => Bsp.: 50 kg Äpfel aus der diesjährigen Ernte

Konkretisierung

Hat der Schuldner das zur Leistung seinerseits Erforderliche getan, wird eine **Gattungs**schuld zur **Stück**schuld (§ 243 II) => Die Beschaffenheit des zu leistenden Gegenstandes richtet sich in erster Linie nach der Parteivereinbarung, sonst: § 243 I. Er hat das Erforderliche getan, wenn er zu keinem weiteren **Tun** verpflichtet ist (Auswahl u. Aussonderung einer Sache mittlerer Art u. Güte). Wann dies der Fall ist, bestimmt sich nach der **Art der Schuld**: Hol-, Schick- oder Bringschuld.

RF: Mit der Konkretisierung beschränkt sich die Forderung auf das ausgesuchte Stück (§ 243 II), d. h. die Leistungsgefahr geht auf den Gläubiger über. **Streitig** ist, ob die Folgen der Konkretisierung auch zu **Lasten** des Schuldners wirken sollen, ob dieser also an die Konkretisierung gebunden ist u. ihm daher keine Möglichkeit zustehen soll, einen anderen Gegenstand aus der Gattung als Leistung zu erbringen (z. B. wenn die Sache „untergegangen" ist). Nach einer **Ansicht** ist der Schuldner an die Konkretisierung **gebunden**. Aber: Es besteht in Einzelfällen die Möglichkeit, dass der Gläubiger aus § 242 verpflichtet werden kann, die Ersatzware anzunehmen bzw. einen neuen Vertrag mit dem gleichen Inhalt zu schließen. Die **Gegenansicht** verneint regelmäßig eine Bindung des Schuldners, so dass dieser ohne weiteres Ersatzware liefern darf. Streit**entscheid**: Wird die Gattungsschuld auf konkrete Stücke beschränkt u. gehen diese dann unter, ist § 275 I einschlägig, mit der Folge, dass eine unmögliche Leistung nicht zu erbringen ist. Genau diese Regelung wird von der 2. Ansicht nicht konsequent berücksichtigt u. weist deshalb dogmatische Widersprüche auf. Die 1. Ansicht ist vorzuziehen

Holschuld

Gläubiger muss die angebotene Leistung/ Ware beim Schuldner **abholen**. Dieser braucht die Leistung/Ware nur zur Abholung durch den Gläubiger **bereitzuhalten** (**Aussonderung** der Ware) u. den Gläubiger hiervon zu **benachrichtigen**   =>

Leistungs- u. Erfolgsort sind also am Wohnsitz des Schuldners bzw. bei seiner gewerblichen Niederlassung; Gefahrübergang: beim Schuldner

Schickschuld

Schuldner muss dem Gläubiger die Leistung/Ware **schicken**, d. h. er muss die Ware ordentlich **verpacken** u. an eine Transportperson **übergeben** => Leistungsort liegt beim Schuldner, Erfolgsort beim Gläubiger; Gefahrübergang: bei Übergabe an Transportperson

Bringschuld

Schuldner muss dem Gläubiger die Leistung/Ware **bringen**, d. h. Ware zu ihm transportieren u. sie ihm tatsächlich **anbieten** => Leistungs- u. Erfolgsort beim Gläubiger; Gefahrübergang: beim Gläubiger

Wahlschuld

Siehe **§ 262** => Bsp.: Bauer X verpflichtet sich, die eine oder die andere Milchkuh zu liefern. Die **Parteien** bestimmen, wem das Wahlrecht zusteht, im Zweifel: Schuldner (§ 262). Mit der Wahl der Leistung gilt diese als von Anfang an allein geschuldet (§ 263 II). Bei Unmöglichkeit: § 265

Geldschuld

Ist grundsätzlich Schickschuld, sofern nichts anderes vereinbart ist (**§ 270 I**) => Der Schuldner ist dann verpflichtet, dem Gläubiger das Geld zu **übermitteln**. Besonderheit: **Schuldner** trägt die Gefahr für das Gelingen der Übermittlung (= **qualifizierte Schickschuld**). Leistungsort beim Schuldner, Erfolgsort beim Gläubiger; Gefahrübergang: beim Gläubiger, d. h. wenn das Geld beim Gläubiger nicht ankommt, muss der Schuldner noch einmal leisten. Schuldner hat jedoch nicht dafür einzustehen, wenn das Geld trotz rechtzeitigen Absendens (z. B. bei rechtzeitiger Überweisung) verspätet beim Gläubiger eintrifft. **Beachte**: Geldschuld stellt also keine Gattungsschuld dar, sondern eine Schuld eigener Art. Folge: § 243 findet damit keine Anwendung

Ersetzungsbefugnis

Liegt vor, wenn lediglich **eine** Leistung geschuldet wird, an ihrer Stelle aber eine **andere** Leistung vom Schuldner erbracht (Ersetzungsbefugnis des Schuldners) oder vom Gläubiger verlangt werden kann (Ersetzungsbefugnis des Gläubigers) => **Unterschied** zur **Wahl**schuld: Von Anfang an ist nur **eine** Leistung geschuldet! Schuldner wird bei nicht verschuldeter Unmöglichkeit von der Leistung frei (§ 275), auch wenn er die Ersatzleistung noch erbringen könnte. Steht dem Gläubiger die Ersetzungsbefugnis zu, kann er statt der geschuldeten Leistung auch die andere verlangen. Geht der eigentliche Leistungsgegenstand unter, dann kann er sich nicht mehr für die Ersatzleistung entscheiden (es sei denn, er hat sich bereits vor „Untergang" für diese entschieden)

Leistung an Erfüllungs Statt (§ 364 I)

Erbringt der Schuldner eine andere als die geschuldete Leistung, erlischt das Schuldverhältnis nur dann, wenn der Gläubiger sie als Erfüllung annimmt (**Erfüllungssurrogat**) => Voraus.: Hinreichend deutlicher **Wille** des Gläubigers, die andere Leistung anzunehmen. Bsp.: Der zur Rückzahlung eines Darlehens unfähige Schuldner überlässt dem Gläubiger ein Auto. Erbrachte Leistung mangelhaft: §§ 365, 434 ff.

Surrogat

Ersatz für einen Gegenstand/ Wert

Leistung erfüllungshalber (§ 364 II)

Hier erlischt die ursprüngliche Schuld nicht sofort, vielmehr erhält der Gläubiger am geleisteten Gegenstand ein **Befriedigungsrecht**. Erst wenn er sich erfolgreich daraus befriedigen konnte, erlischt auch die ursprüngliche Forderung => Die Leistung erfüllungshalber ist im BGB nur angedeutet (§ 364 II), aber nicht geregelt. Durch die **Parteierklärungen** gilt es zu ermitteln (§§ 133, 157), ob eine solche Vereinbarung vorliegt. Bis zur Befriedigung wird eine Stundung der ursprünglichen Forderung vereinbart, die dann letztlich mit der Erfüllung oder eben mit der misslungen Befriedigung endet. Ggf. Schadensersatz gem. §§ 280 ff. Gläubiger steht es frei, die Annahme des Surrogats abzulehnen, ohne dabei in Annahmeverzug (§§ 293 ff.) zu kommen! Eventuell kommt aber dann der Schuldner in Verzug (§§ 286 ff.)

Leistung sicherheitshalber

Unterschied zu § 364: Hier bleibt die ursprüngliche Forderung (z. B. aus Kauf) **unberührt** u. soll auch in Zukunft erfüllt werden. Nur wenn der Schuldner seiner Leistungspflicht nicht nachkommt, soll der Gläubiger das Recht haben, sich durch die Verwertung des ihm überlassenen Sicherungsguts das geschuldete Geld zu verschaffen

Unmöglichkeit (§ 275)

Nichterbringbarkeit der Leistung, d. h. Leistung/Pflicht kann **endgültig** nicht mehr erfüllt werden => Gesetz unterscheidet zwischen obj., subj., anfänglicher u. nachträglicher Unmöglichkeit. **Beachte**: § 275 I regelt **alle** Fälle der absoluten Unmöglichkeit, d. h. einerseits Gleichstellung von anfängl. u. nachträgl., andererseits Gleichstellung von obj. u. subj. Unmöglichkeit. Unterscheidung wird vor allem für die Bestimmung der Sekundäransprüche des Gläubigers relevant! **Gründe** für eine Unmöglichkeit: **1)** Physische Unmöglichkeit (siehe Def.); **2)** Juristische Unmöglichkeit (siehe Def.); **3)** „Zeitliche" Unmöglichkeit: Absolutes Fixgeschäft (siehe Def.). **Beachte**: Wirkliche Unmöglichkeit in § 275 I ist von der Unzumutbarkeit in § 275 II, III abzugrenzen. **§ 275 I**: **Einwendung** gegen den Erfüllungsanspruch des Gläubigers; **§ 275 II, III**: **Einrede** des Schuldners. Fallgruppen der Unmöglichkeit: Zweckerreichung; Zweckfortfall; Zweckstörung (siehe jeweils Def.). Schuldner kann sich bei **Gattungsschuld** auf § 275 berufen, wenn entweder die ganze Gattung untergeht, den gleichen nicht zu behebenden Mangel aufweist oder wenn sie sich durch Konkretisierung auf bestimmte Stücke beschränkt hat u. diese dann untergehen. **Beachte** bei **Geldschuld**: Schuldner wird von seiner Leistungsverpflichtung nicht durch Zahlungsunfähigkeit frei, keine Berufung auf § 275! „Geld hat man zu haben". Ausnahme: Leistung auf individuelle oder auf der Sorte nach bestimmte Geldstücke gerichtet (dann Stück-/Gattungsschuld)

Objektive Unmöglichkeit

Leistung kann von **niemandem** erbracht werden => Bsp.: Der von X an Y verkaufte Pkw wird noch vor Übergabe vom Blitz getroffen u. völlig zerstört

Subjektive Unmöglichkeit

Leistung kann **nicht** vom **Schuldner** erbracht werden. Jedoch könnte sie von einem **Dritten** erbracht werden => Bsp.: Verkäufer X eines gebrauchten Pkw übereignet den verkauften Pkw nicht an den Käufer Y, sondern an den Dritten Z, der ihm nachträglich ein besseres Angebot gemacht hat. **Beachte:** Befreiung des Schuldners nach § 275 I tritt **nur** ein, wenn die (Wieder-)Herstellung seiner Leistungsfähigkeit **ausgeschlossen** ist. Das ist z. B. der Fall, wenn derjenige, der über den Leistungsgegenstand verfügt, diesen dem Schuldner nicht mehr zur Verfügung stellen will oder aber wenn die Beschaffung des Gegenstandes aus sonstigen Gründen nicht zu einem Erfolg führt u. damit aussichtslos ist. Zu denken ist an Diebstahl. Verlangter Aufwand: § 275 II

Anfängliche Unmöglichkeit

Liegt vor, wenn die Unmöglichkeit schon **bei** Vertragsschluss gegeben ist => Bsp.: X u. Y schließen einen Leihvertrag über ein, wie X weiß, nicht existentes Buch. Hier entsteht die Primärpflicht erst gar nicht, § 275 I. Vertrag ist aber dennoch wirksam, § 311a I.

Nachträgliche Unmöglichkeit

Liegt vor, wenn die Unmöglichkeit erst **nach** Vertragsschluss eingetreten ist => Bsp.: X u. Y schliessen einen Leihvertrag über ein bestimmtes Buch. Nach Vertragsschluss wird das Buch durch einen Brand in der Wohnung des X zerstört. Hier erlischt die Primärpflicht, § 275 I

Wirtschaftliche Unmöglichkeit (§ 275 II)

Liegt bei den Tatbeständen vor, bei denen die Leistung zwar **praktisch möglich**, für den Schuldner aber mit so **erheblichen** Aufwendungen verbunden ist, dass sie ihm unzumutbar ist => Bsp.: Geschuldeter Silberring liegt auf dem Meeresgrund. Durch Absuchen des Meeresgrundes könnte man ihn theoretisch finden. **RF**: Schuldner kann die Leistungserbringung verweigern. **Beachte**: In § 275 II wird nur das **Leistungsinteresse** des Gläubigers u. der **Aufwand** des Schuldners verglichen. Auch ein Fall der wirtschaftlichen Unmöglichkeit liegt vor, wenn die Leistungserbringung **unverhältnismäßige Anstrengungen** des Schuldners erfordert (bei gleich bleibendem Leistungsinteresse des Gläubigers bzw. weniger stark steigendem Interesse). Bsp.: Schuldner könnte den geschuldeten Gegenstand zum dreifachen Marktpreis von Dritten beschaffen. Es hängt von der **vertraglichen Risikoverteilung** ab bis zu welcher Grenze der Schuldner verpflichtet ist, sich den Leistungsgegenstand von Dritten zu beschaffen. Liegen **keine** Anhaltspunkte vor, dann § **275 II 1**: bis der Aufwand in einem groben Missverhältnis zu dem Leistungsinteresse des Gläubigers steht. Beachte im Rahmen der Güterabwägung auch **§ 275 II 2**: Vertretenmüssen des Schuldners!

Persönliche Unmöglichkeit

§ 275 III => Bsp.: Sänger tritt nicht auf, weil sein Vater im Sterben liegt. **Wichtig**: Immer im Wege der **Abwägung** ermitteln! Wie bei § 275 II gilt: Schuldner wird nur dann von seiner Leistungspflicht frei, wenn er die entsprechende Einrede auch **erhebt**! Erst dann braucht er nicht zu leisten. Unter § 275 III fallen jedoch nicht solche Leistungshindernisse, die eine subj. Unmöglichkeit begründen

Physische Unmöglichkeit

Leistung ist schon nach **Naturgesetzen** nicht möglich => Bsp.: Verkaufte Milchkuh ist vor der Übereignung gestorben

Juristische Unmöglichkeit

Vornahme der versprochenen Leistung scheitert an **rechtlichen** Gründen => Bsp.: Bestellung einer Hypothek an einem Wohnwagen. Dieser stellt aber keine Immobilie dar!

Beidseitig zu vertretende Unmöglichkeit

Unmöglichkeit ist **sowohl** vom Schuldner als **auch** vom Gläubiger verschuldet worden => **Folge**: Befreiung des Schulders (Verkäufer) von seiner Leistungspflicht nach § 275 I. **Streitig** ist in diesen Fällen, wie die Gegenleistung u. der Anspruch auf Schadensersatz zu behandeln sind. Nach **einer** modernen Auffassung wird auch der Gläubiger (Käufer), sofern ihn keine überwiegende Verantwortlichkeit trifft, von seiner Gegenleistungspflicht gem. § 326 I frei (sonst: § 326 II 1). Schuldner erhält dann einen Anspruch auf Schadensersatz aus §§ 280 I, 241 II (**Beachte**:

Anspruch wird um die Mitverschuldensquote des Schuldners über § 254 I gekürzt!) u. Gläubiger erhält einen Anspruch auf Schadensersatz nach §§ 280 I, III, 283 (auch hier gilt: Kürzung der Mitverschuldensquote, § 254 I). **Folge**: Gegenseitige Ansprüche werden verrechnet!

Fixgeschäft

Parteien können die Einhaltung einer bestimmten **Leistungszeit** als so **wesentlich** vereinbaren, dass damit das gesamte Geschäft stehen u. fallen soll => Ermittlung durch **Auslegung** der Parteivereinbarung! Bspe.: Klauseln wie „fix", „prompt", „genau", „präzis" indizieren ein Fixgeschäft. **2** Arten: relatives u. absolutes Fixgeschäft

Absolutes Fixgeschäft

Liegt vor, wenn die Leistungszeit ein **wesentlicher** Bestandteil des Vertrags geworden ist, der Gläubiger den Fortbestand seines Leistungsinteresses an die Rechtzeitigkeit der Leistung gebunden hat u. die Leistungszeit nach dem Vertragsinhalt von so **überragender** Bedeutung ist, dass eine verspätete Leistung keine Erfüllung mehr darstellt => Behandlung nach den Regeln der Unmöglichkeit! Bspe.: Taxi zum Flughafen; Hochzeitstorte wird vier Tage nach Fest geliefert. Geschuldete Leistung ist unmöglich geworden, damit erlischt Leistungspflicht nach § 275 I. Auch die Gegenleistungspflicht nach § 326 I 1 erlischt!

Relatives Fixgeschäft

§ 323 I, II Nr. 2. Geschäft muss mit der **Pünktlichkeit** der Leistung stehen u. fallen => D. h. es reicht nicht, dass die Parteien lediglich einen Leistungszeitpunkt exakt bestimmen, sondern es muss sich vielmehr aus den Gesamtumständen oder kraft ausdrücklicher Vereinbarung ergeben, dass der Bestand des Vertrages gerade von dieser **Leistungszeit** abhängen soll! Bei verspäteter Leistung erhält der Gläubiger ein Rücktrittsrecht, ohne dass es einer Nachfristsetzung i. S. d. § 323 I bedarf! **Beachte**: Bei **Kaufleuten** greift vorrangig § 376 HGB

Zweckerreichung

Leistungserfolg kann nicht mehr herbeigeführt werden, weil er schon **anderweitig eingetreten** ist => Zweckerreichung wird als Unmöglichkeit behandelt! Bsp.: Bevor der bestellte Schlepper eintrifft, kommt das auf eine Sandbank gelaufene Schiff durch den hohen Wellengang wieder frei. Schuldner wird gem. § 275 I von seiner Leistungspflicht **frei**. Gegenleistung: § 326. Schuldner behält seinen Anspruch auf die Gegenleistung, wenn der Gläubiger selbst den Leistungserfolg aus freien Stücken herbeiführt oder weit überwiegend dafür verantwortlich ist (**§ 326 II**). Liegen Voraus. des § 326 II nicht vor, steht dem Schuldner ein Anspruch auf Teilvergütung gem. § 645 analog zu

Zweckfortfall

Schuldner könnte die Leistungshandlung erbringen, aber das **Objekt** ist **weggefallen**, an dem die Leistung erbracht werden soll => Bsp.: Liegen gebliebenes Auto verbrennt, bevor der ADAC eintrifft. Zweckfortfall wird auch als Unmöglichkeit behandelt, Gegenleistung: § 326 (siehe bei Zweckerreichung)

Zweckstörung

Leistungshandlung kann vom Schuldner zwar **vorgenommen** werden, wird aber **sinnlos** => Bsp.: Das Auto von X ist liegen geblieben. Er ruft den ADAC, um es abschleppen zu lassen, nicht aber, um es wieder zum Laufen zu bringen. Bevor ADAC bei ihm ist, springt der Motor wieder an. Lösung dieser Fälle über die Störung der Geschäftsgrundlage (§ 313). **Ausnahme**: Fall der absoluten Unmöglichkeit gem. § 275 I, wenn die Parteien den Verwendungszweck erkennbar zum **wesentlichen** Inhalt der Leistung gemacht haben. Wird diese Zweckerreichung unmöglich, dann wird die vom Schuldner zu erbringende Leistung ebenfalls unmöglich. Bsp.: X mietet von Y einen Fensterplatz in dessen Wohnung, um den Kölner Karneval in Ruhe beobachten zu können. Er hat dabei mit Y **ausdrücklich** vereinbart, dass er kein Interesse an dem Fensterplatz hat, wenn der Karnevalszug ausfallen sollte. Der Karnevalszug fällt tatsächlich aus! Hier ausnahmsweise ein Fall des § 275 I. **Zweck** wurde Vertragsinhalt!

Teilunmöglichkeit

Unmöglichkeit beschränkt sich nur auf **einen Teil** => Bsp.: Von den bestellten 6 Machinen können nur 3 geliefert werden, weil nach deren Herstellung die Fabrik abgebrannt ist. Hinsichtlich der unmöglichen Leistung ist der Fabrikant von seiner Leistungspflicht befreit. Teilunmöglichkeit liegt aber auch dann vor, wenn bei einem Stückkauf die Sache mit einem **nicht** zu **behebenden Mangel** behaftet ist. Bsp.: Durchnässtes antiquarisches Buch. Hier: Es ist nicht mehr möglich, das Buch in den Ausgangszustand zu bringen, Verkäufer wird von seiner Verpflichtung frei (§ 275 I). Unterscheide: **quantitative** Teilunmöglichkeit: §§ 326 I 1 Hs. 2, 441 III. Relevant für diesen Fall: § 326 V 1 (Rücktrittsrecht). **Qualitative** Teilunmöglichkeit: Minderung der Gegenleistung tritt nicht kraft Gesetzes ein (§ 326 I 2). Relevant auch bei Degrenzung des Schadensersatzanspruches statt der ganzen Leistung gem. § 281 I. **Qualitative** Teilunmöglichkeit (Mangelleistung): **§ 281 I S. 3; Quantitative** T. (Mankoleistung): **§ 281 I S. 2** (str., a. A.: § 434 III, § 633 II 3 stellen die Mankoleistung bei einem KV u. Werkvertrag einer Mangelleistung gleich, so dass § 281 I S. 3 immer.zur Anwendung kommt. Contra: § 281 I S. 2 würde leer laufen u. wäre damit praktisch bedeutungslos. § 281 I S. 2 ist sachgerechter, da hier bei einer Zurückweisung dargelegt werden muss, dass auch tatsächlich kein Interesse an der teilweisen Erbringung der Leistung besteht)

Vorübergehende Unmöglichkeit

Liegt vor, wenn eine Leistung nur **derzeit** nicht erfüllt werden kann => „Zeitweilige Unmöglichkeit", d. h. Befreiung des Schuldners von seiner Leistungspflicht für **diese** Zeit der Unmöglichkeit. **Folge:** Auch der Gläubiger wird in dieser Zeit des Schwebezustandes von seiner Gegenleistungspflicht nach § 326 I befreit (ggf. kommt für ihn sogar ein Vertragsrücktritt nach § 323 in Betracht). **Beachte** gedankliche Hilfsfrage: Ist dem Gläubiger ein Festhalten an dem Vertrag zuzumuten? Wenn nein, dann kann von einer dauernden Unmöglichkeit ausgegangen werden!

Gegenleistung (§ 326)

§ 326 II 1 ist eine Ausnahme vom Grundsatz des konditionellen Synallagmas. So behält der Schuldner den Anspruch auf die Gegenleistung, wenn der Gläubiger die Unmöglichkeit zu vertreten hat (Verantwortlichkeit: entsprechende Anwendung der §§ 276 ff., h. M.) oder sich dieser im Annahmeverzug befindet. **Aber:** **§ 326 II 2**, Schuldner muss sich Ersparnisse anrechnen lassen! Gläubiger hat unerlaubte Handlungen (§§ 823 ff.) u. Verstöße gegen vertragliche Pflichten zu vertreten. **Aber:** Gläubiger kann das stellvertretende commodum (Herausgabe des Ersatzes) verlangen, **§ 285**. Beachte folgende **Ausnahmen** vom Grundsatz in § 326 I 1 Hs. 1: **§ 446:** Bei Unmöglichkeit **nach** Gefahrübergang verliert Schuldner nicht den Anspruch auf Gegenleistung. Das Gleiche gilt für **§ 447 I** (Gefahr geht über, ganz gleich, ob eine fremde Transportperson oder ein eigener Fahrer den Transport tätigt, h. M.). **§ 644 I 1:** Unternehmer trägt Gefahr nur bis zur Abnahme! Geht die Sache **danach** zufällig unter, muss der Besteller dennoch Werklohn entrichten. Ähnlicher Fall bei **§ 645. Beachte 1.: Beidseitig** zu vertretende **Unmöglichkeit:** Hier trifft den Gläubiger keine weit überwiegende Verantwortlichkeit (§ 326 II 1), so dass ganz normal **§ 326 I** anzuwenden ist (**str.**). Folge: Der Anspruch des Schuldners auf die Gegenleistung entfällt. Korrektur: **Schuldner** erhält aus §§ 280 I, 241 II einen Schadensersatzanspruch gegen den Gläubiger (Aber: Anteil des Schuldners ist um seine Mitverschuldensquote zu kürzen, § 254 I). **Gläubiger**: Anspruch aus §§ 280 I, III, 283 (Aber: Mitverschuldensquote wie bei Schuldner beachten!). **Beachte 2.**: Wenn Schuldner die Unmöglichkeit der Leistung zu vertreten hat, die **während** des **Annahmeverzugs** eintrat, dann verliert er nicht seinen Anspruch auf die Gegenleistung wegen § 326 II 1 2. Fall. Vorauss.: Schuldner verursachte nur leicht fahrlässig den Untergang der Sache (Haftungsprivileg: **§ 300 I**). Bei **grob** fahrlässigem oder vorsätzlichem Verhalten/ Handeln: Annahmeverzug wird nicht weiter zu Gunsten des Schuldners beachtet, d. h. Schuldner verliert vollständig den Gegenleistungsanspruch (**str.**)

Privative (=befreiende) Schuldübernahme

Schuldnerwechsel unter Wahrung der Identität der Schuld, d. h. ein neuer Schuldner tritt an die Stelle des alten (**§ 414 ff.**). Dieser wird von seiner Schuld befreit => Bsp.: Erwerber übernimmt beim Verkauf eines Geschäftsbetriebs auch die bestehenden Schulden u. zahlt dadurch einen geringeren Kaufpreis. Schuldübernahme ist das Gegenstück zur Abtretung. Abgrenzung zur/m: Erfüllungs-, Vertragsübernahme; Garantievertrag; Schuldbeitritt; Bürgschaft. Ermittlung durch **Auslegung** der Parteivereinbarung! **Rechtsna-**

tur: Abstraktes Verfügungsgeschäft, das eines Rechtsgrunds bedarf. Kann auf 2 Wegen erfolgen: **1)** Übernahmevertrag zwischen **Gläubiger** u. Übernehmer (§ 414); **2)** Übernahmevertrag zwischen **Schuldner** u. Übernehmer (§ 415), aber: Wirksamkeit der Übernahme hängt von der **Zustimmung** des Gläubigers ab! **Beachte:** In § 415 wird nur die Genehmigung i. S. d. § 184 erwähnt, der Gläubiger kann aber auch schon vorher nach §§ 182, 183 einwilligen. **Folge:** Es besteht ein Schwebezustand bis eine Erteilung oder Verweigerung der Genehmigung erfolgt ist. In diesem Zustand hat der Gläubiger keinerlei Rechte gegenüber dem Übernehmer. Schuldner hat jedoch gegen Übernehmer **i. Z.** einen Anspruch auf Befriedigung des Gläubigers (**§ 415 III**). Durch **Fristsetzung** (§ 415 II 2) können Schuldner u. Übernehmer den Schwebezustand beenden! Rechtliche Erklärung der Schuldübernahme: **Verfügungstheorie** (h. M.): Bei § 415 verfügen der Übernehmer u. der (Alt-)Schuldner zunächst als Nichtberechtigte über die Forderung des Gläubigers i. S. d. § 185. Diese Verfügung wird aber mit der Genehmigung des Gläubigers (§ 185 II 1) wirksam. **Angebots-** oder Vertrags**theorie**: Nach ihr wird auch im Fall des § 415 der Schuldübernahmevertrag zwischen Gläubiger u. Übernehmer geschlossen. Die Mitteilung nach § 415 I 2 stellt ein Vertragsangebot zur Schuldübernahme u. die Genehmigung des Gläubigers nach § 415 I 1 die Annahme dar. **Entscheidung**: Der Wortlaut des

§ 415 („Genehmigung") spricht für die h. M. Relevanz der Meinungsverschiedenheit: Nach der Verfügungstheorie wirkt die Genehmigung nach § 184 I ex tunc u. ist formfrei (§ 182 II). Wenn der Alt-schuldner den Übernehmer arglistig täuscht, dann ist er nach der Angebotstheorie Dritter i. S. d. § 123 II 1, nach der Verfügungstheorie jedoch nicht!

Hinweis zu der Übernahme einer Hypothekenschuld: **§ 416 I 2**, nach Ablauf von 6 Monaten gilt die Genehmigung als erteilt!

RFen: a) Übernehmer tritt an die Stelle des bisherigen Schuldners; **b)** Einwendungen des Übernehmers: Er kann dem Gläubiger **alle** Einwendungen aus dem Verhältnis Gläubiger – Schuldner entgegensetzen (**§ 417 I 1**) u. zwar auch die, die erst nach der Schuldübernahme entstanden sind, wenn sie dem Grunde nach schon angelegt waren (vergleiche bei § 404)! Übernehmer kann aber **keine** Einwendungen aus dem Grundverhältnis zwischen sich u. dem (Alt-)Schuldner gegenüber dem Gläubiger herleiten (**§ 417 II**). Ausnahme: Fehleridentität. Einwendung kann geltend gemacht werden, wenn wegen einer Fehleridentität nicht nur das Kausalgeschäft zwischen Altschuldner u. Übernehmer nichtig ist, sondern sich dieser Fehler auch auf die Schuldübernahme ausgewirkt hat! **c)** Akzessorische Rechte erlöschen gem. **§ 418 I** (Analoge Anwendung bei der Grundschuld)

Kumulative Schuldübernahme

Siehe **Schuldbeitritt**

Erfüllungsübernahme

Schuldner vereinbart mit einem **Dritten,** dass der Dritte die Schuld begleicht. Es besteht nur zwischen Schuldner u. Drittem, nicht aber zwischen Gläubiger u. Drittem ein Anspruch! Gläubiger kann sich nach wie vor **nur** an seinen Schuldner halten

Schuldbeitritt

Vertraglicher Schuldbeitritt bedeutet, dass der Gläubiger durch Vertrag **neben** dem bisherigen Schuldner noch eine andere Person (Beitretender) als Schuldner erhält => **Zustandekommen: 1)** Durch Vertrag (§ 311 I) zwischen dem Gläubiger u. dem Beitretenden oder **2)** durch Vertrag (§ 311 I) zwischen dem Schuldner u. dem Beitretenden zugunsten des Gläubigers. Beim 2. Fall ist eine Zustimmung des Gläubigers nicht erforderlich (Unterschied zur befreienden Schuldübernahme). Vertrag ist **formfrei.** Der Schuldbeitritt begründet eine **eigenständige** Verpflichtung des Beitretenden. Er u. der Schuldner sind Gesamtschuldner (**§ 421**). **Einwendungen** des Beitretenden: § 422; § 417 analog

Garantievertrag

Eine Person verpflichtet sich, **unabhängig** von dem Bestehen einer Verbindlichkeit für einen bestimmten Erfolg einzustehen bzw. die Gewähr für einen künftigen, noch nicht entstandenen Schaden zu übernehmen => **Beachte: Formfreier** Vertrag (§ 311 I) zwischen Garanten u. Begünstigtem. Es sind keine Einreden aus dem Grundgeschäft zwischen Schuldner u. Gläubiger möglich, da eine Garantie abstrakt ist

Vertragsübernahme

Auswechslung einer Vertragspartei, d. h. die neue Vertragspartei tritt in die Rechtsstellung der früheren Partei ein => Einheitliches Rechtsgeschäft. Bsp.: gesetzlicher Fall § 613a. Es bedarf der Mitwirkung **aller** Beteiligten. **2 Möglichkeiten: 1)** Dreiseitiger Vertrag zwischen **allen** Beteiligten, **2)** Vertrag zwischen ausscheidender u. neuer Partei mit **Zustimmung** der verbleibenden Partei. **Form** des Übernahmevertrag: wie der übernommene Vertrag. **Aber:** Zustimmung ist formfrei! Dem Eintretenden stehen **alle** Einwendungen u. Einreden aus dem übernommenen Schuldverhältnis zu, nicht jedoch: Mängel des Grundgeschäfts zwischen alter u. neuer Partei (da Vertragsübernahme abstrakt ist)

Verantwortlichkeit des Schuldners (§ 276)

Schuldner hat Vorsatz u. Fahrlässigkeit zu vertreten (§ 276 I 1) => § 276 ist eine **Zurechnungs**norm u. **keine** Anspruchsgrundlage! **Beachte:** Eventuelle Verschuldensunfähigkeit nach § 276 I 2 i. V. m. §§ 827, 828. **Mildere Haftung:** Vorsatz u. **grobe** Fahrlässigkeit bei Annahmeverzug (§ 300 I), kraft Parteivereinbarung oder aus dem sonstigen Inhalt des Schuldverhältnisses (§ 276 I 1). **Strengere Haftung:** im Schuldnerverzug (§ 287 S. 2: Haftung für Zufall), kraft Parteivereinbarung oder aus dem sonstigen Inhalt des Schuldverhältnisses (vor allem aus Übernahme einer Garantie oder eines Beschaffungsrisikos, siehe Def.)

Fahrlässigkeit (§ 276)

Fahrlässig handelt, wer die im Verkehr erforderliche Sorgfalt außer Acht lässt (**§ 276 II**) => Ermittlung nach einem objektiv-abstrakten Maßstab! Schuldner muss sich also so sorgfältig verhalten, wie das **jeweilige** Schuldverhältnis es zur Vermeidung von Schäden anderer verlangt (**Verkehrskreis**). Bsp.: Kraftfahrer schuldet die Sorgfalt eines ordentlichen Kraftfahrers. Damit kommt es **nicht** auf persönliche Fähigkeiten an (z. B. Fachkenntnis, Geschicklichkeit). Beachte in schwierigen Fällen die Unterscheidung von bewusster Fahrlässigkeit u. bedingtem Vorsatz (siehe Def.)

Grobe Fahrlässigkeit

Liegt vor, wenn die im Verkehr erforderliche Sorgfalt in **besonders** schwerem Maße verletzt ist => **Kurz:** Wenn nicht beachtet wird, was auf der Hand liegt! Bsp.: Autofahren nach erheblichem Alkoholkonsum

Sorgfalt in eigenen Angelegenheiten (§ 277)

Maßstab ist hier das **individuelle** Normalverhalten des Schuldners, d. h. seine persönlichen Fähigkeiten werden berücksichtigt

Vorsatz (§ 276)

Wissen u. **Wollen** der obj. Tatbestandsmerkmale => **Beachte: Bewusstsein** der Pflichtwidrigkeit ist **erforderlich**, d. h. „Täter" muss die Pflichtwidrigkeit seiner Handlung **erkennen!**

Bedingter Vorsatz

„Täter" hält den Erfolg für **möglich** u. nimmt ihn **billigend** in Kauf bzw. findet sich damit ab

Bewusste Fahrlässigkeit

„Täter" hält den Eintritt des tatbestandlichen Erfolgs für **möglich**, vertraut aber **pflichtwidrig** darauf, dass er nicht eintritt

Garantie

Schuldner hat einen **Erfolgseintritt** zu garantieren => Verschuldens**unabhängige** Haftung! Ob eine Garantiehaftung vorliegt u. in welchem Umfang sie besteht, ist ggf. durch Auslegung zu ermitteln. Bsp.: Hersteller will den Vertrieb seiner Produkte fördern u. verspricht deswegen einem Händler einen bestimmten Mindestumsatz

Beschaffungsrisiko

Hier wird die Verschaffung einer Sache oder Leistung **versprochen** => Ggf. durch Auslegung zu ermitteln

Zur Erfüllung einer Verbindlichkeit (§ 278 S. 1)

Zwischen den Parteien muss ein **Schuldverhältnis** bestehen (aus Gesetz oder Vertrag) => Dazu gehört auch eine bloße Vertragsanbahnung (§ 311 II Nr. 1, Nr. 2)

Erfüllungsgehilfen (§ 278)

Personen, deren der Schuldner sich zur Erfüllung seiner Verbindlichkeiten bedient (**§ 278 S. 1**) bzw. Personen, die mit **Wissen** u. **Wollen** des Schuldners in dessen Gesamtpflichtenkreis tätig werden => Person muss **im** Zeitpunkt der Hilfeleistung **mit** dem tatsächlichen **Willen** des Schuldners tätig sein. Auf die Rechtsbeziehung zwischen Schuldner u. Erfüllungsgehilfe kommt es damit nicht an. Dieser kann z. B. sowohl Angestellter als auch ein anderer Unternehmer sein. **Beachte**: Schuldner ist auch für die Hilfspersonen, die seine Erfüllungsgehilfen heranziehen, verantwortlich, wenn sie in seinem **Einverständnis** mit der Erfüllung betraut sind. **Keine** Haftung nach § 278 im Fall der sog. **Substitution** (siehe Def.). Diese ist ggf. durch Auslegung zu ermitteln!

Hilfsperson muss **in Erfüllung** einer Verbindlichkeit (dazu gehört auch: Wahrung der Nebenpflichten) gehandelt haben (u. **nicht** nur **bei** Gelegenheit), d. h. das schuldhafte Verhalten muss in einem inneren Zusammenhang zur Aufgabe stehen, die der Erfüllungsgehilfe zur Pflichterfüllung des Schuldners übernommen hat. Bsp.: Anwendung des § 278: Arbeiter stiehlt einen Ring bei Reparaturarbeiten. Die Bewachung/ Obhut liegt hier im Aufgabenkreis des Schuldners! Ein eigenmächtiges Verhalten des Gehilfen ist dann nicht zu verantworten, wenn dessen Verfehlung sich von dem ihm übertragenen Aufgabenbereich so weit entfernt, dass aus der Sicht eines Außenstehenden ein innerer Zusammenhang zwischen dem Handeln der Hilfsperson u. dem allgemeinen Rahmen der ihr übertragenen Aufgaben nicht mehr zu erkennen ist (BGH). Bsp.: Gehilfe schlägt den Gläubiger. § 278 greift hier nicht. Schließlich muss dem Erfüllungsgehilfen **Verschulden** (§ 276) zur Last fallen. **Beachte**: Haftungsbeschränkungen: Geschäftsherr haftet für seinen Erfüllungsgehilfen **nicht strenger** als für sich selbst

Substitution

Schuldner ist berechtigt, seine Leistungspflicht vollständig auf einen **Dritten** zu übertragen. Dieser tritt dann an seine Stelle u. hat damit selbstständig die Pflicht zu erfüllen

Hinterlegung

§ 372 ff. => Voraus.: **1)** Hinterlegungs**grund**: Annahmeverzug (§§ 293 ff.) des Gläubigers (§ 372 S. 1). Verzug muss tatsächlich vorliegen!; „Aus einem anderen in der Person des Gläubigers liegenden Grund" (§ 372 S. 2, 1. Fall); Ungewissheit über die Person des Gläubigers (§ 372 S.2, 2. Fall). Bspe.: Gläubiger ist nicht auffindbar, ist geschäftsunfähig. **2)** Hinterlegungs**fähigkeit** (§ 372 S. 1): Geld, Wertpapiere, sonstige Urkunden, Kostbarkeiten. Bspe.: Uhr, Ring, nicht jedoch Tiere, Autos, TV. Kann Sache nicht hinterlegt werden, dann §§ 383 ff. (beachte: nur bewegliche, nicht hinterlegungsfähige Sachen, z. B. keine Grundstücke!). Der Erlös daraus ist dann hinterlegungsfähig (§ 383). **RFen: 1) Rücknahmerecht** des Schuldners (§ 376 I). Ihm steht aber § 379 zu; **2) Rücknahmerecht ausgeschlossen**, § 376 II (Hinterlegung wirkt wie die Erfüllung schuldbefreiend, Erfüllungssurrogat, § 378)

Aufrechnung

Wechselseitige Tilgung von **2** sich **gegenüberstehenden** Forderungen durch ein einseitiges Rechtsgeschäft => Bsp.: X hat eine Kaufpreisforderung von 800 € gegen Y. Y hat eine Forderung auf Rückzahlung eines Darlehens von 800 € gegen X. Hier kann X, aber auch Y durch einseitige Erklärung gegenüber dem anderen bewirken, dass die Forderungen erlöschen. Die Hauptforderung ist die Forderung des Aufrechnungsgegners, die Gegenforderung ist die Forderung des Aufrechnenden! Voraus.: **1)** Aufrechnungs**lage** (**§ 387**): **a) Bestehen, Fälligkeit** u. **Durchsetzbarkeit** der **Gegen**forderung des Aufrechnenden. D. h. eine Aufrechnung mit z. B. nichtigen Forderungen ist nicht möglich. **Beachte**: Mit einer aufschiebend bedingten Forderung kann **nicht** aufgerechnet werden, nur mit einer auflösend bedingten Forderung (Voraus.: Auflösende Bedingung noch nicht eingetreten). Gegenforderung muss einredefrei sein (§ 390), z. B. keine Naturalobligation (z. B. Wettschuld), keine Verjährung (Ausn.: § 215). **b) Erfüllbarkeit** der **Haupt**forderung. D. h. Schuld des Aufrechnenden muss entstanden sein u. er muss das Recht haben, seine Leistung auch schon zu erbringen. Hauptforderung braucht nicht durchsetzbar sein. **c) Gegenseitigkeit** der Forderungen. Forderungen müssen zwischen **denselben** Personen bestehen. Jeder der Beteiligten muss zugleich Gläubiger u. Schuldner des anderen sein (Aufrechnender: Gläubiger der Gegenforderung u. Schuldner der Hauptforderung. Aufrechnungsgegner: Schuldner der Gegenforderung u. Gläubiger der Hauptforderung). Aufrechnung kann nur durch den **Schuldner** selber erklärt werden! **d) Gleichartigkeit** der Forderungen. Für die Aufrechnung kommen damit nur Geld- u. Gattungsschulden in Betracht. Nicht erforderlich, dass beide Forderungen den gleichen rechtlichen Verhältnissen entspringen (**Konnexität**) oder dass sie in gleicher Höhe bestehen. Dann erlischt die „größere" Forderung nur bis zur Höhe der „kleineren". Beachte auch § 391! **2) Aufrechnungserklärung (§ 388)**. Sie ist eine einseitige empfangsbedürftige **WE**, die nicht unter einer Bedingung oder Zeitbestimmung abgegeben werden kann (§ 388 S. 2). **3) Kein vertraglicher** (Vereinbarung unwirksam: § 309 Nr. 3; § 242: unzulässige Rechtsausübung: Berufung auf das Aufrechnungsverbot, obwohl Verbindlichkeit auf betrügerischer Verhaltensweise basiert) oder **gesetzlicher** (§§ 390-395, vor allem § 393!: unerlaubte Handlungen: §§ 823 ff.) **Ausschluss. RF (§ 389)**: Rückwirkendes Erlöschen zum Zeitpunkt des Beginns der Aufrechnungslage. Zeitpunkt entscheidend, in dem die Aufrechnung zuerst hätte erklärt werden können. Deshalb können von der Aufrechnungslage an keine Zinsen mehr verlangt werden. Von da ab ist auch ein Verzug nicht mehr möglich!

Erlassvertrag

§ 397. Beachte: Erlassvertrag ist ein **Verfügungsgeschäft** (Abstraktionsprinzip!). Durch den Vertrag wird nämlich das Recht des Gläubigers aufgehoben. Verfügung basiert regelmäßig auf einem Kausalgeschäft (oft Schenkungsvertrag). Ist dieses nichtig, hat der Gläubiger einen Bereicherungsanspruch auf Wiederbegründung der Forderung. Jedoch können die Parteien die Wirksamkeit des Erlassvertrages von der Wirksamkeit des Kausalgeschäfts abhängig machen! Wichtig: **Wille** zum Erlass der Forderung muss vorliegen

Negatives Schuldanerkenntnis

§ 397 II

Novation

Schuldumwandlung. Schuldverhältnis wird durch Vertrag aufgehoben u. durch ein neues ersetzt => Zulässigkeit ergibt sich aus der Vertragsfreiheit (§ 311 I).

Sämtliche Einwendungen u. Einreden erlöschen u. bestehende Sicherungsrechte (sofern akzessorisch) entfallen aus dem „alten" Schuldverhältnis. Abzugrenzen zum Abänderungsvertrag (Ggf. Auslegung! Vertrags**wille** muss bei Novation **deutlich** zum Ausdruck gebracht werden, i. Z. Abänderungsvertrag)

Abänderungsvertrag

Durch Vertrag zwischen Gläubiger u. Schuldner wird ein Schuldverhältnis **abgeändert** => Zulässigkeit: Vertragsfreiheit (§ 311 I). Da die Schuld nur abgeändert wird, bleiben die für sie bestellten Sicherungsrechte erhalten. Forderungen bleiben weiterhin erhalten u. sind nur insoweit erloschen, wie es die Änderung/Abrede vorsieht

Konfusion

Zusammenfallen von Forderung u. Schuld in **ein** u. **derselben** Person. Regelmäßig erlischt die Forderung => Bsp.: X hat gegen Y eine Forderung von 900 €. Y stirbt u. wird von X allein beerbt

Rücktritt

Rückgängigmachung eines Schuldverhältnisses durch eine einseitig empfangsbedürftige WE => Gläubiger kann zurücktreten, wenn der Schuldner obj. eine der Pflichten aus dem Schuldverhältnis verletzt. Dieses Rücktrittsrecht (§§ 323 ff.) ist verschulden**sunabhängig**! Rücktrittsrecht kann sich aus Vertrag oder Gesetz (insbes. §§ 323 ff.) ergeben. **Abgrenzung** (ggf. durch Auslegung ermitteln) zur / m: Anfechtung (**aber**: neben Rücktritt möglich: § 119 I, § 123); Widerruf; Kündigung; auflösenden Bedingung (siehe jeweils Def.). **Vor.: 1.**

Rücktrittsrecht: Vertrag/Gesetz; **2. Rücktrittserklärung** (§ 349). Sie ist formfrei, i. d. R. unwiderruflich u. bedingungsfeindlich; **3. Rücktrittsgrund**: §§ 323 ff.; **4. Kein Ausschluss** des Rücktrittsrechts: § 323 VI, § 218 (Ausnahme: § 216 II 2!). **Beachte**: Nach § 323 II ist eine Fristsetzung entbehrlich bei: **a)** ernsthafter u. endgültiger Leistungs**verweigerung**; **b) relativem** Fixgeschäft; **c)** besonderen Umständen, die unter Abwägung der beiderseitigen Interessen den sofortigen Rücktritt rechtfertigen. **Beachte**: Gläubiger kann sich auch noch für Schadensersatz entscheiden, nachdem er den Rücktritt erklärt hat (**§ 325**). Wenn der Schuldner eine Pflicht i. S. d. **§ 241 II** verletzt (Schutz-, Rücksicht-, Verhaltenspflichten), kann der Gläubiger nach **§ 324** zurücktreten. Allerdings muss es sich um eine nichtleistungsbezogene Pflicht handeln. **Hilfsfrage**: Führt die Verletzung dazu, dass die Leistung nicht vertragsgemäß erbracht wird? Ja, dann § 323; nein, dann § 324! Gläubiger muss den Schuldner **abmahnen**, d. h. auf dessen Fehlverhalten hinweisen. Weiterer Rücktrittsgrund: **§ 326 V. RF**: §§ 346 ff. **1) Rückgewähr** der erbrachten Leistungen (§ 346 I) „Zug um Zug" (§ 348); **2) Wertersatz** (§ 346 II): Ausgleich nur für den verloren gegangenen Substanzwert! § 346 II 1 Nr. 2, Nr. 3: Umstände müssen **vor** der Rücktrittserklärung erfolgt sein. Erst danach: kein Wert-, sondern ggf. nur Schadensersatz (§§ 280 ff.); **3) Herausgabe** der Bereicherung (§ 346 III 2), wenn die Pflicht zum

Wertersatz (§ 346 III 1) entfällt. **Beachte**: Haftungsprivileg des gesetzlich zum Rücktritt Berechtigten, § 346 III 1 Nr. 3, eigenübliche Sorgfalt: § 277. Dieses Haftungsprivileg, d. h. Haftung nur für grob fahrlässige oder vorsätzliche Verschlechterungen, beginnt **mit** Empfang des Gegenstandes u. endet **mit** der Kenntnis vom Rücktrittsgrund. **Danach** besteht **kein** Haftungsprivileg mehr (**str.**), d. h. Haftung für Vorsatz u. für jede Fahrlässigkeit!; **4) Schadensersatz** nach §§ 346 IV, 280-283. Zeitpunkt dieser Ersatzpflicht: **Nach** Ausübung des Rücktritts, d. h. ab der Rücktrittserklärung (**str.**); **5) Herausgabe** der gezogenen bzw. bei ordnungsgemäßer Wirtschaft erzielbaren **Nutzungen**, § 346 I, § 347 I (Wertersatz). Haftungsprivileg für den gesetzlich zum Rücktritt Berechtigten: § 347 I 2 (eigenübliche Sorgfalt, § 277); **6) Ersatz** von **Verwendungen** (§ 347 II 1)

Kündigung

Empfangsbedürftige WE, die das Schuldverhältnis für die **Zukunft auflöst** => Es erfolgt keine Rückabwicklung (Unterschied zum Rücktritt!)

Angemessene Frist (§ 323 I)

Angemessenheit beurteilt sich nach den **Umständen** des Einzelfalles => Zu kurze Frist setzt eine angemessene Frist in Lauf!

Rückgewähr/Herausgabe nach der Natur des Erlangten ausgeschlossen (§ 346 II 1 Nr.1)

Leistungen, bei denen die Rückgewähr/Herausgabe von vornherein ausgeschlossen waren => Bsp.: Rückgewähr scheidet bei Theateraufführungen aus

Empfangener Gegenstand verbraucht (§ 346 II 1 Nr. 2)	Bestimmungsgemäßer Verzehr der Sachsubstanz => Bsp.: Lebensmittel
Verarbeitung/Umgestaltung (§ 346 II 1 Nr. 2)	§ 950 I
Verschlechterung (§ 346 II 1 Nr. 3)	**Nachteilige** Veränderung der Substanz bzw. der Funktionstauglichkeit => **Voraus.**: nicht bestimmungsgemäßer Gebrauch (Ermittlung der Bestimmung durch Vertrag oder Verkehrsauffassung)
Notwendige Verwendungen (§ 347)	Liegen bei einer willentlichen Vermögensaufwendung vor, die der Sache **zugute** kommen soll, indem sie diese wiederherstellt, erhält, verbessert oder sie ggf. auch grundlegend verändert. Sie sind **notwendig**, wenn sie zur Erhaltung der Sache **zur Zeit** der Vornahme erforderlich sind (obj. Maßstab) => Bsp.: Reparaturkosten
Besonderes Vertrauen (§ 311 III S. 2)	Liegt vor, wenn der Verhandlungsgehilfe eine **persönliche** Gewähr für die Seriosität u. Erfüllung des Vertrages **übernommen** hat => Die persönliche Gewähr muss über das normale Verhandlungsvertrauen hinausgehen. Bsp.: Ein Verweisen auf Sachkunde reicht nicht aus. Besonderes Vertrauen liegt z. B. vor, wenn Verhandelnder sagt, dass er sich für die Seriosität des Geschäfts **verbürgt**. **Beachte:** Sog. **Sachwalter**, die über eine **besondere** Sachkunde verfügen u. dadurch **in hohem Maße** das persönliche Vertrauen der anderen Partei in Anspruch nehmen, so dass sich diese auf die fachmännische Auskunft verlässt, z. B. Anwalt, Kfz-Händler. Folge:

Ein Schuldverhältnis kann auch vorliegen, wenn es sich bei dem anderen Teil um einen „Sachwalter" handelt!

Fälligkeit (§ 286 I)

Siehe bei Leistungszeit; Leistung ist **fällig**, wenn der Schuldner sie zu erbringen hat => D. h. vor Fälligkeit braucht der Schuldner nicht zu leisten und kann auch nicht in Verzug geraten. Wenn kein Anhalt für eine abweichende Bestimmung vorliegt, tritt die Fälligkeit nach § 271 I **sofort** ein

Mahnung (§ 286 I)

Einseitige empfangsbedürftige **Aufforderung** an den Schuldner, die **fällige** Leistung zu erbringen => Aus der Mahnung muss der Schuldner hinreichend **deutlich** entnehmen können, dass der Gläubiger eine **bestimmte** Leistung verlangt u. deren Ausbleiben **Folgen** nach sich ziehen wird. Allerdings braucht ein bestimmter Rechtsnachteil nicht angedroht werden! Mahnung ist nur eine geschäftsähnliche Handlung, wobei auch auf sie die Vorschriften über Rechtsgeschäfte teilweise analog anzuwenden sind (z. B. §§ 130 ff., 164 ff.). Eine Mahnung bedarf **keiner** bestimmten Form. Sie ist **vor** Fälligkeit **unwirksam**. Bsp. für Mahnung: Rechnung mit dem auffälligen Vermerk „zweite Rechnung". **Beachte**: Bei **Zuvielmahnung**: Wirksamkeit der Mahnung nur bei Annahmebereitschaft des Gläubigers bzgl. tatsächlich (weniger) geschuldeter Leistung. Bei **Zuwenigmahnung**: Verzug nur bzgl. angemahnter Leistung. In folgenden Fällen ist die Mahnung **entbehrlich** (§ 286 II): **1)** Bestimmung der Leistungszeit nach dem **Kalender** (§ 286 II

Nr. 1). Bsp.: Lieferung am 08. 04.2010; auch bei mittelbarer kalendermäßiger Bestimmtheit gegeben, „zwei Wochen nach Ostern"; **2)** Festlegung eines ungewissen Ereignisses u. Bestimmung einer angemessenen Zeit bis zur Leistung (§ 286 II Nr. 2). Bsp.: 10 Tage nach Lieferung; **3)** Ernsthafte u. endgültige **Leistungsverweigerung** (§ 286 II Nr. 3); **4)** Vorliegen **besonderer** Gründe (§ 286 II Nr. 4). Bspe.: Besondere Dringlichkeit der Leistung, z. B. Klempner bei Wasserrohrbruch; Schuldner schuldet Herausgabe deliktisch entzogener Sachen; Schuldner entzieht sich der Mahnung durch Zugangsvereitelung; **4)** Bei **Geldforderungen** (für eine **synallagmatische** Leistung) (§ 286 III): 30 Tage Säumnis nach Fälligkeit der Leistung u. Zugang einer Rechnung/Zahlungsaufforderung

Verzögerungsschaden (§§ 280 II, 286 ff.)

Schuldner muss dem Gläubiger den durch den Verzug entstehenden **Schaden** ersetzen => Gläubiger behält seinen Erfüllungsanspruch, d. h. beim Verzögerungsschaden handelt es sich um Schadensersatz **neben** der Leistung! Als **Ersatz** kann der Gläubiger nach § 249 I verlangen, so gestellt zu werden, als ob rechtzeitig erfüllt worden wäre. Andernfalls: § 251 I. Beachte auch § 288 (Verzugszinsen)

Schadensersatz statt der Leistung bei gegenseitigen Verträgen (Schadensermittlung)

Hier gibt es **2** Theorien, wie der Schaden zu ermitteln ist. **1) Surrogationstheorie**: Gläubiger erbringt nach wie vor seine Gegenleistung u. macht sein volles Erfüllungsinteresse gegenüber Schuldner geltend. **2) Differenz-**

theorie: Gläubiger erbringt seine Gegenleistung nicht u. verlangt die Differenz zwischen dem Wert seiner behaltenen Gegenleistung u. dem Wert der Leistung. Die Unterscheidung der Theorien wird nur bei Verträgen relevant, bei denen die Gegenleistung **nicht** in einer **Geldzahlung** besteht, d. h. die Gegenleistung ist auch eine Sache. Bsp.: Tausch des BGB-Skriptes vom X-Verlag (Wert: 30 €) gegen ein Niederle-BGB-Skript (Wert: 7 €). Durch Verschulden des Veräußerers geht das X-Verlag-Skript unter. Der Gläubiger hat dann nach der Surrogationstheorie einen Schadensersatzanspruch i. H. v. 30 €, nach der Differenztheorie: Anspruch i. H. v. 23 €. Geschädigter Gläubiger hat ein Wahlrecht. **Beachte**: Ist die Leistung unmöglich geworden u. wählt der Gläubiger die **Surrogationstheorie**, dann werden die §§ 326 I, IV **teleologisch** reduziert, da es sonst zu Unbilligkeiten kommen würde. Der Gläubiger ist nämlich nicht zur Leistung verpflichtet (§ 326 I) bzw. kann sie wieder zurückverlangen (§§ 326 IV), wenn er seine Gegenleistung bereits erbracht hat. Nach der Theorie könnte er aber den vollen Wert der Gegenleistung verlangen. Nach der teleologischen Reduktion darf der Schuldner die Gegenleistung des Gläubigers behalten, § 346 IV kommt nicht zur Anwendung

Differenztheorie

Siehe bei Schadensersatz statt der Leistung bei gegenseitigen Verträgen (Schadensermittlung)

Surrogationstheorie

Gläubigerverzug / Annahmeverzug
(§§ 293 ff.)

Austauschtheorie. Siehe bei Schadensersatz statt der Leistung bei gegenseitigen Verträgen (Schadensermittlung)

Nichtannahme der ordnungsgemäß angebotenen, noch möglichen Leistung durch den Gläubiger. Oder Gläubiger **unterlässt** eine sonstige zur Erfüllung erforderliche **Mitwirkungshandlung** => **Vor.: 1) Leistungsberechtigung** des Schuldners. Schuldner muss das Recht haben, die Schuld bereits begleichen zu dürfen (Fehlt Parteivereinbarung, dann § 271 I, beachte auch § 271 II); **2) Leistungsvermögen** des Schuldners. Leistung darf nicht unmöglich sein. Zur Abgrenzung zwischen Unmöglichkeit u. Gläubigerverzug hat man darauf abzustellen, ob die Leistung des Schuldners nachgeholt werden kann. Ist dies nicht möglich, dann liegt Unmöglichkeit vor! Bei vorübergehender Unmöglichkeit des Schuldners kommt § 297 zur Anwendung; **3) Leistungsangebot** des Schuldners. Leistung muss ordnungsgemäß angeboten werden (§ 293). Hier sind die §§ 294, 295, 296 zu beachten. **§ 294:** Schuldner muss dem Gläubiger die geschuldete Leistung tatsächlich anbieten (d. h. Leistung muss zur richtigen Zeit am richtigen Ort u. in rechter Art u. Weise angeboten werden, so dass der Gläubiger lediglich noch zugreifen braucht). Das ist erforderlich bei Bring- u. Schickschulden! **§ 295:** Wörtliches Angebot (= rechtsgeschäftsähnliche Handlung, Folge: §§ 104 ff. analog) genügt. **2** Fälle: **a)** Gläubiger erklärt eindeutig u. bestimmt **vor**

dem wörtlichen Angebot des Schuldners, die Leistung nicht annehmen zu wollen; **b)** Zur Leistungsbewirkung ist eine Handlung des Gläubigers notwendig, vor allem bei Holschulden! Die Aufforderung zur Vornahme einer Mitwirkungshandlung steht dem wörtlichen Angebot gleich (§ 295 S. 2).

§ 296: Angebot ist entbehrlich, wenn der Gläubiger bei kalendermäßig bestimter oder bestimmbarer Handlungszeit eine Handlung nicht vornimmt; **4) Nichtannahme** der Leistung durch den Gläubiger oder **Unterlassen** der erforderlichen Mitwirkungshandlung, z. B. Nichtöffnen der Türe. Oder **Nichtanbieten** der Gegenleistung bei Zug-um-Zug-Leistung (**§ 298**). Auf ein Verschulden seitens des Gläubigers kommt es nicht an. I. R. d. §§ 293 ff. ist die Annahme der Leistung eine bloße Obliegenheit. Damit folgen aus dem Annahmeverzug keine Schadensersatzansprüche gegen den Gläubiger! **Beachte: Ausschluss** des Gläubigerverzuges: **§ 297** u. **§ 299! RFen.**: §§ 300 - 304, § 326 II S. 1 2. Fall. Gläubiger wird durch den Annahmeverzug nicht von seiner Leistungspflicht befreit! **Beachte: 1) Haftungsmilderung** für Schuldner: **§ 300 I**; **2) Übergang** der **Leistungsgefahr**: **§ 300 II** (**Wichtig**: Hat der Schuldner mit dem Leistungsangebot das zur Leistung seinerseits Erforderliche getan, so ist bereits nach § 243 II die Leistungsgefahr durch Konkretisierung übergegangen, so dass kein Raum mehr für § 300 II bleibt); **3) Übergang** der **Preisgefahr**: **§ 326 II S. 1 2. Fall**. Der Gläubiger muss die Gegenleis-tung erbringen, ohne die Leistung zu erhalten! **Beachte:** Schuldner- u. Annahemverzug sind nebeneinander möglich, wenn die Annahme der Leistung eine Rechtspflicht des Gläubigers ist. Bsp.: Abnahmepflicht des Käufers (§ 433 II). Hier ist der Gläubiger gleichzeitig Schuldner der Abnahmepflicht

Schuldnerverzug (§ 286)

Die vom Schuldner zu vertretende **Nichtleistung** trotz Möglichkeit, Fälligkeit u. Mahnung => **Voraus.: 1)** Vollwirksamer u. durchsetzbarer **Anspruch:** Ein Anspruch ist nicht durchsetzbar, wenn der Tatbestand einer Einwendung bzw. Einrede erfüllt ist. Nach h. M. hindern Einreden den Verzug auch dann, wenn sie **nicht** geltend gemacht sind, d. h. wenn sich der Schuldner zunächst nicht auf sie beruft, jedoch **Ausnahme: § 273.** Hier muss die Einrede vorgebracht sein, erst ab diesem Zeitpunkt entfallen die Verzugsfolgen für die **Zukunft; 2) Nichtleistung:** Hier ist die Nichtvornahme der Leistungs**handlung** entscheidend; **3) Leistung** ist noch **möglich** bzw. **nachholbar; 4) Fälligkeit** (siehe Def.); **5) Mahnung,** § 286 I (siehe Def.); **6) Vertretenmüssen** (§ 286 IV). **RFn: 1)** Anspruch auf Ersatz des Verzögerungsschadens (§ 280 I, II, 286), siehe Def. Der Verzögerungsanspruch tritt **neben** Primäransprüche; **2)** Anspruch auf Zahlung von Verzugszinsen (§ 288 ff.). **Beachte: § 287,** Haftungsverschärfung!

Stellvertretendes Commodum

§ 285, Herausgabe des Ersatzes. Anwendbarkeit des Ersatzanspruches: Bei **allen** schuldrecht-lichen Ansprüchen, auch bei Pflichten aus GoA, Rücktritt u. Delikt. **Ausnahmen:** §§ 989, 990 sind lex specialis. **Beachte:** Der Ersatz muss **an die Stelle** der ursprünglichen Leistung treten!

Angemessene Frist (§ 281 I 1)

Hinreichend bestimmte u. eindeutige Aufforderung des Gläubigers an den Schuldner, die geschuldete Leistung **innerhalb** der **Frist** zu erbringen. Die Frist muss **angemessen** sein. Dies ist der Fall, wenn sie dem Schuldner eine **letzte** Gelegenheit zur Vertragserfüllung gibt => Die Setzung der Nachfrist ist eine formlose einseitige u. zugangsbedürftige Erklärung. Sie ist eine geschäftsähnliche Handlung, wobei auch auf sie die Vorschriften über Rechtsgeschäfte teilweise analog anzuwenden sind (z. B. §§ 130 ff., 164 ff. analog). Setzt der Gläubiger eine zu **kurze Frist**, dann ist diese nicht unwirksam, sondern setzt automatisch eine angemessene Frist in Lauf. Die **Angemessenheit** beurteilt sich nach den Umständen des Einzelfalles. So darf z. B. die Frist um so kürzer sein, je dringlicher das Interesse des Gläubigers an einer pünktlichen Leistung des Schuldners ist. **Beachte: Entbehrlichkeit** der Fristsetzung nach **§ 281 II**. Anstelle der Nachfrist kann auch die **Abmahnung** treten: **§ 281 III**. Wenn die entsprechenden Voraus. (Ernsthaftigkeit, Verlangen nach sofortiger Leistung) erfüllt sind, kann in einer Nachfristsetzung zugleich auch eine Mahnung gesehen werden

Störung der Geschäftsgrundlage (§ 313) **Anpassung** oder **Aufhebung** eines Vertrages (§ 313 I, III) => Typische Fallgruppen: Zweckstörungen; beidseitiger Irrtum; Leistungserschwernisse; Geldentwertung. **RFen**: Anpassung bestehender Verträge. Wenn diese nicht möglich oder zumutbar ist: Rücktritt/Kündigung. **Beachte**: 1) Anderweitige gesetzliche Regelungen bzw. vertragliche Vereinbarungen sind **vorrangig** zu prüfen! 2) Konkurrenz zu § 275 II: Kommt man bei der Prüfung des § 275 II zu dem Ergebnis, dass **kein grobes** Missverhältnis vorliegt, dann gilt es festzustellen, ob das Ergebnis die Opfergrenze des Schuldners überschreitet, d. h. Prüfung des § 313. Der Vertrag ist dann anzupassen, wenn die Leistungserbringung für den Schuldner „**krass ungerecht**" ist (= Leistungspreis ist deutlich niedriger als die Leistungskosten)

Dauerschuldverhältnis (§ 314) Die Verpflichtung besteht in einem **dauernden** Verhalten oder in **wiederkehrenden** Leistungen => Gesetzlich geregelte Dauerschuldverhältnisse, Bspe.: Miet-, Darlehens-, Dienstvertrag. **Beachte**: Ratenlieferungsvertrag ist kein Dauerschuldverhältnis! Hier ist keine Kündigung, sondern nur Rücktritt möglich

Wichtiger Grund (§ 314 I 2) Liegt vor, wenn dem Kündigenden ein Festhalten an dem Dauerschuldverhältnis nicht mehr **zugemutet** werden kann => Es sind alle Umstände zu berücksichtigen (Abwägung der beiderseitigen Interessen). Bsp.: Verletzung einer Haupt- oder Nebenpflicht, z. B. vorsätzliche Begehung einer Straftat gegen den Gläubiger

Schaden	Jede **unfreiwillige** Einbuße an Gütern => Gegensatz: Aufwendung (siehe Def.). Schadens**ermittlung:** Vergleich der tatsächlichen Lage mit schädigendem Ereignis mit der **hypothetischen** Lage ohne schädigendes Ereignis (Differenzhypothese). Unterscheidung zwischen Vermögens-, immateriellen und normativen Schäden (siehe jeweils Def.)
Aufwendung	Jede **freiwillige** Vermögenseinbuße
Vermögensschaden	Liegt vor, wenn der jetzige tatsächliche Wert des Vermögens **geringer** ist als der Wert, den das Vermögen ohne das die Ersatzpflicht begründende Ereignis jetzt haben würde (Differenzhypothese)
Immaterieller Schaden / Nichtvermögensschaden	Geschädigter hat durch die **Verletzung** seines Körpers oder seiner Psyche Schmerzen bzw. Aufregungen erlitten => § 253 legt fest, dass eine Geldentschädigung für immaterielle Schäden nur in gesetzlich geregelten Fällen gewährt ist (z. B. § 253 II, § 651 f II). Daraus ergibt sich umgekehrt zugleich, dass ein Anspruch auf Naturalrestitution (u. damit auf den Geldanspruch gem. § 249 II) auch bei immateriellen Schäden ohne weiteres möglich ist! Bsp. Naturalrestitution: Widerruf einer ehrverletzenden Behauptung
Normativer Schaden	Hier fehlt eine **konkrete** Vermögensminderung. Beim normativen Schaden wird aufgrund wertender Betrachtung ein Vermögensschaden angenommen, obwohl

sich beim Vergleich der beiden Vermögenslagen (Differenzhypothese) rechnerisch **kein** Nachteil ergibt. Bsp.: X verletzt fahrlässig Y, so dass dieser 4 Tage lang seinen Kiosk nicht betreiben kann. Der Sohn des Y, der gerade Urlaub hat, vertritt ihn unentgeltlich im Kiosk. Hier hat streng genommen Y zwar keinen Vermögensschaden erlitten, jedoch soll X nicht besser stehen, als wenn Y eine Ersatzkraft eingestellt hätte. Es ist von einem Schaden in Höhe der üblichen Lohnkosten für einen Vertreter auszugehen

Schadenszurechnung: Äquivalenztheorie

Ursächlich ist danach jede Tatsache für den Schadenseintritt, die nicht hinweggedacht werden kann, **ohne** dass der Schaden in seiner konkreten Gestalt entfiele (conditio sine qua non-Formel) => Das Verhalten des Schädigers muss also für den Verletzungserfolg **ursächlich** sein. Müsste dieser alle Schäden ersetzen, die von ihm im Sinne der Theorie verursacht worden sind, so wäre seine Schadensersatzpflicht uferlos, deswegen: Einschränkung durch die **Adäquanztheorie** (siehe Def.)

Adäquanztheorie

Eine Ursache ist kausal, wenn der Erfolg nach der allgemeinen Lebenserfahrung nicht **außerhalb** aller Wahrscheinlichkeit liegt => Bei der Beurteilung kommt es auf die **obj. Vorhersehbarkeit**, d. h. auf die Prognose eines obj. urteilenden Dritten an. Dabei wird auf das Wissen eines optimalen, d. h. nahezu allwissenden Beobachters abgestellt. Da es in einigen Fällen auch bei Vorliegen dieser Kausalität nicht gerechtfertigt ist, dem Täter die Verursachung des Schadens zuzurechnen, muss weiter der Schutzzweck der Norm (siehe Def.) beachtet werden!

Schutzzweck der Norm

Nach dieser Lehre ist ein Schaden zurechenbar, wenn er nach Art u. Entstehungsweise unter den **Schutzzweck** der verletzten Handlungsnorm fällt. Das ist nicht der Fall, wenn der Schaden in keinem inneren Zusammenhang mit der vom Schädiger geschaffenen Gefahrenlage steht => **Beachte**: Rechtmäßiges Alternativverhalten. Hier ist ein Schaden nicht zu ersetzen, weil er bei rechtmäßigem Verhalten ebenfalls entstanden wäre

Naturalrestitution (§ 249 I)

Wiederherstellung des Zustandes, der **ohne** das schädigende Ereignis bestehen würde. Schadenswiedergutmachung **in Natur**! => Herstellung eines wirtschaftlich **gleichwertigen** Zustands, z. B. Schuldner muss beschädigte Sache reparieren oder eine gleichwertige beschaffen. Bei Körperverletzung u. Sachbeschädigung: Geldbetrag statt Herstellung, **§ 249 II**. Bsp.: Reparaturkosten. Naturalrestitution der Sache muß noch möglich sein! **Beachte** zu **§ 249 II**: **1)** Der Schädiger hat auch die Kosten einer Reparatur zu tragen, wenn diese **teurer** kommt als die Ersatzbeschaffung. Voraus.: Die Reparatur ist **erforderlich**, d. h. aus obj. Sicht zweckmäßig u. angemessen. Erforderlich ist eine Reparatur, wenn ihre Kosten den Wiederbeschaffungswert um nicht mehr als **30 %** übersteigen;

2) Wiederherstellung muss **nicht** tatsächlich vorgenommen werden, d. h. auch die **fiktiven Reparaturkosten** können verlangt werden. **Aber** bei Personenschäden: Geschädigter kann **nicht** auf eine Behandlung verzichten u. die fiktiven Behandlungskosten verlangen! **3)** Zeitaufwand des Geschädigten für die Schadensabwicklung ist **nicht** ersatzfähig; **4)** Reparaturkosten können bei Sachschäden auch verlangt werden, wenn die beschädigte Sache **veräußert** wird; **5) Grenzen** des Ersatzanspruches finden sich in § 251!

Integritätsinteresse (§§ 249, 250)

Erhaltungsinteresse. Interesse des Geschädigten, dass seine einzelnen Rechtsgüter erhalten bleiben => Die verletzten Rechtsgüter sind in den hypothetischen Zustand ohne das schädigende Ereignis zu versetzen. Ausgleich: Naturalrestitution (§ 249 I); Geldersatz (§ 249 II, § 250)

Wertinteresse (§ 251)

Ersatz der Differenz zwischen dem Wert des Vermögens ohne das schädigende Ereignis u. dem Wert des Vermögens nach dem schädigenden Ereignis => Hintergrund: Bsp.: Zerstörung eines alten Gemäldes. Hier versagt Herstellungsprinzip des § 249. Damit Geschädigter nicht leer ausgeht, bestimmt § 251 die Pflicht zur Entschädigung in Geld, d. h. es soll wenigstens das Wertinteresse ersetzt werden, wenn das Integritätsinteresse nicht gewahrt werden kann. Entschädigung „nicht genügend" (§ 251 I), Bsp.: **Merkantiler Minderwert** einer reparierten Sache. So verliert ein repariertes Auto dennoch an

Wert bei einem Verkauf, Stichwort: Unfallauto

Schadensminderung / Vorteilsanrechnung

Wenn das schädigende Ereignis dem Geschädigten außer einem Schaden auch einen **Vorteil** gebracht hat, muss dieser Vorteil bei der **Schadensberechnung** berücksichtigt werden. Denn: Aus einem schädigenden Ereignis soll ein Geschädigter keinen Gewinn herausschlagen => Die Rspr. hat folgende **Kriterien** entwickelt, die für die Anrechnung eines Vorteils erforderlich sind: Ein durch einen Schadensfall erlangter Vorteil ist nur dann auszugleichen, wenn **1)** zwischen dem schädigenden Ereignis u. dem erlangten Vorteil ein adäquater **Kausalzusammenhang** besteht, **2)** dies dem **Schutzzweck** der verletzten Norm entspricht, **3)** die Anrechnung des Vorteils dem Geschädigten **zumutbar** ist u. **4)** keine **unbillige** Entlastung des Schädigers eintritt. Wichtige Fallgruppen: **a) Ersparte Aufwendungen**, die mit dem Schadensereignis unmittelbar zusammenhängen, sind anzurechnen. Bsp.: Ersparte Fahrtkosten für Fahrten zur Arbeitsstelle; **b) Erbrechtlicher Erwerb**. Der Stammwert der Erbschaft ist nicht anzurechnen, da diesen der Hinterbliebene ohnehin erhalten hätte. Allerdings sind die **laufenden** Erträge aus der Erbschaft anzurechnen (§ 844 II); **c) Leistungen Dritter**. Diese verfolgen nicht den Zweck, den Schädiger zu entlasten u. können daher auch nicht angerechnet werden. Bsp.: Zahlungen von Schadensversicherungen; **d) Überpflichtgemäße Anstrengungen** des Geschädigten, die zur Schadensminderung bzw. -abwehr führen. Hier scheidet eine Vorteilsanrechnung aus, da diese dem Schädiger nicht zugute kommen sollen! **Beachte:** § **254** (Mitverschulden), Minderung oder Ausschluss des Schadensersatzanspruches. § 254 stellt auf ein „Verschulden gegen sich selbst" ab (Obliegenheitsverletzung). Derjenige, der die Sorgfalt außer acht lässt, die nach der Lage der Sache erforderlich erscheint, um sich selbst vor Schaden zu bewahren, muss einen Verlust oder die Verkürzung seines Ersatzanspruches hinnehmen! Beachte auch § **254 II S. 2**, der auch auf § 254 I anwendbar ist! Das Verschulden von Erfüllungsgehilfen u. gesetzlichen Vertretern ist also vor, bei u. nach Entstehung eines Schadens zuzurechnen. Voraus. ist jedoch, dass eine **Verbindlichkeit** des Geschäftsherrn besteht (h. M., str.), z. B. aus Vertrag, Gesetz, GoA, EBV. H. M. sieht demnach in § 254 II S. 2 eine Rechts**grund**verweisung (A. A.: § 254 II S. 2 ist Rechts**folgen**verweisung). **RF:** Mitverschulden Dritter wirkt gleichermaßen anspruchsmindernd wie das Mitverschulden des Geschädigten selbst!

Drittschadensliquidation (DSL)

Verletzt der Schädiger seine Vertragspflichten gegenüber dem Vertragspartner, so haben jene, die hierdurch **mittelbar** einen Vermögensschaden erleiden, grundsätzlich **keinen** Schadensersatzanspruch, d. h. der Schädiger braucht **keinen** Schadensersatz zu leisten. Der Dritte hat also, im Gegensatz zum Vertragspartner, einen Schaden, aber keinen Anspruch gegen den Schädiger, da ihm gegenüber ja keine Vertragsverletzung begangen wurde. Im Wege der **DSL** wird deshalb der Vertragspartner (Gläubiger) berechtigt, den **Schaden** des Dritten zu **liquidieren**, d. h. er kann den **Schaden** des Dritten gegen den Schädiger **geltend** machen => Beachte Abgrenzung zum Vertrag mit Schutzwirkung zugunsten Dritter u. zur Vorteilsanrechnung! Vertrag mit Schutzwirkung hat **Vorrang**. Beim Vertrag mit Schutzwirkung zugunsten Dritter wird ein Dritter **zusätzlich** in den Schutzbereich eines Vertrages miteinbezogen. Dagegen kommt es im Anwendungsbereich der DSL aufgrund eines Rechtsverhältnisses zwischen dem Ersatzberechtigten u. dem Dritten zu einer **Verlagerung** des Schadens vom Anspruchsinhaber auf diesen Dritten! **Voraus.** der DSL: **1)** Anspruchsberechtigter hat keinen Schaden; **2)** Geschädigter hat keinen eigenen Anspruch; **3)** Zufällige Schadensverlagerung. **RFen**: Anspruchsinhaber kann den Schaden des Dritten beim Schädiger **liquidieren**. Der Dritte kann nach **§ 285** vom Anspruchsinhaber die Abtretung des Anspruchs bzw. dessen Erlös verlangen. Anerkannte **Fallgruppen** der DSL: **1) Obligatorische Gefahrentlastung**. Insbes. die Vorschriften der §§ 447, 644 I führen dazu, dass der wahre Schaden nicht bei dem durch die Verletzungshandlung unmittelbar Betroffenen liegt, sondern bei einem Dritten. Klassischer Fall: Versendungskauf (**§ 447**), bei der die Kaufsache während des Transports untergeht. Verkäufer kann – sofern nicht der Käufer eig. Anspruch aus §§ 421, 425, 428 HGB hat -den Schaden des Käufers gegenüber dem Transporteur geltend machen. Er ist nach § 285 verpflichtet, diesen Anspruch an den Käufer abzutreten; **2) Mittelbare Stellvertretung.** Hier trifft der Schaden immer den **Hintermann.** In den Fällen, in denen ein mittelbarer Stellvertreter im eigenen Namen für fremde Rechnung einen Vertrag abgeschlossen hat, kann der mittelbare Stellvertreter den Schaden des Geschäftsherrn gegen den zum Schadensersatz verpflichteten Vertragsgegner geltend machen. Bspe.: Kommissionär (§§ 383 ff. HGB), Spediteur (§§ 453 ff. HGB), Frachtführer (§§ 407 ff. HGB) oder aus Parteivereinbarung; **3) Obhutsfälle.** Wer zur Obhut über eine fremde Sache verpflichtet ist u. über diese mit einem anderen einen Vertrag schließt, soll hieraus den Schaden des dritten Eigentümers ersetzt verlangen können. Bsp.: X gibt das von Y geliehene Brautkleid verabredungsgemäß in die Reinigung, wo es verloren geht. X ist von der Rückgabepflicht frei geworden u. hat keinen Schaden. Y hat keinen vertraglichen Anspruch gegen die Reinigung. Folge: DSL. Beachte die Ausnahme: Ein etwaiger *deliktischer* Anspruch der Y schließt hier die DSL nicht aus, sondern konkurriert mit diesem!

Teilbarkeit der Leistung (§ 420)

Leistung ist teilbar, wenn sie **ohne** Wertverlust in mengenmäßig verschiedene, qualitativ **gleichar-**

tige Teile zerlegt werden kann =>
Bsp.: Geld

Gesamtschuld (§ 421)

Mehrere schulden eine Leistung. Jeder Schuldner ist zur Bewirkung der **ganzen** Leistung verpflichtet, wobei der Gläubiger die Leistung nur **einmal** fordern kann => Verbindlichkeiten müssen **gleichstufig** bzw. gleichrangig sein (h. M.). Bsp.: Gleichstufigkeit liegt bei Nebentätern vor. Verhältnis der Gesamtschuldner zum Gläubiger (**Außenverhältnis**): §§ 421 - 425; Verhältnis der Gesamtschuldner zueinander (**Innenverhältnis**): § 426. **Beachte**: Auswirkungen eines/r vertraglichen Haftungsausschlusses bzw. -beschränkung eines Gesamtschuldners gegenüber dem Gläubiger: Haftungsfreistellung geht zu **Lasten** des Gläubigers (Geschädigten), d. h. der Anspruch des Geschädigten gegen den Drittschädiger ist von vornherein um den Betrag zu kürzen, für den der Dritte ohne Haftungsausschluss nach § 426 regressberechtigt wäre (h. M., str.). Damit muss der Gläubiger den Nachteil - er erhält nur einen Teil seines Schadens ersetzt - tragen. Doch durch seinen Haftungsverzicht hat er das ja so gewollt!

Gesamtgläubiger

§ 428

(echter) Vertrag zugunsten Dritter (VzD) (§§ 328 ff.)

Versprechender (Schuldner) verpflichtet sich gegenüber dem Versprechungsempfänger (Gläubiger), einem **Dritten** (Begünstigten) die vertraglich vereinbarte **Leistung** zu **erbringen** => **Beachte**: Nur **schuldrechtliche** Ansprüche sind möglich, Verfügungen zugunsten Dritter gem. §§ 328 ff. sind weder direkt noch analog anwendbar! Des Weiteren sind Verträge **zulasten** Dritter **unzulässig**. Das gilt auch dann, wenn sich der Dritte hiermit einverstanden erklärt (h. M.). Der **Zweck** des echten VzD ist die Sicherstellung der Versorgung des Dritten. **Rechtsverhältnisse** zwischen den **Beteiligten** im VzD: Deckungs-, Valuta- u. Vollzugsverhältnis (siehe jeweils Def.). **RFen:** Dritter erwirbt den Anspruch gegen den Versprechenden (Schuldner) **unmittelbar** (§ 328 I), d. h. ohne eigenes Zutun. Aber: Es besteht ein Zurückweisungsrecht durch Erklärung an den Versprechenden (Schuldner), **§ 333. § 335:** Im Zweifel soll dem Versprechungsempfänger (Gläubiger) ein eigenes Forderungsrecht auf Leistung an den Dritten zustehen. **§ 334:** Versprechender (Schuldner) soll dem Dritten Einwendungen aus dem Vertrag, d. h. also aus dem Deckungsverhältnis zum Versprechungsempfänger (Gläubiger), entgegenhalten können. **Beachte:** Position des Dritten bei Leistungsstörungen: Hier kann der Dritte nicht solche Schadensersatzansprüche geltend machen, die **statt** der Leistung zu gewähren sind (str.). **Anders** bei Schadensersatzansprüchen **neben** der Leistungserbringung. Des Weiteren steht ihm **kein** Rücktrittsrecht zu!

Deckungsverhältnis

Grundverhältnis. Der Vertrag zwischen Schuldner (Versprechender) u. Gläubiger (Versprechungsempfänger) => Es hat seinen Namen daher, dass der Schuldner für die Leistung, die er erbringen soll, eine Deckung haben muss. Außerdem besagt es, warum der Schuldner verpflichtet ist. Vertrag ist **formfrei**, sofern das Gesetz nicht etwas anderes bestimmt, z. B. § 518

Valutaverhältnis

Zuwendungsverhältnis. Rechtsverhältnis zwischen dem Gläubiger (Versprechensempfänger) u. dem Dritten (Begünstigten) => Hieraus ergibt sich, warum der Gläubiger dem Dritten über das Deckungsverhältnis etwas zuwendet. Es entscheidet darüber, ob der Dritte die Zuwendung behalten darf, z. B. Schenkung, Vermächtnis

Vollzugsverhältnis

Drittverhältnis. Verhältnis zwischen dem Schuldner u. dem Dritten => Hierbei handelt es sich um **kein** vertragliches Rechtsverhältnis. Die beiden Personen stehen ja auch nur in lockerer Verbindung. Allerdings besteht ein vertragsähnliches Vertrauensverhältnis, aus dem sich beiderseitige Sorgfaltspflichten (§ 241 II) ergeben können. Ggf. Schadensersatzpflicht des Dritten gegen den Schuldner aus §§ 280 I, 241 II

Unechter Vertrag zugunsten Dritter

Hier soll der Versprechende (Schuldner) zwar an einen Dritten leisten, der Dritte hat aber **keinen** Anspruch auf die Leistung u. kann diese somit **nicht** selbst **fordern**. Dies kann nur der Gläubiger => Gesetzlich nicht geregelt. Ob ein echter oder unechter Vertrag vorliegt, ist durch Auslegung zu ermitteln (beachte auch §§ 328 II, 329, 330).

Vertrag mit Schutzwirkung zugunsten Dritter (VmSzD)

Dieser Vertrag bezieht den **Dritten** in die vertraglichen Sorgfalts- u. Obhutspflichten mit ein. Werden diese Pflichten verletzt, kann der Dritte **Schadensersatz** nach vertraglichen Grundsätzen verlangen => Unterschied zu VzD: Beim VmSzD erhält der begünstigte Dritte keinen Erfüllungsanspruch auf die vertragsgemäße Leistung des Schuldners, sondern er hat nur einen vertraglichen Schadensersatzanspruch, sofern der Schuldner gewisse Sorgfalts- oder Schutzpflichten verletzt. **Voraus.: 1) Leistungsnähe** des Dritten (= im Gefahrbereich des Vertrages). Dritte muss bestimmungsgemäß den Gefahren der Schlechtleistung ebenso ausgesetzt sein wie der Gläubiger selbst. Bsp.: Verletzt der Vermieter seine Instandhaltungspflicht bzgl. der Mietsache, so sind den Gefahren, die sich hieraus ergeben, nicht nur der Mieter selbst ausgesetzt, sondern auch seine Kinder oder Besucher, die sich auch in den gemieteten Räumen aufhalten dürfen; **2) Gläubigernähe**. Gläubiger muss ein besonderes Interesse am Schutz des Dritten haben. Definition der Gläubigernähe: Ursprünglich „Wohl-und-Wehe-Formel": Danach musste der Gläubiger für das Wohl u. Wehe des Dritten verantwortlich sein, ihm Schutz u. Fürsorge schulden. Neuere Rspr.: Ausdehnung der Gläubigernähe auch auf Dritte, zu denen kein Rechtsverhältnis mit personenrechtlichem Einschlag besteht. Dritter muss nicht mehr zum Gläubiger in sozialer Abhängigkeit stehen. Das Interesse am Schutz des Dritten wird nun auch bejaht, wenn der Dritte mit der im Vertrag versprochenen Leistung **bestimmungsgemäß** in Kontakt kommen soll oder wenn sonstige Anhaltspunkte für einen auf den Schutz des Dritten gerichteten Parteiwillen bestehen. Es muss anhand einer Interessensbewertung im Einzelfall ermittelt werden, ob die Leistung drittbezogen ist; **3) Erkennbarkeit**. Die Leistungsnähe des Dritten sowie die Gläubigernähe müssen für den Schuldner bei Abschluss des Vertrages erkennbar gewesen sein. Denn nur dann konnte er sich nämlich auf die ihm drohende ausgedehnte Haftung entsprechend einstellen; **4) Schutzbedürftigkeit** des Dritten. Hieran fehlt es, wenn der Dritte selbst einen *vertraglichen* Anspruch gegen den Gläubiger hat. **5) RF**: Eigener vertraglicher Schadensersatzanspruch (Personen- u. Sachschäden) des Dritten gegen den Schuldner. Unterschied zur DSL: Hier erhält der Dritte keinen eigenen Schadensersatzanspruch, vielmehr liquidiert der Gläubiger auch den Schaden des Dritten. **Beachte: a)** Haftung des Schutzpflichtigen gegenüber dem Dritten reicht nicht weiter als gegenüber dem direkten Vertragspartner; **b)** Anrechnen des Mitverschuldens (§ 254) bzw. des Mitverschuldens von Hilfspersonen des Dritten über §§ 254 II 2, 278; **c)** VmSzD ist keine eigene Anspruchsgrundlage für einen Schadensersatzanspruch! Die Grundsätze sind in den entsprechenden Anspruch **einzubeziehen**, z. B. §§ 280 I, 241 II i. V. m. den Grundsätzen des VmSzD

Zession

Abtretung (§§ 398 ff.). Zwischen ursprünglichen Gläubiger (**Zedent**) u. neuem Gläubiger (**Zes-**

sionar) geschlossener rechtsgeschäftlicher Vertrag mit dem Inhalt, dass eine gegenwärtige (schon existente) oder künftige (= antizipierte Zession, sofern eindeutig bestimmbar) **Forderung** übertragen wird => Bsp.: X hat Schulden bei Y. Zur Sicherheit tritt X daher eine Forderung, die er gegen Z hat, an Y ab. Mit Abschluss des Vertrages verliert der bisherige/ursprüngliche Gläubiger die Forderung! Abtretung ist eine **Verfügung**, d.h. die Abtretung ist in ihrem Bestand unabhängig vom zugrunde liegenden Kausalgeschäft (Abstraktionsprinzip!). Die Regeln über die Forderungsabtretung sind nach § 413 auch auf die Übertragung anderer Rechte (z. B. Übertragung von Grundschulden, §§ 1191 ff.) entsprechend anzuwenden. **Voraus.: 1) Abtretungsvertrag,** § 398 S. 1. Für die Wirksamkeit der Abtretung ist es nicht nötig, dass der Schuldner an diesem Geschäft in irgendeiner Form beteiligt wird (weder Einverständnis noch Anzeige!). Jedoch erforderlich: Wirksame Einigung gem. §§ 145 ff. Abtretungsvertrag bedarf **keiner** Form. Ausnahme: § 1154. **2)** Bestehen der **Forderung** in der Person des Abtretenden. Dem Abtretenden muss die Forderung auch zustehen, d. h. er muss **verfügungsberechtigt** sein. Es gibt **keinen** gutgläubigen Erwerb einer Forderung von einem Nichtberechtigten! Ausnahme: § 405, „verbriefte Forderung", Zessionar muss aber gutgläubig gewesen sein (Maßstab: § 122 II). **3) Übertragbarkeit** der Forderung. I. d. R. ist **jedes** Recht übertragbar. Jedoch Zessionsausschluss: § 399 (§ 399 1. Fall: Zessionsausschluss kraft Leistungsinhalts, § 399 2. Fall kraft Vereinbarung), § 400; § 399 1. Fall: Bspe.: Höchstpersönliche Ansprüche, § 717. Zession einer unübertragbaren Forderung ist unwirksam. Akzessorische Sicherungsrechte gehen mit der abgetretenen Forderung über (**§ 401**), d. h. diese Rechte können **nicht** selbstständig abgetreten werden. Bsp.: Hypothek. Nichtakzessorische Sicherungsrechte dagegen schon, z. B. Grundschuld. § 399 2. Fall: Vereinbarung eines Ausschlusses ist Inhaltsänderung der Forderung u. damit Verfügung über die Forderung. Sie wirkt nach h. M. **absolut**. Abtretung der Forderung ist daher unwirksam. Unwirksamkeit kann dadurch geheilt werden, dass der Schuldner die Abtretung genehmigt. Diese Genehmigung durch Schuldner wirkt dann nur **ex nunc** (h. M.). Ausnahme: Wenn **§ 354a HGB** eingreift, ist die Abtretung wirksam. Voraus.: a) Geldforderung; b) Beidseitiges Handelsgeschäft; c) Schuldner ist eine jur. Person des öffentl. Rechts oder öffentl.-rechtl. Sondervermögen. **4) Bestimmbarkeit** der Forderung. Abtretungsvereinbarung muss so getroffen werden, dass ohne weiteres Zutun der Parteien Inhalt, Höhe u. Schuldner der Forderung spätestens mit ihrer Entstehung **bestimmt** sind. **RFen**: Mit Vertragsschluss geht die Forderung auf den neuen Gläubiger über (§ 398 S. 2). Akzessorische Sicherungsrechte, z. B. Pfandrechte, gehen gem. § 401 I ebenfalls auf den neuen Gläubiger über. **Alle** rechtshindernden u. –vernichtenden Einwendungen u. Einreden bleiben bestehen, die der Schuldner gegen den bisherigen Gläubiger hatte (§ 404), Ausnahme: § 405! Es gibt **keinen** gutgläubig lastenfreien Erwerb einer Forderung, d. h. auch wenn der neue Gläubiger Gegenrechte des Schuldners nicht kennt, kann der Schuldner diese gegenüber ihm geltend machen. Schuldnerschutz: § 404 (Einwendung muss jedoch **im** Zeitpunkt der Abtretung begründet gewesen sein!), §§ 406 ff.

Zedent

Siehe **Zession**

Zessionar

Siehe **Zession**

Antizipierte Zession

Vorausabtretung => siehe Zession

Globalzession

Alle gegenwärtigen sowie künftigen **Forderungen** des Zedenten werden an den Zessionar abgetreten

Sicherungsabtretung

Zedent tritt eine ihm zustehende Forderung an den Zessionar ab, um diesem eine **Sicherung** für eine Forderung gegen ihn (den Zedenten) zu verschaffen => Bsp.: X hat zur Sicherung eines Kredits alle Forderungen aus dem Verkauf von Lederwaren an die Bank Y abgetreten. Das der Sicherungsabtretung zugrunde liegende Kausalgeschäft besteht in der zwischen den Parteien abgeschlossenen **Sicherungsabrede** (schuldrechtlicher Vertrag, § 311 I). Aus ihr ergeben sich meistens besondere Regelungen u. Pflichten der Parteien. Beachte eventuelle Unwirksamkeit der

Sicherungsabtretung nach § 138, § 307 I 1: **1) Übersicherung** (d. h. hier ist die zur Sicherheit abgetretene Forderung im Vergleich zum Wert der gesicherten Forderung unverhältnismäßig hoch); **2)** Sittenwidriger **Knebelungsvertrag** (übermäßige Einschränkung der persönlichen oder geschäftlichen Handlungsfreiheit); **3) Gläubigergefährdung**; **4)** Verleitung zum **Vertragsbruch** (nach dem Willen der Parteien soll die zur Kreditsicherung vereinbarte Sicherungsabtretung auch solche Forderungen umfassen, die der Sicherungsgeber (Zedent) seinen Lieferanten aufgrund eines verlängerten Eigentumsvorbehalts künftig abtreten muss bzw. abtritt)

Cessio legis

Gesetzlicher Gläubigerwechsel, § 412 => Bsp.: § 268 III, § 426 II, § 1143 I

Inkassozession

Der bisherige Inhaber einer Forderung (Zedent) tritt diese allein zu deren Einziehung durch den Zessionar ab => Meist ist im Grundgeschäft (Auftrag, § 662 oder Geschäftsbesorgungsvertrag, § 675) zwischen Zessionar u. Zedent vereinbart, dass der Zessionar das Erlangte an den Zedenten herauszugeben hat. Beachte Unterschied zur Einziehungsermächtigung!

Einziehungsermächtigung

Der Einziehende ist nicht Forderungsinhaber, sondern ist im eigenen Namen, aber für Rechnung des die Ermächtigung Erteilenden tätig => Folglich handelt es sich bei ihr um keine Abtretung!

3. Lektion: Schuldrecht Besonderer Teil

§ 433
Kaufvertrag

Gegenseitiger Vertrag, in dem sich der Verkäufer zur **Veräußerung** eines Vermögensgegenstandes u. der Käufer zur **Zahlung** einer Geldsumme verpflichtet => **Vertragsgegenstand: a) Sachen** (sowohl Mobilien als auch Grundstücke). **Beachte:** Die verkaufte Sache muss noch nicht existieren. Bei diesen Sachen muss aber differenziert werden: **1)** Kauf unter der Bedingung (§ 158 I), dass Sache entsteht: § 433 (Sachkauf). Vertrag ist dann wirksam, wenn die Sache wirklich entsteht; **2)** Unbedingter Kauf der Erwerbschance, d. h. der Kaufpreis wird unabhängig von dem Entstehen der Sache geschuldet: Kauf eines sonstigen Gegenstandes, § 453 I 2. Fall; **b) Rechte** (§ 453 I 1. Fall), z. B. Grundpfandrechte, Forderungen; **c)** Sonstige Gegenstände, die keine Sachen oder Rechte sind (§ 453 I 2. Fall), z. B. Elektrizität, Sachgesamtheiten (Bsp.: ein ganzer Betrieb. Jedoch müssen dann sämtliche Vermögenswerte des Betriebes übertragen werden). Beachte: KV ist grundsätzlich **formfrei**, sofern das Gesetz keine bestimmte Form verlangt. Bsp.: § 311b I, III, V

Pflichten des Verkäufers beim Sachkauf

1) Verkäufer hat die Pflicht, dem Käufer die Sache zu **übergeben** u. das **Eigentum** an der Sache zu **verschaffen** (§ 433 I 1). Kurz: Eigentumsverschaffung u. Übergabe (siehe jeweils Def.); **2)** Er hat weiter die Pflicht, dem Käufer die Sache **frei** von **Sach-** u.

Rechtsmängeln zu verschaffen (§ 433 I 2); **3)** Schließlich muss er ggf. noch die **Kosten** der **Übergabe** der Sache tragen (§ 448 I)

Eigentumsverschaffung

Richtet sich nach den sachenrechtlichen Vorschriften: bei **beweglichen** Sachen nach §§ **929 ff.**, bei **Immobilien** nach §§ **873, 925** => Beachte: Hat Verkäufer keine Verfügungsbefugnis über die Sache, kann der **gutgläubige** Käufer das Eigentum dennoch erwerben (§§ 892, 932-935)

Übergabe

Verschaffung der Sachherrschaft (§ **854 I**) => Parteien können aber etwas anderes vereinbaren, dann wird die Übergabe ersetzt durch Vereinbarung eines Besitzkonstituts (§ 930) oder die Abtretung des Herausgabeanspruchs (§ 931)

Pflichten des Verkäufers beim Rechtskauf

Die Vorschriften über den Kauf von Sachen (§§ 433 ff.) finden auf den Kauf von Rechten entsprechende Anwendung (§ **453 I**, d. h. Verkäufer hat entsprechend § 433 I 1 die Pflicht, dem Käufer das Recht durch **Übertragung** zu verschaffen. Bsp.: Grundschuld, §§ 873, 1154. Des Weiteren hat er dem Käufer die Sache **frei** von Sach- u. Rechtsmängeln zu übergeben (§§ 453 I, 433 I 2; beachte doppelte Mangelfreiheit, falls das Recht zum Besitz einer Sache berechtigt: § 453 III, z. B. Pfandrecht, § 1205 I)

Pflichten des Käufers

1) Kaufpreiszahlung (§ 433 II 1. Fall), i. d. R. durch Übereignung (§ 929) entsprechenden Bargeldes. **Beachte:** Angabe von Kontonummern auf Briefbögen oder auf Rechnungen gilt als konkludentes Einverständnis mit einer Überweisung. Die **Fälligkeit** tritt sofort mit Vertragsschluss ein (§ 271 I), es sei denn, es ist etwas anderes vereinbart; **2) Abnahmepflicht** (§ 433 II 2. Fall). Gilt nur beim Sachkauf

Abnahme

Käufer hat die vom Verkäufer bereitgestellte Kaufsache an sich zu **nehmen**. Dadurch wird der Verkäufer vom Besitz der Sache befreit => **Beachte**: Pflicht besteht **nicht**, wenn die Sache mit einem Rechts- oder Sachmangel behaftet ist. Grundsätzlich ist die Abnahmepflicht lediglich eine **Nebenleistungspflicht** des Käufers, es sei denn, die Parteivereinbarung ergibt, dass die Abnahmepflicht synallagmatisch sein soll. Besteht keine Vereinbarung u. nimmt der Käufer die Sache nicht ab, kann der Verkäufer nach **§ 323 I** vom Vertrag zurücktreten bzw. nach § 280 I u. §§ 280 I, III, 281 Schadensersatz verlangen

Gefahrübergang beim Kauf

1) § 446 S. 1: Gefahrübergang mit **Übergabe** an den Käufer; **2)** § 446 S. 3: Gefahrübergang mit **Annahmeverzug** des Käufers; **3)** § 447: Gefahrübergang mit Abgabe an eine **Transportperson**

Sachgefahr

Das Risiko des Sachverlustes trägt der **Eigentümer** der Sache

Leistungsgefahr

Beschreibt das Risiko des **Verkäufers**, noch einmal leisten zu müssen, wenn der erste Versuch der Leistung fehlgeschlagen ist => **Voraus.**: Weder der Verkäufer noch der Käufer haben den Grund des Fehlschlagens zu vertreten. Hier muss zwischen Stück- u. Gattungskauf unterschieden werden. Bei **Stück-**

schulden trägt der **Gläubiger** (Käufer) der unmöglich gewordenen Leistung die Leistungsgefahr. Bei **Gattungsschulden** (§ 243 I) trägt der **Schuldner** (Verkäufer) der unmöglich gewordenen Leistung die Leistungsgefahr. Er muss den Leistungserfolg herbeiführen, solange die Gattung noch existiert

Gegenleistungsgefahr

Beschreibt das Risiko, dass der Anspruch auf die Gegenleistung untergeht => Bsp.: § 326 I, beachte aber § 326 II, § 446, § 447

§ 434
Sachmangel

Negative (nachteilige) **Abweichung** der Ist-Beschaffenheit von der Soll-Beschaffenheit => Bestimmung der Soll-Beschaffenheit (subjektiv-objektiver Sachmangel-/Fehlerbegriff des Gesetzgebers): **vorrangig** ist die individuell **vereinbarte Beschaffenheit**, § 434 I 1. Diese kommt durch 2 übereinstimmende WEen zustande. Liegt **keine** Vereinbarung vor, ist auf die verkehrsübliche Normalbeschaffenheit zurückzugreifen (§ 434 I 2 Nr. 2)

Subjektiver Fehlerbegriff

Eine Sache ist fehlerhaft, wenn sie von der **vereinbarten** Beschaffenheit abweicht => Bestimmung der Beschaffenheit kann sich aus der Vereinbarung der Parteien (§ 434 I 1) oder nach der im Vertrag vorausgesetzten Verwendung ergeben (§ 434 I 2). Hier haben also die Vertragsparteien ihre Vorstellungen nicht auf einzelne Merkmale gerichtet u. auch keine speziellen Angaben vertraglich fixiert

Objektiver Fehlerbegriff	**§ 434 I Nr. 2** => Maßstab: Erwartungshorizont eines Durchschnittskäufers. Erweiterung der Haftung gem. § 434 I 3 (**beachte:** Der Käufer muss die öffentlichen Äußerungen nicht kennen!)
IKEA-Klausel	**§ 434 II 2**
Aliud	**Falschlieferung** => Aliud u. Mindermenge stehen einem Sachmangel gleich (**§ 434 III**). Anwendung des Gewährleistungsrechts (**§§ 437 ff.**). **Beachte: a)** Aliud ist sowohl bei Stück- als auch bei Gattungskauf möglich; **b)** Verjährungsfrist, § 438 I Nr. 3: **2** Jahre
§ 435 **Rechtsmangel**	**§ 435** => Recht muss **tatsächlich** bestehen. Bspe. für Rechte Dritter: Rechte aus Besitz (Miete, Pacht); dingliche Rechte (Pfandrecht, Hypothek, Anwartschaftsrecht); Vormerkung. Öffentlich-rechtliche Lasten sind keine Rechtsmängel (§ 436 II). Zeitpunkt für den **Gefahrübergang** ist der Übergang der Preisgefahr auf den Käufer. Besteht Rechtsmangel, dann §§ 437 ff.
§ 437 **Rechte des Käufers bei Mängeln**	**§ 437 Nr. 1 - Nr. 3** => **Beachte:** **§ 442** u. die Verjährung der Mängelansprüche gem. **§ 438**. **Konkurrenzen: 1)** Anfechtung gem. § **119 I** ist **neben** dem Gewährleistungsrecht (§§ 434 ff.) möglich; **2)** **a)** Anfechtung gem. § **119 II** durch den **Käufer nach** Gefahrübergang: Anfechtung nach § 119 II bzgl. Eigenschaften, die einen **Mangel** darstellen, ist **ausgeschlossen**. Das Gleiche gilt für die Anfechtung **vor** Gefahrübergang (str.). **Beachte:** An-

fechtung ist aber möglich, wenn sich der Eigenschaftsirrtum **nicht** auf einen Mangel bezieht; **b)** Anfechtung gem. **§ 119 II** durch den **Verkäufer**: Soweit sich der Verkäufer über einen **Sachmangel** geirrt hat, ist eine Anfechtung **ausgeschlossen**, wenn dem Käufer Rechte aus § 437 entzogen werden würden, d. h. der Verkäufer kann dann sein Anfechtungsrecht ausüben, wenn die Gewährleistungsrechte des Käufers nicht betroffen werden; **3)** Anfechtungsgrund des § **120** ist **neben** dem Gewährleistungsrecht anwendbar; **4)** Anfechtungsgrund des § **123** ist **neben** dem Gewährleistungsrecht anwendbar. **Beachte**: Abgrenzung der Mängelgewährleistung gegenüber der Garantie (siehe § 443)

Rücktritt

§ **437 Nr. 2 1. Fall. Voraus.**: **1)** Kaufgegenstand weist bei Gefahrübergang einen **Sachmangel** auf; **2) Frist** zur Nacherfüllung (§ 323 I) ist **abgelaufen** bzw. **entbehrlich** nach: §§ 323 II, 440 u. bei völliger Unmöglichkeit nach § 275 I; **3) Kein Ausschluss** des Rücktrittsrechts: **a)** Unerhebliche Mängel: §§ 437 Nr. 2 1. Fall, 323 V 2; **b)** Verantwortlichkeit bzw. Annahmeverzug des Käufers: §§ 437 Nr. 2 1. Fall, 323 VI; **c)** Verfristung: § 438. **RFen**: §§ 346 ff.

Minderung

Herabsetzung des Kaufpreises, **§§ 437 Nr. 2 2. Fall, 441.** Voraus. siehe beim Rücktritt. **Beachte aber**: § 323 V 2 kommt hier nicht z. Anwendung (§ 441 I 2). **RFen**: § 441 III. Berechnung: Geminderter Preis = Vereinbarter Kaufpreis mal Ist-Wert geteilt durch Soll-

Wert. Bsp.: X hat eine Vase für 300 € erworben, die ohne Mangel 400 € wert wäre, mit Mangel aber nur einen Wert von 100 € aufweist. Damit ergibt sich die Minderung wie folgt: 300 mal 100 geteilt durch 400 = 75, d. h. da der geminderte Kaufpreis 75 € beträgt, der tatsächlich gezahlte Kaufpreis 300 € war, beläuft sich die Minderung auf den Differenzbetrag, also 225 €. Anspruch auf Minderung des Kaufpreises um 225 €. **Beachte**: Käufer kann nach § 441 IV den Betrag zurückverlangen, den er wegen der Minderung zu viel bezahlt hat

Schadensersatz

§ **437 Nr. 3** => 3 Formen des Schadensersatzanspruches: **1)** Schadensersatz **statt** der Leistung (kleiner/großer Schadensersatz, siehe Def.); **2) Verzöger-ungs**schaden; **3) Einfacher** Schadensersatz (siehe Def.)

Kleiner Schadensersatz statt der Leistung (§§ 437 Nr. 3, 280 I, III, 281)

Der Käufer **behält** die mangelhafte Kaufsache u. erhält noch sein Erfüllungsinteresse ersetzt. Jedoch ist der Ist-Wert der mangelhaften Sache abzuziehen!

Großer Schadensersatz statt der ganzen Leistung (§§ 437 Nr. 3, 280 I, III, 281)

Hier stellt der Käufer dem Verkäufer die Kaufsache zur Verfügung. Der Käufer erhält sein **volles** Erfüllungsinteresse ersetzt => **Beachte**: § 281 I 3: Ist die Pflichtverletzung unerheblich, ist der große Schadensersatz ausgeschlossen!

Einfacher Schadensersatz (nach § 280 I)

Ersatz von **Integritätsschäden**. Pflichtverletzung liegt darin, dass der Verkäufer ursprünglich keine mangelfreie Kaufsache geleistet hat oder dass eine nichtleistungsbezogene Nebenpflicht (§ 241 II)

verletzt wurde => Nach der Verhaltenspflicht i. S. d. § 241 II ist alles zu unterlassen, was einen Integritätsschaden anrichten könnte. **Beachte**: Nutzungsausfallschäden, Mangelfolgeschäden (siehe Def.) werden durch den einfachen Schadensersatz erfasst

Mangelfolgeschaden

Schäden entstehen hier nicht an der Sache, die Kaufgegenstand ist, sondern an **anderen** Rechtsgütern => Bsp.: Schäden an der Gesundheit des Käufers, am Eigentum. Schadensersatz gemäß § 280 I (str.), da Fristsetzung entbehrlich!

Mangelschaden

Schäden, die an der Sache **selbst** entstehen => Schadensersatz gem. §§ 280 I, III, 281 (Nachfristsetzung!)

§ 439
Nacherfüllung

Dieser Anspruch muss i. d. R **vor** den anderen Rechten (Rücktritt, Minderung, Schadensersatz) geltend gemacht werden. Dazu muss der Käufer dem Verkäufer eine **angemessene** Frist zur Nacherfüllung setzen => **Beachte**: Der Nacherfüllungsanspruch steht im **Synallagma**, d. h. der Käufer hat alle Rechte aus §§ 320 ff. u. kann somit die Zahlung des Kaufpreises verweigern. Gem. **§ 439 I** besteht ein **Wahlrecht** für den Käufer: Beseitigung des Mangels oder Lieferung einer mangelfreien Sache, allerdings **nur** bis der Verkäufer einen der beiden Ansprüche **erfüllt** hat (= **elektive Konkurrenz**). Solange kann der Käufer zwischen den Formen der Nacherfüllung wechseln. Damit handelt es sich um

keine Wahlschuld i. S. d. §§ 262 ff., denn sonst würde die gewählte Art der Nacherfüllung als von Anfang an allein geschuldet gelten (§ 263 II). Der Wechsel kann **nicht** mehr vollzogen werden, wenn die erfolgreiche Nacherfüllung seitens des Verkäufers kurz bevorsteht (Beachte Maßstab der §§ 241 II, 242). **Ausschluss** des Nacherfüllungsanspruchs: **1) Unmöglichkeit** der Nacherfüllung (§ 275 I). Der entsprechende Anspruch ist ausgeschlossen, wenn die von dem Käufer gewählte Art der Nacherfüllung unmöglich ist. Dann beschränkt sich der Anspruch auf die andere Art der Nacherfüllung. Sind beide Arten unmöglich, wird der Verkäufer von seiner Nacherfüllungspflicht frei. Der Käufer kann dann **sofort**, d. h. **ohne** Fristsetzung gem. § 437 Nr. 2, 3 Rücktritt, Minderung erklären u. Schadensersatz verlangen; **2) Verweigerung** der Art der Nacherfüllung seitens des Verkäufers nach § 275 II, III bzw. nach § 439 III. **Beachte**: § 439 III 3. Wenn der Verkäufer beide Arten der Nacherfüllung verweigern kann u. dies gegenüber dem Käufer durchführt, dann stehen dem Käufer Rücktritt, Minderung, Schadensersatz zu u. zwar wieder **sofort** ohne Fristsetzung! **Beachte**: Entspricht ein Stückkauf funktionell einem Gattungskauf, ist die Nachlieferung **nicht** gem. § 275 I **ausgeschlossen** (Bsp.: Käufer im Supermarkt, der ein bestimmtes Produkt aus einer Vielzahl dieser Produkte nimmt u. genau mit diesem Produkt zur Kasse geht. Wenn die Kassiererin dann einen Mangel feststellt, nimmt der Käufer eine andere Sache desselben Produkts. Es würde hier den Interessen beider Parteien widersprechen, eine Nacherfüllung auszuschließen!); Beachte auch § 439 II

§ 443
Beschaffenheitsgarantie

§ 443 I 1. Fall (= **unselbstständige** Garantie, d. h. sie modifiziert inhaltlich die Rechte des KV entsprechend dem Garantieversprechen). Garantiegeber (Verkäufer/Dritter) übernimmt eine **Garantie** dafür, dass der Kaufgegenstand im Zeitpunkt des Gefahrübergangs bestimmte Merkmale aufweist => Diese Garantie geht deutlich über die bloße vertragliche Vereinbarung (§ 434 I 1) hinaus. Bei der Beschaffenheitsgarantie gibt der Garantiegeber eine über § 276 I 1 hinausgehende **Garantie** ab (verschuldensunabhängige Haftung!). So können Ansprüche eingeräumt werden, die über die §§ 437 ff. hinausgehen. Bsp.: Verkäufer/Dritter hat so lange nachzuliefern, bis er die garantierte Leistung erbringt u. der vereinbarte Maßstab der Beschaffenheit erreicht wurde. Durch **Auslegung** (§§ 133, 157) zu ermitteln, ob eine Beschaffenheits- oder Haltbarkeitsgarantie vorliegt. **Beachte**: Anspruchsgrundlage ist die Garantie **selbst** (Anspruch aus Garantievertrag) u. **nicht** § 443 I! Beachte auch Sonderbestimmungen für Garantien (§ 477) u. § 444!

Haltbarkeitsgarantie

§ 443 I 2. Fall (= **unselbstständige** Garantie, siehe Beschaffenheitsg.). Garantiegeber gewährt die Mangelfreiheit für eine **be-**

stimmte (Nutzungs-)Dauer über den Bestimmungszeitraum des Sachmangels nach § 434 hinaus => **Beachte: a)** Anspruchsgrundlage ist die Garantie **selbst** (Anspruch aus Garantievertrag) u. **nicht** § 443 I; **b) § 443 II**: Beweis muss vom Garantiegeber erbracht werden, dass der Defekt durch äußere Einwirkungen des Garantienehmers verursacht wurde. **Verjährung**: Ab Entdeckung des Mangels, **§ 438 analog**, auch wenn die Garantiefrist darüber hinausgeht. Sonderbestimmungen: § 477 u. § 444

Herstellergarantie

Hersteller gibt **unabhängig** vom Verkäufer eine zusätzliche Garantie gegenüber Käufer ab (= **selbstständige** Garantie, es bestehen nämlich zwischen Hersteller u. Käufer keine vertraglichen oder vertragsähnlichen Beziehungen!) => Diese Garantie fällt **nicht** unter § 443, sondern tritt als eigenständiges Schuldverhältnis **neben** den KV. Die Herstellergarantie kommt durch Angebot u. Annahme zustande. Angebot: Hersteller legt dem Produkt einen Garantieschein bei. Annahme erfolgt dann gem. § 151. **Beachte:** Die Pflichten des Verkäufers werden hiervon nicht berührt! Anspruchsgrundlage ist die Garantie **selbst**!

§ 446
Zufälliger Untergang

Liegt vor, wenn ein Fall der von **keiner Seite** zu vertretenden Unmöglichkeit gegeben ist => § 446 kommt nur dann zur Anwendung, wenn zwar die Übergabe, aber noch **keine** Übereignung der Sache erfolgt ist!

§ 447
Transportperson

Spediteur, Post, Bahn, Frachtführer oder sonstige Personen, die den Transport durchführen => Verkäufer muss Transportperson **sorgfältig** auswählen, sonst ggf. Verschulden bei Untergang. **Beachte**: Übergabe an **eigene** Leute, die den Versand durchführen sollen. Dann gilt zu prüfen, ob nicht eine Bringschuld vorliegt. § 447 scheidet dann aus. Wenn eine Hol- oder Schickschuld vorliegt, ist **§ 447 analog** anwendbar. Voraus.: Der Untergang der Kaufsache beruht auf Zufall! Haben ihn die eigenen Leute verschuldet, so haftet der Verkäufer nach §§ 276, 278. § 447 findet dann keine Anwendung

Platzkauf

Beide Vertragsparteien (Verkäufer/Käufer) befinden sich in der **gleichen** Gemeinde/Stadt, im **gleichen** Ort u. vereinbaren eine Schickschuld => Nach h. M. ist § 447 beim Platzkauf zumindest analog anzuwenden (M. M.: Platzkauf fällt nicht unter § 447, da es sich hierbei nicht um einen Distanzkauf handelt)

Versendung nicht vom Erfüllungsort

§ 447 kommt **nicht** zur Anwendung, wenn die Versendung nicht vom Erfüllungsort, also dem Wohnsitz des Verkäufers, erfolgt => Ausnahme: Parteivereinbarung liegt vor, dass der Käufer mit dem anderen Auslieferungsort einverstanden ist. Dann kommt § 447 zur Anwendung

Transportschäden

Bei zufälligen typischen (oder atypischen, str.) Transportschäden stehen dem Käufer **keine** Gewährleistungsansprüche gegen den Verkäufer zu! => Voraus.: Verkäufer darf kein Verschulden treffen, z. B. Kaufsache wurde unsachgemäß verpackt

Verbrauchsgüterkauf (§§ 474 ff.)

Beachte § 474 II: § 447 findet keine Anwendung! Nach § 446 geht die Preisgefahr **erst** mit der Übergabe der Sache an den Verbraucher über

**§ 449
Eigentumsvorbehalt**

Verkäufer wird verpflichtet, die Kaufsache dem Käufer unter der **aufschiebenden** Bedingung der vollständigen Kaufpreiszahlung zu übergeben. Das Eigentum geht **erst** dann auf den Käufer über, wenn der **gesamte** Kaufpreis gezahlt ist => Die Parteien vereinbaren im **KV** Lieferung unter Eigentumsvorbehalt (z. B. durch Klausel oder Bezugnahme auf AGB). Die **Übereignung** der Kaufsache erfolgt nach §§ 929 S. 1, 158 I. Die dingliche Einigung steht dabei also unter der aufschiebenden Bedingung der vollständigen Kaufpreiszahlung. Der Käufer hat bis zu diesem Zeitpunkt ein Anwartschaftsrecht (siehe Def.). **Beachte:** § 449 II (Rücktritt, Abwicklung gemäß §§ 346 ff.)

Erweiterter Eigentumsvorbehalt

Käufer wird nicht schon mit der restlosen Zahlung des Kaufpreises Eigentümer der Kaufsache, sondern erst mit Erfüllung **sämtlicher** Zahlungsverpflichtungen gegenüber dem Verkäufer => Kontokorrentvorbehalt (siehe Def.) fällt z. B. hierunter. **Beachte:** Vereinbarung kann eventuell wegen Missbrauchs der Vertragsfreiheit nach § 138 nichtig sein

Kontokorrentvorbehalt

Hier erstreckt sich der Vorbehalt auf die Bezahlung **aller** Forderungen aus der Geschäftsverbindung mit dem Verkäufer (auch künftige eingeschlossen!)

Konzernvorbehalt

Hier werden durch den Vorbehalt nicht nur die Forderungen des Verkäufers erfasst, sondern **alle** Forderungen der Gläubiger, die mit dem Verkäufer in **einem** Konzern verbunden sind => Regelung ist nach **§ 449 III nichtig!**

Verlängerter Eigentumsvorbehalt (EV)

Wird der EV-Käufer vom EV-Verkäufer ermächtigt, einem **Dritten** das Eigentum gem. §§ 929, 185 I zu übertragen, spricht man von verlängertem EV => Hier **tritt** der Käufer im Gegenzug gleichzeitig seine eigene Forderung gegen den Dritten aus der Weiterveräußerung **im Voraus** an den Verkäufer **ab**. Verkäufer wird oft durch die im KV enthaltene **Verarbeitungsklausel** geschützt: Der Käufer verarbeitet die gekaufte Ware für den Verkäufer, so dass dieser als Hersteller nach **§ 950** Eigentümer der neuen Sachen wird

§ 488
Darlehensvertrag

Vertrag, mit der Verpflichtung des Darlehensgebers (DG), einen Geldbetrag zur **Verfügung** zu stellen u. die Verpflichtung des Darlehensnehmers (DN), das Darlehen **zurückzuzahlen** (§ 488 I) => **Unterscheide:** Das **unentgeltliche** Darlehen ist **kein** gegenseitiger, sondern lediglich ein zweiseitig verpflichtender Vertrag. Das **entgeltliche** Darlehen ist ein gegenseitiger Vertrag: Pflicht des **DG** besteht im Verschaffen u. Überlassen des Darlehens. Dagegen besteht die Pflicht des **DN** vor allem in der Zinszahlungspflicht, die im Gegenseitigkeitsverhältnis zur Überlassungspflicht steht!

Beachte: **a) Verzinsung** muss vereinbart sein (auch konkludent möglich): § 488 I 2 1. Fall. Ausnahmen: §§ 353, 354 HGB; **b) Wucherdarlehen**, § 138 II (siehe Def. Wucher). Liegt ein Wucherdarlehen vor, darf der DN die Valuta für die Darlehenslaufzeit behalten (§ 817 S. 2 analog); **c) Rückzahlung** des Darlehens: § 488 III; § 489; § 490

Wucherähnliche Darlehen

Ein Darlehen kann dennoch nach **§ 138 I** sittenwidrig sein, wenn die Ausbeutung nicht nachweisbar ist oder § 138 II aus anderen Gründen scheitert => **Ausbeutung** = Kenntnis u. bewusste Ausnutzung der Schuldnersituation. Der **DN** schuldet dann nicht den Wucher-, sondern den marktüblichen Zins (str., A. A.: DN schuldet nicht den marktüblichen Zins, weil sonst kein Risiko für den Wucherer bestehen würde!)

**§ 506
Teilzahlungsgeschäfte**

Legaldefinition in **§ 506 III**

**§ 516
Schenkung**

Einseitig verpflichtender Schuldvertrag, der auf eine **unentgeltliche** Zuwendung gerichtet ist => Handschenkung (§ 516). **Beachte**: Bei einer Schenkung unter Auflage u. bei der gemischten Schenkung scheidet eine Anwendung des § 516 II 2 aus! Leistungsstörungen können nach den §§ 280 ff. Berücksichtigung finden (**nicht** jedoch über die §§ 320 ff.!). Beachte hierbei § 521!

Handschenkung

Schenkung wird **sofort** vollzogen, d. h. Verpflichtungs- u. Verfügungsgeschäft fallen zeitlich **zusammen** => Bsp.: Geburtstagsgeschenk. Unterschied zum Schenkungsversprechen (siehe Def.). Handschenkung wird durch § 518 II geheilt (mit Übergabe) !

Zuwendung

Übertragung eines Vermögenswertes, der zu Bereicherung des Beschenkten u. Entreicherung beim Schenker führt => Zuwendungsgegenstand: Sachen, Rechte. Ausreichend ist aber auch, wenn der Schenker auf eine Rechtsposition verzichtet, z. B. Schuldenerlass

Unentgeltlichkeit

Liegt vor, wenn der Zuwendung **kein** Gegenwert gegenübersteht => Bei den **ehebezogenen** (unbenannten) Zuwendungen unter Ehegatten fehlt es an einer Einigung über die Unentgeltlichkeit, d. h. bei diesen Leistungen handelt es sich nicht um eine Schenkung i. S. d. § 516, sondern um ehebezogene Rechtsgeschäfte zur Gestaltung u. Verwirklichung der ehelichen Lebensgemeinschaft. **Beachte:** Es liegt eine **Entgeltlichkeit** vor, wenn die Zuwendung an einen **bestimmten** Zweck oder an die Erfüllung einer **Bedingung** geknüpft ist (Zweckoder Bedingungserfüllung sind als Gegenleistung u. damit als Entgelt anzusehen!)

Gemischte Schenkung

Einigung der Parteien, dass Leistung **teilweise entgeltlich**, der vom Entgelt nicht gedeckte Teil der Leistung **unentgeltlich** zugewandt werden soll. **Kurz**: Vereinbarung, bei der die Zuwendung teilweise entgeltlich, teilweise unentgeltlich geschieht => Hierbei handelt es sich um einen **Austausch**- u. nicht um einen Schenkungsvertrag. Rechtliche Behandlung, vor allem die Anwendbarkeit des Schenkungsrechts, ist umstritten. **1) Trennungstheorie**: Das Rechtsgeschäft wird in seine Bestandteile **zerlegt**, nämlich in einen entgeltlichen u. in einen unentgeltlichen Teil. Dann werden auf jeden gesonderten Teil dessen eigene typischen Regeln angewendet. Nachteil: Schenkungsgegenstand nicht immer teilbar. **2) Zweckwürdigungstheorie** (h. M.): Hier sollen diejenigen Vorschriften angewendet werden, die im Einzelfall dem **Zweck** oder dem **Parteiwillen** am besten entsprechen. Falls möglich: kumulativ, falls nicht möglich: alternativ, je nachdem welcher Teil überwiegt. Bsp.: Hat der unentgeltliche Teil nach dem Parteiwillen nur eine untergeordnete Bedeutung, kann die Formbedürftigkeit nach § 518 entfallen. Überwiegt kein Vertragsteil, dann Beachtung des § 518! Ist die Sache fehlerhaft u. überwiegt der unentgeltliche Vertragsteil, dann verdrängt § 524 II die Vorschriften des Kaufrechts (§ 437). **Beachte**: Rücktrittsrecht (§ 437 Nr. 2) findet auf die gesamte gemischte Schenkung Anwendung, Minderung (§ 437) dagegen nur auf den entgeltlichen Teil

§ 518
Schenkungsversprechen

§ 518 => **Beachte**: Formvorschrift (§ 518 I 1) u. Heilung gem. § 518 II

§ 525
Schenkung unter einer Auflage

Liegt vor, wenn der Beschenkte nach der Zuwendung eine von ihm geforderte **Auflage** zu erfüllen verpflichtet ist => Wichtig: Die Erfüllung der Auflage darf **nicht** im Gegenseitigkeitsverhältnis stehen, d. h. Schenker muss zunächst seine Leistung erbringen u. erst dann obliegt dem Beschenkten die Erfüllung der Auflage. **Gegenstand** der Auflage kann jede Verpflichtung des Beschenkten zur Erbringung einer Leistung sein. **Beachte**: Leistungsverweigerungsrecht des Beschenkten (§ 526) u. Recht auf Herausgabe (§ 527). Abgrenzung zu der entgeltlichen Zuwendung u. der Zweckschenkung (siehe jeweils Def.)

Entgeltliche Zuwendung

Leistung des Beschenkten stammt aus **seinem** sonstigen **Vermögen**

Zweckschenkung

Hier wird vom Schenker mit der Zuwendung ein für den Beschenkten erkennbarer, bestimmter **Zweck** verfolgt => Bsp.: Beschenkter wird zu einem bestimmten Verhalten veranlasst. **Beachte**: Es besteht, im Gegensatz zur Schenkung unter einer Auflage, **kein** klagbarer Erfüllungsanspruch des Schenkers! Tritt der verfolgte Zweck nicht ein, besteht ein Rückforderungsanspruch bzgl. Geschenk gemäß § 812 I 2 2. Fall

§ 534
Anstandsschenkung

Bsp.: Geburtstagsgeschenk

§ 535
Mietvertrag

Gegenseitiger Schuldvertrag, in dem sich die eine Partei (Vermieter) verpflichtet, der anderen Partei (Mieter) den Gebrauch einer Sache auf Zeit zu gewähren. Der Mieter verpflichtet sich dagegen, den vereinbarten Mietzins zu zahlen => **Abgrenzung** zur **Pacht** u. **Leihe. 1) Pacht** (§§ 581 ff.): Hier wird die Sache nicht nur gebraucht, sondern es können auch die aus ihr zu ziehenden **Früchte** beansprucht werden (z. B. Überlassung von Räumlichkeiten zum Betrieb einer Gaststätte). Außerdem kommen als Pachtobjekte auch Rechte in Betracht; **2) Leihe** (§§ 598 ff.): Gebrauchsüberlassung erfolgt, im Gegensatz zur Miete, **unentgeltlich. Gegenstand** der Miete: **bewegliche/ unbewegliche** Sachen, sowie **Teile** von Sachen (soweit sie sich zum Gebrauch eignen). Der Mietvertrag ist **formlos** gültig. Ausnahmen: §§ 550, 578 I. **Beendigung** des Mietvertrages: Ordentliche Kündigung (siehe Def.): **§ 542;** Ausserordentliche fristlose Kündigung: **§ 543;** Außerordentliche befristete Kündigung: **§ 573d** (Wohnraum), **§ 580a IV** (Sonstige Mietgegenstände)

Vermieter

Hauptpflicht: **Überlassung** des gemieteten Gegenstandes zum Gebrauch und **Instandhaltung** (§ 535 I 1, 2). **Nebenleistungspflichten** (§ 241 II): allgemeine Aufklärungs-, Schutz-, Sorgfaltspflichten => Pflicht zur Gebrauchsüberlassung ist nur erfüllt, wenn der Vermieter die Mietsache in **gebrauchsfähigem** Zustand überlässt (§ 535 I 2). **Be-**

achte: Die Erhaltungspflicht des Vermieters umfasst nicht die Pflicht zu einer Neuherstellung einer untergegangenen Mietsache! Hier greifen die §§ 275 ff., 323 ff. ein

Mieter

Hauptpflicht: Entrichtung des vereinbarten **Mietzinses** (§ 535 II) u. Durchführung von **Schönheitsreparaturen** (falls diese wirksam auf den Mieter abgewälzt wurden). Die **Höhe** des Mietzinses kann grundsätzlich frei festgelegt werden (§ 557 I). Beachte jedoch Regelungen über die Miethöhe für die Wohnraummiete: § 557 II. Außerdem kann die Mietzinsvereinbarung nach §§ 134, 138 nichtig sein, wenn die Miete unangemessen hoch ist. **Nebenleistungspflichten** (§ 241 II): **a)** Keine Überschreitung des vertragsgemäßen Gebrauchs der Mietsache; **b)** Obhuts- u. Sorgfaltspflichten (Mieter hat dafür zu sorgen, dass die Mietsache in einem ordnungsgemäßen Zustand verbleibt, soweit es in seiner Macht u. Pflicht steht. Ansonsten: Unverzügliche Anzeige der Mängel gegenüber Vermieter, § 536c I); **c)** Duldung von Instandhaltungs- (§ 554 I) u. Modernisierungsmaßnahmen (§ 554 II); **d)** Pflicht zur Rückgabe der Mietsache, § 546. Bei den Modernisierungsmaßnahmen ist folgendes zu beachten: Die Duldungspflicht umfasst hier **nicht** die Beeinträchtigung der Mietsache, um eine andere Mietsache (z. B. die des Nachbarn) zu verbessern. Damit ist die Duldungspflicht **begrenzter** als bei der Instandhaltungspflicht. Nur wenn die Duldung nach Treu

u. Glauben als geboten erscheint, hat der Mieter die Störungen hinzunehmen. **Beachte** auch § 554 II 2. Gegenanspruch des Mieters: § 554 IV. Will Mieter die Sache an einen **Dritten** überlassen, ist § **540** zu beachten. **Gewährleistungsrechte**: § 536 (Minderung), § 536a (Schadens-/ Aufwendungsersatz). **Beachte**: **a)** Diese Regelungen des Mietrechts finden **keine** Anwendung, wenn die Nicht- bzw. Schlechterfüllung des Vermieters nicht auf einem Sach- oder Rechtsmangel beruht. Dann bleiben die allgemeinen Regeln des Leistungsstörungsrechts anwendbar; **b)** Erfüllungsanspruch (§ 535 I) wird nicht durch § 536 beseitigt; **c)** **Anfechtungsrecht**: **Vor** Übergabe der Mietsache aus §§ 119, 123 **möglich. Nach** Übergabe ist eine Anfechtung **ausgeschlossen** (str.). Es muss auf die §§ 536, 536a, 543 zurückgegriffen werden.

Leasingvertrag

3 Personen sind an dem Vertrag beteiligt: **1)** Hersteller/Lieferant; **2)** Leasinggeber (LG); **3)** Leasingnehmer (LN). **Unterscheide** die **beiden** Vertragsverhältnisse: LG erwirbt selbst die Sache von dem Hersteller/ Lieferant im Rahmen eines KV (eventuell auch Werkvertrag). Das **eigentliche** Leasinggeschäft wird zwischen dem **LG** u. dem **LN** abgeschlossen: **Zeitweilige** Gebrauchsüberlassung der Leasingsache durch den LG an den LN gegen ein **periodisch** zu zahlendes **Entgelt**. 3 Arten des Leasing sind zu unterscheiden: **1)** Finanzierungs-Leasing; **2)** Operating-Leasing; **3)** Hersteller-Leasing (siehe jeweils Def.). **Beachte** möglich auftretende **Störungen**: **a)** Nicht-/ Schlechtleistung: siehe wie bei Mietrecht; **b) Zufällige** Vernichtung/Verschlechterung des Leasingguts beim LN: Hier trägt der **LN** die Gegenleistungsgefahr. Unterschied zum Mietrecht: Hier trägt der Vermieter die Gegenleistungsgefahr; **c) Sachmängel**: § 536 I. In der Praxis ist jedoch die Haftung des LG durch AGB wirksam ausgeschlossen, wenn Mängelansprüche des LG gegen den Lieferanten an den LN abgetreten werden. § 309 Nr. 8b aa) ist nicht einschlägig (str.), da Leasing nicht zur Lieferung u. damit zur Eigentumsverschaffung, sondern nur zur Gebrauchsüberlassung verpflichtet; **d)** Beim Finanzierungs-L.: LG trägt **Insolvenzrisiko** des Lieferanten

Finanzierungs-Leasing

Rechtsnatur: Atypischer Mietvertrag, Regeln des Mietvertragsrechts sind entsprechend anzuwenden. **Beachte** Abweichung gegenüber den §§ 535 ff.: Beim Mietvertrag u. Mietkauf trägt der Vermieter die Risiken von Sachmängeln, Instandhaltung, Beschädigung u. Untergang, in gängigen AGB der Leasingfirmen trägt jedoch diese Risiken der **LN**. Siehe Unterschied zu Operating-L. bei Def. Operating-L.

Operating-Leasing

Hiervon spricht man, wenn eine relativ **kurze** oder eine unbefristete, aber mit jederzeitigem **Kündigungsrecht** versehene Leasingvereinbarung getroffen wird => **Unterschied** zum Finanzierungs-L.: Beim Finanzierungs-L. hat der Vertrag eine längere Laufzeit, außerdem ist er wäh-

rend einer Grundlaufzeit unkünd-
bar. Finanzierungs-L. hat Finan-
zierungsfunktion, Operating-L.
dient Absatzförderung. Beim
Operating-L. trägt **LG** das Investi-
tionsrisiko, außerdem die Sach-/
u. Preisgefahr, sowie die Instand-
haltungspflicht. **Rechtsnatur**:
Mietvertrag, §§ 535 ff. anwendbar

Hersteller-Leasing

Hier schließt der **LN** mit dem
Hersteller selbst oder mit einer
vom Hersteller abhängigen Lea-
singgesellschaft den Leasingver-
trag => Bei dieser Form steht
meist das Interesse des Herstel-
lers im Vordergrund, durch der-
artige Angebote seinen Absatz
an Leasinggütern zu steigern.
Rechtsnatur: Mietvertragsrecht
entsprechend anwendbar

§ 536
Sachmangel

Abweichung der Ist-Beschaffen-
heit von der vertraglich vereinbar-
ten Soll-Beschaffenheit => Bspe.:
Schimmelbefall, undichtes Dach,
öffentlich-rechtliche Nutzungsbe-
schränkungen, fehlende Brand-
schutzmaßnahmen. **Fehlt** eine
Vereinbarung, dann ist auf den
nach der Verkehrsauffassung üb-
lichen Gebrauch abzustellen u.
anschließend die Anforderung an
die Beschaffenheit zu bestim-
men. **Beachte**: § 346b S. 1

Zugesicherte Eigenschaft

§ 536 II. Über bloße Vereinba-
rung hinausgehende erkennbare
Einstandspflicht => **Beachte**:
Verschuldens**un**abhängige Ga-
rantiehaftung!

Mietminderung

Berechnungsformel: Geminderter Mietzins = Wert der mangelhaften Sache mal alter Mietzins durch Wert der mangelfreien Sache

§ 536a
Schadensersatz

Zu ersetzen sind **Mangel-** u. sämtliche **Mangelfolgeschäden** (str.). **Beachte:** Die §§ 536, 536a schließen sich **nicht** gegenseitig aus!

§ 542
Ordentliche Kündigung

Beachte: a) Kündigungs**fristen** müssen eingehalten werden. Wohnraummiete: **§ 573c I 1** (3 Monate). Andere Mietverhältnisse: **§ 580a; b)** Bei Vermieterkündigung müssen die Vorauss. in **§ 573** gegeben sein; **c)** Kündigung ist grundsätzlich **ohne** Angaben von Gründen gültig (Ausnahme: Wohnraummiete, §§ 573 III, 573a III. Kündigungsgrund: berechtigtes Interesse des Vermieters, § 573 I 1. Berechtigtes Interesse: § 573 II); **d) Form:** Kein Formerfordernis (Ausnahme: Schriftform (i. S. d. § 126) ist bei der Wohnraummiete (§ 568 I) erforderlich); **e) Widerspruch** des Mieters gegen die Kündigung: **§ 574 ff.**

§ 581
Pachtvertrag

Gegenseitiger Schuldvertrag, in dem sich der Verpächter verpflichtet, dem Pächter den Gebrauch des verpachteten Gegenstandes u. den Genuss der Früchte für die Dauer der Pachtzeit zu gewähren, während der Pächter sich verpflichtet, dem Verpächter den vereinbarten Pachtzins zu leisten (**§ 581 I**) => Mietrecht anwendbar (**§ 581 II**), aber beachte Sonderregeln: §§ 582 ff.

§ 598
Leihe

Vertrag, bei dem sich der Verleiher verpflichtet, dem Entleiher den Gebrauch einer Sache **unentgeltlich** zu gestatten => **Beachte**: **a)** Die Leihe ist **kein** gegenseitiger Vertrag; **b)** Den Verleiher trifft keine Instandhaltungspflicht; **c)** Entleiher darf den vertragsgemäßen Gebrauch nicht überschreiten (§ 603); Rückgabepflicht des Entleihers nach § 604; **d) Beendigung** des Leihvertrages: **1)** Durch Zeitablauf (§ 604 I), bei fehlender Vereinbarung der Leihzeit: § 604 II, III; **2)** Kündigungsrecht des Verleihers: § 605

§ 611
Dienstvertrag

Gegenseitiger, **entgeltlicher** Vertrag, in dem sich die eine Partei (Dienstverpflichteter) zur Leistung der versprochenen Dienste u. die andere Partei (Dienstberechtigter) zur Gewährung der vereinbarten Vergütung verpflichtet (**§ 611 I**) => Abgrenzung zum Werkvertrag u. Auftrag. **1) Werkvertrag** (§ 631): Dieser richtet sich auf die Herbeiführung eines *Erfolges*, Dienstvertrag auf eine Tätigkeit; **2) Auftrag** (§ 662): Beim Dienstvertrag erfolgt die Leistung entgeltlich, beim Auftrag **unentgeltlich.** Unterscheidung zwischen **freien** u. **abhängigen** Dienstverträgen. **Freier** D.: Verpflichteter verrichtet seine Tätigkeit in **eigener** Verantwortung u. **selbstständig. Abhängiger** D.: Dienstverpflichteter steht in persönlicher oder wirtschaftlicher **Abhängigkeit** zum Dienstberechtigten. Bsp.: Hierunter fällt der Arbeitsvertrag. **Leistungs-**

störungen im Dienstvertrag: Es gelten die allgemeinen Regeln, da kein Dienstgewährleistungsrecht ausgestaltet ist. Ausnahme: § 626. **Beendigung** des Dienstvertrages: §§ 620 bis 627

Dienstverpflichteter

Derjenige, der gegenüber dem Dienstberechtigten eine **Arbeitsleistung** zu erbringen hat => Grundsätzlich ist nach § 613 S. 1 die Dienstleistungspflicht **höchstpersönlicher** Art, d. h. der Dienstverpflichtete hat sie **selbst** zu erbringen. **Außerhalb** der geschuldeten Dienstleistung kann er sich aber Hilfspersonen bedienen (Haftung nach § 278). Pflicht zur **Vergütung** folgt in Art, Umfang u. sonstigen Modalitäten vorrangig aus der Parteivereinbarung. Fehlen Abreden, dann gilt § 612 („übliche Vergütung"). **Fälligkeit** der Vergütung: § 614. Da es sich bei dem Dienstvertrag um einen gegenseitigen Vertrag handelt, gilt grundsätzlich, dass jede Vertragspartei ihre Leistung nur zu erbringen braucht, wenn auch die andere Partei leistet. Ausnahmen: § 615 u. § 616

Dienstberechtigter

Derjenige, dem der vertraglich vereinbarte **Dienst** vom Dienstverpflichteten geschuldet wird => Dienstberechtigter hat die Pflicht zur Zahlung der vereinbarten Vergütung. Nebenleistungspflichten: § 241 II, konkretisiert durch §§ 617, 618, 619

§§ 621, 622
Ordentliche Kündigung

Siehe Def. Kündigung => Ordentliche Kündigung kommt nur bei Dienstverhältnissen in Betracht, die auf **unbestimmte** Zeit eingegangen sind. Dienstverträge, die auf **bestimmte** Zeit eingegangen wurden, enden regelmäßig durch Zeitablauf. **Beachte:** Ist keine Frist vereinbart, gelten die §§ 621, 622

§§ 626, 627
Außerordentliche Kündigung

Kündigung aus **wichtigem** Grund (§ 626) => Gesetz enthält in § **626 I** eine Definition des wichtigen Grundes: Es müssen Tatsachen vorliegen, auf Grund... (siehe Gesetzestext). **Beachte: a)** Die Interesen der Vertragsparteien sind gegen-einander abzuwägen; **b)** Angemessene **mildere** Mittel müssen **unzumutbar** sein, z. B. Abmahnung, ordentliche Kündigung; **c)** Es muss eine Abmahnung bei **verhaltensbedingten** Gründen (z. B. Beleidigung, Arbeitsverweigerung) vorausgehen. Erst **danach** kann eine außerordentliche Kündigung erfolgen. Dienstverhältnisse, die **besondere** Vertrauensstellungen beinhalten, können nach § 627 **jederzeit** gekündigt werden, auch wenn kein wichtiger Grund vorliegt. **Beachte:** § 627 gilt nicht für Arbeits-, sondern **nur** für **freie** Dienstverhältnisse. **RF:** Auflösung des Dienstverhältnisses mit sofortiger Wirkung. Beachte § 628

Dienste höherer Art

§ 627 I. Setzen ein überdurchschnittliches Maß an wissenschaftlicher Bildung/ Fachkenntnis voraus. Bspe.: Tätigkeit des Anwaltes, des Arztes

§ 631
Werkvertrag

Gegenseitiger, **entgeltlicher** Vertrag, nach dem der Unternehmer zur Herstellung eines versprochenen Werkes u. der Besteller zur Entrichtung der vereinbarten Vergütung verpflichtet wird (§ 631 I) => **Gegenstand** des Vertrages: § 631 II; **Kurz: a)** Errichtung von Immobilien; **b)** Reparaturen; **c)** Erzeugung nicht körperlicher Werke (Bspe.: Überwachungsleistungen, Theateraufführung). **Beachte** eventuelle **Nichtigkeit** nach §§ 134, 138, z. B. bei Beschäftigung von Schwarzarbeitern. **Abgrenzung** zum Dienst- u. Kaufvertrag (Ermittlung der Parteivereinbarung, §§ 133, 157): **1) Dienstvertrag** (§§ 611 ff.). Beim **Werkvertrag** ist die Herstellung eines bestimmten Werkes, also ein **bestimmter Erfolg** geschuldet, dagegen wird beim Dienstvertrag nur der jeweilige **Arbeitseinsatz** ohne Rücksicht auf den daraus resultierenden Erfolg geschuldet. **Kurz:** Werkvertrag richtet sich auf die Herbeiführung eines Erfolges, Dienstvertrag auf eine Tätigkeit! Bspe. für Werkvertrag: Bauvertrag, Anwaltsvertrag (wenn Anwalt beauftragt wird, z. B. einen Gesellschaftsvertrag zu entwerfen); Dienstvertrag: Anwaltsvertrag (Prozessmandat); **2) Kaufvertrag** (§ 651). Es gilt das Kaufrecht, wenn die Lieferung herzustellender oder zu erzeugender **beweglicher** Sachen Vertragsgegenstand ist (§ 651 S. 1). **Vertragspflichten: 1) Unternehmer: a)** §§ 631, 633 I, Vertragsgemäße Herstellung des Werkes; **b)** Übergabe des Werkes (vgl. § 641 I 1); **c)** Nebenleistungspflichten ergeben sich aus § 241 II; **2) Besteller: a)** §§ 631, 632, Bezahlung der Vergütung; **b)** § 640 I, Abnahme (siehe Def.);

c) Nebenleistungspflichten ergeben sich aus § 241 II u. aus § 642 (Mitwirkungspflicht, soweit erforderlich. **Aber**: Unternehmer hat keinen Anspruch auf die Mitwirkung. Bei Unterlassen gerät Besteller in Annahmeverzug, §§ 293 ff. Wenn Mitwirkungspflicht vertraglich vereinbart wurde, dann kommt Besteller bei Unterlassen in Schuldnerverzug). **Rechte** des Bestellers bei Sachmängeln (§ 633): **§ 634** (Vergleich zu Gewährleistungsvorschriften des Kaufrechts)

Unternehmer

Schuldet dem Besteller den vertraglich **vereinbarten** Erfolg => Unternehmer muss das Werk nicht selbst herstellen, sondern kann sich auch Erfüllungsgehilfen (§ 278) oder Subunternehmern bedienen. Für **Subunternehmer** braucht er jedoch die **Zustimmung** des Bestellers! Bedient er sich Subunternehmern, bleibt er dennoch **alleiniger** Vertragspartner des Bestellers. Mit den Subuntenehmern schließt er Werkverträge im **eigenen** Namen ab! Haftung gem. § 278

Besteller

Schuldet dem Unternehmer den vertraglich vereinbarten Erfolg (**Vergütung**)

§ 633
Mangel-/Fehlerbegriff (subj./obj.)

Siehe im Kaufrecht bei § 434; **Subj. Fehlerbegriff**: § 633 II 1. Liegt keine Parteivereinbarung vor, dann § 633 II 2 Nr. 1. **Obj. Fehlerbegriff**: § 633 II 2 Nr. 2. **Aliud** (= Falschleistung, falsches Werk)/ Mankoleistung: § 633 II 3

Rechtsmangel

§ 633 III => Siehe § 435

§ 634
Rechte des Bestellers bei Mängeln

§ 634 Nr. 1 bis Nr. 4 => Vergleiche Rechte im Kaufrecht (§ 437)! **Beachte:** Verjährung der Mängelansprüche, **§ 634a.** **Konkurrenzen:** Anfechtung gemäß **§ 119 I** ist **neben** den Rechten aus § 634 möglich. Für **§ 119 II** gilt Folgendes: **Unternehmer** kann nach § 119 II anfechten, wenn nicht die Rechte des Bestellers aus der Gewährleistung vernichtet werden. **Besteller** kann **nicht** nach § 119 II anfechten (str.), da er sich im Zeitpunkt des Vertragsschlusses gar nicht über Eigenschaften des Werkes irren kann. Dieses muss ja erst erfolgen! Bei Irrtum über eine verkehrswesentliche Eigenschaft in der **Person** des Unternehmers besteht jedoch ein Anfechtungsrecht des Bestellers nach § 119 II (Voraus.: Die Eigenschaft kommt nicht erst im fertig gestellten mangelhaften Werk zum Vorschein, z. B. mangelnde Fachkenntnis). Beachte auch **§ 640 II** (Ausschluss der Rechte aus § 634). **§ 123** findet **neben** den Rechten aus § 634 Anwendung!

Nacherfüllung

§§ 634 Nr. 1, 635 => Ist die Nacherfüllung unmöglich, erlischt der Anspruch nach § 275 I. **Verweigerung** der Nacherfüllung nach § 275 II, III, § 635 III oder nach § 634a (Verjährung). Unterschied von § 275 II zu § 635 III: Bei **§ 635 III** beziehen sich die unverhältnismäßigen Kosten auf die Beseitigung des Mangels, **§ 275 II**: unverhältnismäßiger Aufwand des Unternehmers

Selbstvornahme

§§ 634 Nr. 2, 637 => **Beachte:** Anspruch des Bestellers ist um die „**Sowieso-Kosten**" zu mindern (siehe Def.)

Sowieso-Kosten

Darunter versteht man Leistungen, die **nicht** Bestandteil des Vertrages sind, die aber zur ordnungsgemäßen Ausführung nötig sind => D. h. diese Kosten wären dem Besteller **sowieso** entstanden

Schadensersatz

§ 634 Nr. 4 => **Wahl** zwischen kleinem u. großem Schadensersatz. **Kleiner** Schadensersatz (§ 281 I 1): Besteller behält das mangelhafte Werk u. verlangt die Differenz zwischen Soll- u. Ist-Wert ersetzt. **Großer** Schadensersatz (§ 281 I 1, 2 u. 3): Besteller gibt das Werk zurück u. verlangt den Soll-Wert ersetzt

§ 640
Abnahme

Hier wird die **körperliche Entgegennahme** des Werkes verlangt sowie zusätzlich eine **Billigung** durch den Abnehmenden (h. M.) => **Billigung** (= Anerkennung, dass das Werk im Wesentlichen vertragsgerecht hergestellt wurde) kann **ausdrücklich** oder **konkludent** erfolgen, z. B. durch Bezahlung des Lohnes oder durch Nutzung. Wenn wegen der Beschaffenheit des Werkes eine Abnahme nicht möglich ist, tritt an die Stelle der körperlichen Entgegennahme die **Vollendung** (§ 646). D. h. hier bedarf es also noch einer Billigung! **Wirkungen** der Abnahme: **1) Fälligkeit** der Vergütung (§ 641 I 1); **2) Übergang** der Gefahr auf den Besteller (§§ 275, 644); **3) Rechte** des Bestellers bei Mängeln (§ 634)

treten an die Stelle des Erfül-
lungsanspruches gem. §§ 631,
633 I. **Beachte: a)** Der Unterneh-
mer muss **bis** zur Abnahme die
Mangelfreiheit nachweisen, da-
nach der Besteller!; **b)** Fristset-
zung zur Abnahme (§ 640 I 3)

§§ 644, 645
Gefahrtragung

Sowohl in § 644 als auch in § 645
geht es ausschließlich um die
Gegenleistungs- oder **Vergü-
tungsgefahr.** Damit geht es um
die Frage, ob der Besteller zah-
len muss, obwohl er die Leistung
des Werkes nicht erhält. Die
Leistungsgefahr ist hiervon zu
unterscheiden. Bei ihr geht es um
die Frage, wann der Unterneh-
mer von seiner Pflicht, ein man-
gelfreies Werk zu erbringen, be-
freit ist. Hierüber entscheidet §
275. Geht also das Werk vor der
Abnahme unter, wird der Unter-
nehmer von seiner Pflicht nur frei,
wenn die (Neu-)Herstellung un-
möglich ist. **Beachte:** Ausnahme
beim Annahmeverzug (**§ 300 II**)

§ 647
Unternehmerpfandrecht

Damit werden **alle** Forderungen
des Unternehmers aus dem
Werkvertrag gesichert (auch Se-
kundärforderungen!). **Siche-
rungsobjekte**: bewegliche Sach-
en des Bestellers (bei unbe-
weglichen Sachen: § 648). Erlö-
schen: §§ 1252, 1253; Verwer-
tung: §§ 1257, 1228 ff. => **Strei-
tig** ist, ob der Unternehmer ein
Pfandrecht auch an Sachen er-
werben kann, die **Dritten** gehö-
ren u. er selbst **gutgläubig** ist.
Hier vertretene Meinung: **Gut-
gläubiger Erwerb** des Pfand-
rechts ist **nicht** möglich. Dies
ergibt sich aus dem Wortlaut des

§ 648
Sicherungshypothek

§ 651
Werklieferungsvertrag

§ 1257, der die Regeln über das Vertragspfand nur auf ein bereits kraft Gesetzes *entstandenes* Pfandrecht für entsprechend anwendbar erklärt u. somit also auf § 1207 gerade nicht verweist! Dies gilt auch dann, wenn eine Genehmigung des Eigentümers vorliegen würde. § 185 ist nämlich nicht analog anwendbar, weil für ein gesetzliches Pfandrecht eine Verfügung gerade nicht erforderlich ist!

Beachte: Sicherungshypothek entsteht **nicht** kraft Gesetzes. Unternehmer hat kraft Gesetzes nur einen **Anspruch** auf Einräumung einer solchen Hypothek! Ausnahme: § 648a IV

Vertrag über die Herstellung (einer neuen Sache i. S. d. § 950) oder Erzeugung einer **beweglichen** Sache => Bei diesem Vertrag stellt der Unternehmer das zur Werkherstellung erforderliche Material. Innerhalb des Werklieferungsvertrages unterscheidet das Gesetz danach, ob die herzustellende bewegliche Sache **vertretbar** (§ 91) oder **nicht** vertretbar ist. Wurde eine vertretbare Sache geleistet, so finden ausschließlich die Vorschriften über den **Kauf** Anwendung. Bei nicht vertretbaren Sachen findet das Kaufrecht zwar auch Anwendung, jedoch gelten hier die besonderen Regelungen der §§ 642, 643, 645, 649, 650. Gefahrübergang wird durch §§ 446, 447 bestimmt!

§ 662
Auftrag

Schuldvertrag, in dem sich der Beauftragte verpflichtet, ein Geschäft des Auftraggebers **unentgeltlich** für diesen zu besorgen => **Beachte:** Aufgrund fehlender Gegenleistung handelt es sich bei Aufträgen **nicht** um gegenseitige, sondern um unvollkommen zweiseitige Verträge. **Abgrenzung** zum Gefälligkeitsverhältnis (siehe Def.) u. zum Geschäftsbesorgungsvertrag (§ 675, siehe Def.). **Form:** Keine Formerfordernis. **Pflichten** des Beauftragten: **a)** Ausführung des übertragenen Geschäfts (Inhalt ergibt sich aus der getroffenen Parteivereinbarung); **b)** Im Zweifel hat er die Geschäftsbesorgung **persönlich** vorzunehmen (§ 664 I 1), darf sich aber auch eines Gehilfen bedienen (§ 664 I 3); **c)** Auskunfts- u. Rechenschaftspflicht (§ 666); **d)** Herausgabe des Erlangten (§ 667); **e)** Anzeige bei Abweichung von Weisungen (§ 665). **Beendigung** des Auftrages: §§ 671, 672, 673

Besorgung eines Geschäfts für einen anderen

Jedes Tätigwerden des Beauftragten für den Auftraggeber (tatsächliches/rechtsgeschäftliches Handeln). Bsp.: X verpflichtet sich, das Kaninchen des verreisten Y zu füttern. Auftrag scheidet aus, wenn die Besorgung des Geschäftes **ausschließlich** im Interesse des Beauftragten selbst liegt!

Unentgeltlichkeit

Fehlen eines Entgeltes/ Lohnes => **Beachte:** Aufwendungen u. eine finanzielle Anerkennung werden dadurch nicht ausgeschlossen, z. B. als Belohnung oder aus Dankbarkeit (**Wichtig:**

Beurteilung des Einzelfalles, ob Anerkennung oder Entgelt vorliegt)

§ 675
Geschäftsbesorgung

Eine **selbstständige** Tätigkeit wirtschaftlichen Charakters im Interesse eines **anderen** innerhalb einer **fremden** wirtschaftlichen Interessensphäre (h. M.) => Wirtschaftlichen Charakters ist eine Tätigkeit, wenn sie der Art nach dem Bereich des Wirtschaftslebens im weiteren Sinne angehört. Vor allem ist erforderlich, dass es sich um eine **ursprünglich** dem Geschäftsherrn obliegende Aufgabe gehandelt hat. Es liegt **keine** Geschäftsbesorgung vor, wenn der Aufgabenkreis des Geschäftsherrn erst mit Hilfe des Vertragspartners geschaffen werden soll. Bsp.: Vertrag zwischen Bauherrn u. Architekten ist kein Geschäftsbesorgungsvertrag, weil der Bauherr die Planungsleitung nicht selbst hätte vornehmen können. Damit handelt es sich nicht um ein eigenes Geschäft, dessen Ausführung er einem anderen übertrug. Geschäftsbesorgung ist gegen **Vergütung** zu erbringen (Abgrenzung zum Auftrag!). **Rückabwicklung** eines nichtigen Geschäftsbesorgungsverhältnis nach Bereicherungsrecht,§§ 812, 818 (str.)

§ 677
Geschäftsführung ohne Auftrag (GoA)

Es entsteht ein **gesetzliches Schuldverhältnis**, wenn jemand (der Geschäftsführer: **GF**) ein Geschäft für einen anderen (den Geschäftsherrn: **GH**) besorgt, **ohne** von ihm beauftragt oder sonst dazu berechtigt zu sein =>

Beachte: **1)** **Anwendbarkeit**: GoA ist gegenüber allen anderen Rechtsbeziehungen, die zu einer Geschäftsführung berechtigen oder verpflichten (z. B. Auftrag, Werk-, Dienstvertrag u. s. w.) **subsidiär**; **2)** Man unterscheidet zwischen **echter** u. **unechter** GoA; **3)** **Abgrenzung** von reinen Gefälligkeiten. Kriterium hierfür ist der Geschäftsübernahmewille

Echte GoA

Handeln **mit** Fremdgeschäftsführungswillen (= **FGW**, siehe Def.) => Gesetz will nun auf der einen Seite verhindern, dass sich jemand ungebeten in fremde Angelegenheiten einmischt (= **unberechtigte** GoA), auf der anderen Seite soll aber derjenige, dessen Handeln dem GH erwünscht ist u. dessen Handeln ihm zugute kommt (= **berechtigte** GoA), nicht die Nachteile aus der Geschäftsführung tragen. **Folge**: Aufgrund der unterschiedlichen RFen ist die Unterscheidung zwischen **berechtigter** u. **unberechtigter** GoA sehr wichtig!

Berechtigte GoA

§ 677. Liegt vor, wenn jemand ein Geschäft für einen anderen besorgt, **ohne** von ihm beauftragt oder ihm gegenüber sonst dazu berechtigt zu sein u. die Übernahme der Geschäftsführung dem **Willen** bzw. Interesse des GH entspricht => **Voraus.** der GoA: **1)** **Besorgung eines fremden Geschäfts**; **2)** **FGW**; **3)** **Ohne** Auftrag oder sonstige **Berechtigung**; **4)** **Berechtigung** zur Geschäftsführung. Unterscheide hier **3** Fallgruppen: **a)** **§ 683 S. 1** (Maßgeblicher Zeitpunkt: Geschäftsführung muss im Zeitpunkt der Übernahme durch den GF obj. dem Interesse (siehe Def.) u. subj. dem Willen des GH entsprechen. **Beachte:** Der **tatsächliche** Wille geht grundsätzlich **vor**, wenn obj. Interesse u. tatsächl. Wille auseinanderfallen. **Ausnahmen:** §§ **683** S. **2, 679** u. wenn Geschäftsführung der **Verhinderung** eines Verstoßes gegen §§ **134, 138** dient. Verstoß gegen §§ 134, 138: Hier sind vor allem die **Selbstmörderfälle** zu nennen. Nach h. M. soll dann der Wille des GH nach § 679 analog unbeachtlich sein (str., 1. A. A.: direkte Anwendung des § 679; 2. A. A.: Entsprechend §§ 104 Nr. 2, 105 wird der geäußerte Wille für unwirksam erklärt); **b)** §§ **683** S. **2, 679; c)** Zunächst unberechtigte Geschäftsführung wird von GH nachträglich **genehmigt**, § 684 S. 2 i. V. m. §§ 182, 184. **Pflichten** des GF: **a)** Ordnungsgemäße Geschäftsführung (§ 677); **b)** Nebenpflichten: § 681. **Ansprüche** des GF gegen den GH: **Ersatz** seiner **Aufwendungen** nach §§ 683 S. 1, 670; Arbeitskraft u. Schäden stellen keine Aufwendungen dar. Ausnahme: Schäden werden ersetzt, wenn sich das **typische** Risiko der übernommenen Tätigkeit verwirklicht hat. Das Gleiche gilt für die Arbeitskraft, wenn die Tätigkeit zum Beruf/Gewerbe des GF gehört. **Ansprüche** des GH gegen den GF: **Beachte:** § **682** (Minderjährigkeit). GF muss das aus der Geschäftsführung **Erlangte** herausgeben: § 681 S. 2 i. V. m. § 667; **Schadensersatz:** § 280 I, (Ausführungs-)Verschulden: § 276, beachte hier § **680**! **Konkurrenzen: 1)** §§ 987 ff. **nicht** anwendbar, da Besitzrecht während der berechtigten GoA; **2)** §§ 812 ff. **nicht** anwendbar, da GoA Rechtsgrund ist; **3)** §§ 823 ff. **nicht** anwendbar, da kein rechtswidriges Handeln des berechtigten GF! Gilt aber nur, soweit es um eine durch die Geschäftsübernahme verursachte Rechtsgutsverletzung geht

Unberechtigte GoA

Sie unterscheidet sich von der berechtigten GoA **nur** dadurch, dass ein **Berechtigungsgrund fehlt** (siehe Punkt 4 bei den Voraus. der berechtigten GoA) => Es kommt für die unberechtigte GoA deshalb darauf an, dass die Geschäftsführung **weder** dem mutmaßlichen **noch** dem wirklichen Willen oder dem objektiven Interesse des GH entsprach. **Beachte: 1) Vorab** ist immer zu prüfen, ob der GH die Geschäftsführung genehmigt hat. Liegt eine Genehmigung vor, dann gelten die Regeln über die berechtigte GoA. § 684 S. 2 steht dem nicht entgegen, nach h. M. ist dieser zu eng formuliert. **1) Ansprüche** des **GF** gegen den GH: Aufwendungsersatzanspruch nach §§ 683 S. 1, 670 **scheidet** hier logischerweise **aus**. Einschlägig: § **684 S. 1**: Vorteile der Geschäftsführung muss GH nach den §§ **812 ff.** herausgeben, beachte: § 818 III. Nach h. M. ist § 684 S. 1 Rechts**folgen**verweisung, d. h. es wird nur auf die §§ 818 ff. verwiesen, so dass der Tatbestand des § 812 nicht zu prüfen ist! **2) Ansprüche** des **GH** gegen GF: **a)** Schadensersatz nach § **678**, der an ein sog. Übernahmeverschulden anknüpft, d. h. hier kommt es darauf an, ob der GF erkannt oder fahrlässig nicht erkannt hat, dass die Geschäftsübernahme dem maßgebenden Willen des GH widerspricht; **b)** Ansprüche aus **§§ 823 ff.**; **c)** Ansprüche aus **§§ 812 ff.**; **d)** Anspruch aus **§§ 681 S. 2, 667** (str., Nichtberechtigter GF soll nicht besser stehen als ein berechtigter GF; A. A.: Nur allgemeine Vorschriften. Wenn GH die Vorteile der berechtigten GoA will, muss er die Geschäftsführung genehmigen, § 684 S. 2)

Geschäftsbesorgung

Umfasst Tätigkeiten **aller** Art (Rechtsgeschäfte, tatsächliche Diensthandlungen, sonstige Handlungen) => Bloßes Geben, Unterlassen oder Dulden genügen aber nicht!

Fremdgeschäftsführungswille (FGW)

Wille, ein Geschäft **für** einen **anderen** zu führen => Dazu ist er'stens das **Bewusstsein** erforderlich, ein fremdes Geschäft zu führen sowie zweitens der **Wille**, das Geschäft für einen anderen zu führen. **Fehlt** das **Bewusstsein**, dann liegt eine irrtümliche Eigengeschäftsführung vor (**§ 687 I**), **fehlt** der **Wille**, dann handelt es sich um Geschäftsanmaßung (**§ 687 II**). **Beachte**: GF muss den GH nicht kennen. Ausreichend ist, dass er für einen anderen handeln will! Gem. § 686 ist ein Irrtum über die Person des GH unschädlich. **Prüfung** des FGW: Liegt ein obj. fremdes Geschäft, ein subj. fremdes Geschäft oder ein auch-fremdes Geschäft vor? **1)** Beim **obj.** fremden Geschäft (siehe Def.) wird ein **FGW vermutet**. Grund für diese Vermutung: Da der FGW rein subjektiver Natur ist, lässt er sich im Pro-

zess nur schwer nachweisen; **2)**
Subj. fremdes Geschäft (siehe
Def.); **3)** Auch-fremdes Geschäft
(siehe Def.)

Fremdes Geschäft

GF muss ein **fremdes** Geschäft
besorgen, d. h. das Geschäft
muss (**zumindest auch**) dem
Rechts- u. Interessenkreis eines
anderen angehören => Zu unter-
scheiden sind hier: **1)** Objektiv
fremdes Geschäft; **2)** Subjektiv
fremdes Geschäft; **3)** Auch-frem-
des Geschäft (siehe jeweils Def.).
Sonderproblem: Sind **mehrere**
Personen verpflichtet, eine Leis-
tung zu erbringen u. leistet nur
einer von ihnen, dann stellt sich
die Frage, ob in diesem Fall im
Innenverhältnis für den Schuldner
die GoA als Regressform gegen-
über den übrigen Schuldnern in
Betracht kommt: **a)** Handelt es
sich um **Gesamtschuldner**
(§ 421), dann geht bei Zahlung
durch einen von ihnen neben
dem selbstständigen Anspruch
aus § 426 I nach § 426 II die For-
derung des Gläubigers auf den
zahlenden Gesamtschuldner üb-
er, d. h. die übrigen Gesamt-
schuldner bleiben weiterhin zur
Zahlung verpflichtet. Der Tatbe-
stand der GoA ist nicht erfüllt, der
Zahlende hat kein fremdes Ge-
schäft geführt. **Folge: Kein** Rück-
griff auf die GoA möglich!; **b)**
Auch wenn einer von mehreren
Verpflichteten leistet, die aller-
dings **nicht** Gesamtschuldner
sind, nimmt dieser Leistende kein
Geschäft der anderen Schuldner
vor

Objektiv fremdes Geschäft

Bereits dem **äußeren Anschein**
nach fällt das Geschäft in eine
fremde Geschäfts- u. Interessen-

sphäre. Bspe.: Retten einer anderen Person; Retten fremder Sachen vor Gefahren/Zerstörung

Subjektiv fremdes Geschäft

Der **FGW** muss bei Geschäften, die ihrem Inhalt nach keinen fremden Rechtskreis betreffen, **äußerlich** erkennbar in Erscheinung treten, damit es sich um ein fremdes Geschäft handelt => Hier geht es vor allem um neutrale Geschäfte, die nur schwer einzuordnen u. deshalb nicht eindeutig sind. Bsp.: X sammelt keine Münzen u. kauft dennoch, ohne dazu beauftragt zu sein, eine Gold-Münze mit Papstaufdruck für seinen Freund Y, weil er weiß, dass Y diese für seine Sammlung benötigt. Der Erwerb der Münze steht obj. in keiner Beziehung zu einem fremden Rechts- oder Interessenkreis. Erst durch den Willen des X, die Münze für Y zu erwerben, um dessen Sammlung zu vervollständigen, wird das Geschäft zu einem fremden. Hier ist dieser Wille auch nach außen erkennbar, weil X selbst keine Münzen sammelt

Auch-fremdes Geschäft

Besorgt der GF **neben** der fremden Angelegenheit auch eine **eigene** mit, dann wird sein **FGW** genauso wie bei einem ausschließlich fremden Geschäft **vermutet** (überwiegende Rspr.) => Bsp.: Pkw-Fahrer fährt auf einen Baum, um einem Radfahrer auszuweichen, der plötzlich die Spur wechselt. Ergibt sich **aber** das Doppelinteresse aus einer **gesetzlichen** oder **vertraglichen** Verpflichtung des GF, ist das Vorliegen des FGW zweifelhaft. **Beachte** folgende Fälle:

a) **Tätigwerden aufgrund allgemeiner öffentlich-rechtlicher Pflichten**: FGW wird **gegeben** sein, wenn für den GF eine allgemeine öffentlich-rechtliche Pflicht besteht, für einen anderen tätig zu werden. Bsp.: Hilfeleistungspflicht; b) **Tätigwerden aufgrund spezieller öffentlich-rechtlicher Vorschriften**: Kommt der GF einer speziellen öffentlich-rechtlichen Pflicht nach, wird der FGW eher **nicht** gegeben sein (str., andere Auffassung BGH). Bsp.: Ein Autofahrer fährt auf einen Baum, um einem Radfahrer auszuweichen, der plötzlich die Spur wechselt; Kann Autofahrer beim Radfahrer Regress nehmen? BGH bejaht in dieser Art von Fällen den FGW. So wird er beim obj. auch-fremden Geschäft vermutet. Nach dem BGH schließt die Verpflichtung des Handelnden gegenüber Dritten den FGW nicht aus u. damit ist GoA möglich (Kritik: GF ist doch gesetzlich verpflichtet, die Aufgaben wahrzunehmen u. handelt demnach im Eigeninteresse; Außerdem ist es für die GoA typisch, dass sich der GF dem (mutmaßlichen) Willen des GH unterordnet. Das trifft aber bei der Wahrung eigener Interessen nicht zu! GoA wird abgelehnt); c) **Tätigwerden aufgrund eines Vertrages mit einem Dritten**: Nach dem BGH soll eine GoA auch dann **möglich** sein, wenn sich ein Vertrag auf eine Besorgung richtet, die an sich ein Geschäft des Auftraggebers ist. Voraus.: Geschäftsführer will nicht nur seine Verpflichtung erfüllen, sondern **zumindest auch** fremden Interessen dienen, d. h.

auch im Hinblick auf den GH handeln (**A. A.**: GoA möglich, aber sie scheidet aus, wenn die Tätigkeit nach dem Vertrag zu vergüten ist). **Bsp.**: Aufgrund seines Werkvertrages gegenüber der Polizei schleppt der Abschleppunternehmer X das Auto des Y ab, weil es im Halteverbot steht. Kann X seine Abschleppkosten von Y ersetzt verlangen? Vertragliche Ansprüche gegen Y kommen nicht in Betracht. Aber: Anspruch aus berechtigter GoA? Hat X mit FGW gehandelt? Hier führt X auf der einen Seite ein obj. fremdes Geschäft, indem er ein fremdes Auto von der Straße entfernt. Die Beseitigung des ordnungswidrigen Zustandes gehört zum Pflichtenkreis des Y (da Halter des Autos). Auf der anderen Seite wird X aufgrund seines Vertrages mit der Polizei tätig, er führt also gleichzeitig ein eigenes Geschäft (Er wird im eigenen Interesse tätig!). Folge: Es liegt ein auch-fremdes Geschäft vor. Bei diesem Geschäft wird der FGW von der Rspr. vermutet. Hier sind keine entgegenstehenden Anhaltspunkte ersichtlich, dass X ausschließlich im eigenen Interesse gehandelt hat. X hat auch ohne Auftrag oder sonstige Berechtigung gegenüber Y gehandelt. Da die Geschäftsübernahme auch im Interesse des Y lag (durch Abschleppen wurde ordnungswidriger Zustand beendet) u. der entgegenstehende Wille des Y nach §§ 683 S. 2, 679 unbeachtlich ist, liegt eine berechtigte GoA vor. Nach der Rspr. hätte X also einen Anspruch auf Ersatz der Abschleppkosten; **d) Tätigwerden aufgrund nichti-**

gen **Vertrages**: Ist ein Vertrag zwischen GF u. GH nichtig, so soll nach der Rspr. (BGH) i. d. R. eine GoA dennoch **möglich** sein (str., **A. A.**:FGW wird verneint u. damit GoA abgelehnt. Für die Rückabwicklung nichtiger Verträge sind allein die §§ 812 ff. einschlägig. Es ist nicht Aufgabe der GoA, fehlgeschlagene Verträge zu korrigieren. Außerdem könnten durch die Annahme einer GoA die Einschränkungen der §§ 814, 817 S. 2, 818 III umgangen werden!)

§ 683
Objektives Interesse

Obj. Interesse an der Geschäftsübernahme liegt vor, wenn sie für den **GH obj. nützlich** ist

Wirklicher Wille

Der vom GH **tatsächlich** geäusserte Wille => Wille kann ausdrücklich oder konkludent erklärt werden u. muss auch nicht gegenüber dem GF erfolgen

Mutmaßlicher Wille

Liegt vor, wenn der GH bei obj. Beurteilung der Umstände **im Zeitpunkt** der Übernahme der Geschäftsführung **zugestimmt** hätte => Mutmaßlicher Wille darf **erst** geprüft werden, wenn ein erklärter wirklicher Wille nicht erkennbar ist oder festgestellt werden kann

§ 687
Eigengeschäftsführung (unechte GoA)

§ 687. Liegt vor, wenn jemand **ein fremdes** Geschäft als **eigenes** führt => Unterscheide 2 Formen der Eigengeschäftsführung: **1)** Irrtümliche Eigengeschäftsführung (**§ 687 I**); **2)** Angemaßte Eigengeschäftsführung (kurz: Geschäftsanmaßung, **§ 687 II**)

Irrtümliche Eigengeschäftsführung

§ 687 I. Hier glaubt der Handelnde **irrtümlich**, er besorge ein eigenes Geschäft => Sowohl für die Ansprüche des GH wie des GF gelten die §§ 823 ff., 812 ff., 987 ff.

Geschäftsanmaßung

§ 687 II. Hier behandelt der GF ein fremdes Geschäft **wissentlich** als eigenes u. maßt sich damit die Geschäftsführung an. => **1) Ansprüche** des **GH** gegen den GF: **a)** §§ 687 II 1; 681 S. 2, 667; **b)** Schadensersatz nach **§ 678; c)** allgemeine Vorschriften; **2) Ansprüche** des **GF** gegen den GH: Ggf. §§ 687 II 2, 684 S. 1, 812 ff. (sofern GH die Rechte aus § 687 II geltend gemacht hat)

§ 765
Bürgschaftsvertrag

Schuldvertrag, in dem sich der **Bürge** gegenüber dem Gläubiger eines Dritten verpflichtet, für die Erfüllung einer **Verbindlichkeit** des Dritten **einzustehen** (§ 765 I) => **Einseitig** verpflichtender Vertrag, da lediglich der Bürge Pflichten hat. **Abgrenzung** zum Schuldbeitritt (siehe Def.) u. zum Garantievertrag (siehe Def.), kurze Wiederholung: **Bürgschaft**: Haftung für **fremde** Schuld; **Schuldbeitritt**: Haftung **neben** anderer Schuld; **Garantievertrag**: Haftung für **bestimmten Erfolg**. Folgende Rechtsverhältnisse bestehen: **1) Bürgschaftsvertrag** zwischen Bürge (Sicherungsgeber) u. Gläubiger (Sicherungsnehmer); **2) Hauptschuld** zwischen Gläubiger u. Schuldner der gesicherten Forderung (Hauptschuldner); **3)** Im Verhältnis Hauptschuldner u. Bürge sind keine konkreten Rechtsbeziehungen erforderlich (üblich: Auftrag, Geschäftsbesorgung, GoA). Bei der **Bürgschaft** handelt es sich um eine **streng akzessorische** Personalsicherheit, d. h. sie ist **abhängig** vom Entstehen, (Fort-)Bestehen u. von der Durchsetzbarkeit der gesicherten Forderung (§ **767 I 1**). Entfällt diese Hauptschuld, dann erlischt auch die Bürgschaft u. der Bürge wird frei. **Beachte**: Bürgschaft kann auch eine künftige oder bedingte Verbindlichkeit sichern (§ 765 II), jedoch Vorauss.: künftige Forderung muss **bestimmbar** sein oder Globalbürgschaft (siehe Def.). **Zustandekommen**: **1) Wirksamer** Bürgschaftsvertrag: **a) Einigung** zwischen Gläubiger u. Bürgen, für die Schuld eines anderen einzustehen (§§ 145 ff.). **Beachte**: Bürgschaftsverpflichtung kann begrenzt werden durch Vereinbarung eines Höchstbetrags (Höchstbürgschaft); **b) Form**: § **766 S. 1**, Ausnahme: § 350 HGB. Die schriftliche Erklärung muss den **Willen** des Bürgen, für eine fremde Schuld einzustehen, den Gläubiger, den Hauptschuldner u. die verbürgte Forderung enthalten!; **c)** Rechtshindernde Einwendungen: alle allgemeinen Einwendungen (§§ 104 ff., 116, 117, 118, 125, 138. Bei **Überforderung** des Bürgen folgt Nichtigkeit gem. § 138); **d)** rechtsvernichtende Einwendungen: z. B. §§ 119 ff., 142, 362 ff.; **e)** rechtshemmende Einrede: Verjährung, § 195; **f)** Beachte 2 spezielle Einwendungen: § 771, § 776; **2)** Bestehen der **Hauptverbindlichkeit** (§ 767 I 1): Nach allgemeinen Regeln sind Bestehen, Umfang, Einwendungen u. Einreden zu prüfen. **Regressan-**

sprüche des Bürgen: **1)** Übergang der gesicherten Forderung, § 774 I (cessio legis); **2)** Anspruch aus § 670 bzw. §§ 675, 670 oder §§ 683 S. 1, 670 (kommt darauf an, welche Vereinbarung zwischen Hauptschuldner u. Bürgen vorliegt); **Regressansprüche**: Bürgschaft **u.** Pfandrecht/Hypothek. Auch diese akzessorische Sicherungsrechte gehen auf den Bürgen nach §§ 412, 401 über. Bei nicht akzessorischen Sicherungsrechten: §§ 412, 401 analog! **Beachte**: Ist eine Forderung durch eine Bürgschaft **u.** gleichzeitig z. B. auch noch durch eine Hypothek gesichert, würde dio Forderung auf den Bürgen übergehen, wenn er zuerst vom Gläubiger in Anspruch genommen werden würde, d. h. der Bürge würde in vollem Umfang die Hypothek erwerben u. den Hypothekenschuldner in vollem Umfang in Regress nehmen können (Voraus. natürlich, dass Bürge u. Hypothekenschuldner verschiedene Personen sind). Das Gleiche gilt, wenn der Hypothekenschuldner zuerst in Anspruch genommen werden würde, dann würde er in vollem Umfang die Bürgschaft erwerben (§ 1143 I 1 i. V. m. §§ 412, 401). **Konsequenz**: Wettlauf von Bürgen u. Besteller der dinglichen Sicherheit um die Gläubigerbefriedigung. **Lösungen**: **1)** Haftung gem. §§ 769, 774 II (§ 426 analog) wie **Mitbürgen** (h. M.); **2) Privilegierung** des Bürgen (M. M.). Argument: § 776, entsprechende Vorschrift fehlt in §§ 1113 ff., 1205 ff. Sollte der Besteller der Hypothek zuerst leisten, erwirbt er nicht den Bürgschaftsanspruch! Formen der Bürgschaft: siehe nachstehende Definitionen

Globalbürgschaft

Bürge verpflichtet sich für **alle** bestehenden u. künftigen Forderungen des Hauptschuldners => Formularmäßige unbegrenzte Ausdehung der Bürgschaft ist **unwirksam** (Haftungsrisiko ist für den Bürgen nicht mehr kalkulierbar!). **Allerdings** bedeutet es nicht, dass überhaupt keine Bürgschaftsverpflichtung besteht. Die Formularklausel ist in dem Sinne teilbar, dass die Bürgenverpflichtung für die Forderungen bestehen bleibt, die den Anlass zur Haftungsübernahme gebildet haben, d. h. es findet eine **Begrenzung** der Haftung auf diejenige Hauptschuld statt, die Anlass der Bürgschaft war (Hauptschuld zum Zeitpunkt der Bürgschaftsübernahme)

Bürgschaft „auf erstes Anfordern"

Durch diese Klausel verpflichtet sich der Bürge, dass er auf Verlangen des Gläubigers **sofort** zu zahlen hat, **ohne** sich gegen das Zahlungsbegehren mit Einwendungen oder Einreden aus dem Verhältnis des Schuldners zum Gläubiger erfolgreich wehren zu können => **Beachte**: Der Bürge kann Einwendungen über § 812 I 1 1. Fall in einem Rückforderungsprozess gegen den Gläubiger geltend machen

Nachbürgschaft

Nachbürge verbürgt sich dem Gläubiger für die Verbindlichkeiten des (Haupt-)**Bürgen**

Rückbürgschaft

Rückbürge verbürgt sich dem (Haupt-)Bürgen für dessen künftigen **Rückgriffsanspruch** gegen

den Hauptschuldner. Zahlt Rück-
bürge an den (Haupt-)Bürgen,
geht damit dessen Anspruch ge-
gen den Hauptschuldner nach §
774 I 1 auf den Rückbürgen über

Ausfallbürgschaft

Hier entsteht der Anspruch des
Gläubigers gegen den Ausfallbür-
gen **nur** unter der aufschieben-
den Bedingung (**§ 158 I**), dass
der Gläubiger trotz Zwangsvoll-
streckung u. Versagens anderer
Sicherheiten keine Befriedigung
vom Hauptschuldner erhält =>
Der Ausfall ist eine Anspruchs-
voraus., so dass die Einrede des
Bürgen aus § 771 nicht erforder-
lich ist

Mitbürgschaft

Mehrere Personen verbürgen
sich für **dieselbe** Schuld des
Schuldners gegenüber dem
Gläubiger (§§ 769, 774 II) =>
Dies kann entweder gemein-
schaftlich in einem Vertrag oder
aber auch unabhängig u. ohne
Wissen voneinander geschehen.
In beiden Fällen haften sie aber
als Gesamtschuldner (**§ 769**)

Selbstschuldnerische Bürgschaft

Bürge, der gem. § 773 I **Nr. 1** auf
die Einrede der Vorausklage (§
771) **verzichtet** hat => **Beachte:**
Formbedürftigkeit des Verzichtes
nach § 766 S. 1

§ 776
Aufgeben

Bedeutet die rechtliche **Beseiti-
gung** oder der tatsächliche **Ver-
lust** der Verwertungsmöglichkeit

§ 812
Leistungskondiktion (LK)

§ 812 I S. 1 1. Fall (= **Condictio
indebiti**: Fehlender Rechtsgrund
von Anfang an; „Leistung auf
Nichtschuld") => Hier geht es da-
rum, die Folgen einer fehlge-

schlagenen Leistung rückgängig zu machen. **Vor.**: **1) Etwas erlangt** (siehe Def.); **2) Durch Leistung** (siehe Def.) eines anderen, **3) Ohne rechtlichen Grund. RFen**:**1)** Herausgabe des Erlangten; **2)** Herausgabe der gezogenen Nutzungen, § 818 I 1. Fall; **3)** Herausgabe der Surrogate, § 818 I 2. Fall; **4)** Wertersatz, § 818 II. **Beachte**: **a)** Zentrale Norm ist § **818 III**; **b)** Es gibt noch 4 weitere Arten der LK: **1)** § 812 I S. 2 1. Fall: condictio ob causam finitam (siehe Def.); **2)** § 812 I S. 2 2. Fall: condictio ob rem (siehe Def.); **3)** § 817 S. 1: condictio ob turpem vel iniustam causam (siehe Def.); **4)** Sonderfall: § 822; Beachte **Spezialfall** der condictio indebiti: § 813 I 1; Dauernde Einreden: z. B. Einrede des Sach- u. Rechtsmangels im Kaufrecht (§ 438 IV 2), Bereicherungs- (§ 821), Arglisteinrede (§ 853); **Ausnahmen**: **1)** Wer auf eine verjährte Forderung leistet, kann seine Leistung nicht zurückfordern (§§ 813 I 2, 214 II); **2)** Mängeleinrede gem. § 438 IV 2, wenn die Verjährungsfrist gem. §§ 438 I Nr. 3, 218 I eingetreten ist. **Beachte**: In folgenden Fällen ist die Leistungskondiktion **ausgeschlossen**: **a)** § **814** (siehe Def. bei § 814); **b)** § **817 S. 2** (h. M.); **c)** § **241a** (Unternehmer/Verbraucher)

Etwas erlangt

Etwas kann **jeder** Vermögensvorteil sein => **1)** Rechte **aller** Art (Erwerb eines dinglichen oder persönlichen Rechts, z. B. Eigentum, Pfandrecht, Forderung, Gutschrift). Jedoch braucht es sich nicht um ein Vollrecht handeln, z. B. stellt auch das Anwartschaftsrecht einen Vermögensvorteil dar. Auch der Besitz gehört hier dazu, wenngleich man ihn nicht als Recht ansieht (str.); **2)** Befreiung von Verbindlichkeiten (Schulden, Lasten), z. B. § 397; **3)** Gebrauchs- u. Nutzungsvorteile, z. B. Dienstleistungen, erschlichene Flugreise

Durch Leistung

Jede bewusste u. zweckgerichtete Mehrung fremden Vermögens => Entscheidendes Kriterium für den Leistungsbegriff ist die **Zweckgerichtetheit**: Nicht nur die **bloße** bewusste Zuwendung eines Vermögensgegenstandes stellt bereits eine Leistung dar, sondern erst die Verfolgung eines bestimmten Zwekkes mit dieser Zuwendung macht diese zur Leistung. Bsp.: Zahlung, um eine Kaufpreisschuld zu tilgen. Den **Leistungszweck** bestimmt der **Leistende** in seiner Leistungszweckbestimmung, i.d. R. die Erfüllung einer Verbindlichkeit gegenüber dem Leistungsempfänger. **Keine** Leistung liegt vor, wenn fremdes Vermögen **unbewusst** vermehrt wird, Bsp.: X füttert die Katze des Y in der Meinung, es sei seine eigene. Leistungsbeziehungen in **Mehr**personenverhältnissen: Hier ist **umstritten**, ob es für die Frage, zwischen welchen Personen eine Leistungsbeziehung besteht, auf die **Sicht des Leistenden** oder des **Leistungsempfängers** ankommt. Bsp.: X schuldet Y die schlüsselfertige Errichtung eines Doppelhauses. X vergibt die Dachdeckerarbeiten im Namen des Y, ohne jedoch Vollmacht zu haben, an Z. Nach Fertigstellung zahlt Y den vereinbarten Preis an X. Anschließend wird über das

Vermögen des X das Insolvenzverfahren eröffnet. Z verlangt von Y seine Vergütung. Anspruch könnte nach §§ 812 I 1 1. Fall, 818 II bestehen. **Voraus.**: Leistung des Z an Y. Z wollte seine vermeintliche Verpflichtung aus dem Werkvertrag gegenüber Y erfüllen. Stellt man also auf den Horizont des Z ab, dann liegt eine Leistungsbeziehung zwischen Z u. Y u. damit eine Leistung i. S. d. § 812 I 1 1. Fall vor. Dagegen ging Y davon aus, Z würde die Dachdeckerarbeiten nur deshalb ausführen, um der vertraglichen Verpflichtung gegenüber X nachzukommen, d. h. aus der Sicht des Y war Z nur Leistungsmittler. Aus seiner Sicht lag deshalb eine Leistung des X vor. Auf wessen Sicht ist abzustellen? **H. M.**: Entscheidend ist der **obj. Empfängerhorizont** (§§ 133, 157). Wen hätte ein verständiger Dritter in der Rolle u. Situation des Leistungsempfängers (hier Y) als Leistenden betrachtet? Hier liegt deshalb keine Leistung des Z an Y vor. Da die Nichtleistungskondiktion **subsidiär** ist, muss sich Z an X halten u. kann über § 179 I vorgehen (**A. A.**: Der Zuwendende bestimmt den Leistungszweck, maßgeblich ist also die Sichtweise des **Leistenden**!)

Ohne rechtlichen Grund

Fehlen eines die Vermögensverschiebung rechtfertigenden Rechtsgrundes => Rechtsgrund fehlt, wenn die **Verbindlichkeit fehlt**, die mit der Leistung erfüllt werden sollte. Bsp.: X übereignet aufgrund eines abgeschlossenen KV das BMX-Rad an Y. Später stellt sich heraus, dass der KV nichtig war. **Rechtsgrund** kann

u. a. sein: Verpflichtung kraft Ge-
setzes (z. B. §§ 823 ff.), Ver-
pflichtung kraft Rechtsgeschäft.
Der Mangel des rechtl. Grundes
kann in verschiedenen **Formen**
vorliegen: **1)** Von **Beginn an** be-
stand kein rechtlicher Grund: §
812 I 1 1. Fall; **2) Späterer** Weg-
fall des Rechtsgrundes: § 812 I 2
1. Fall; **3) Nichteintritt** des ver-
folgten Zwecks: § 812 I 2 2. Fall;
4) Leistungskondiktion wegen
verwerflichen Empfanges: § 817
S. 1; **5)** Herausgabepflicht Dritter:
§ 822

Condictio ob causam finitam

§ 812 I S. 2 1. Fall. Kondiktion
wegen weggefallenen Rechts-
grundes => **Im** Zeitpunkt der
Leistung bestand zwar ein
Rechtsgrund, dieser ist jedoch
später endgültig weggefallen.
Vor.: 1) Etwas erlangt (siehe
Def.); **2)** Durch Leistung (siehe
Def.) eines anderen; **3)** Rechtli-
cher Grund entfällt später. **RFen:**
Siehe LK. **Beachte:** Aus-
schlussgründe der §§ 814, 815
gelten hier nicht! Nur **Aus-
schluss** nach § 817 S. 2 (h. M.)
u. § 241a möglich. Rechtsgrund
kann aufgrund Parteivereinba-
rung wegfallen oder die WE einer
Partei hat den Wegfall des
Rechtsgrundes bewirkt. Bspe.:
Vereinbarung einer auflösenden
Bedingung oder eines Endter-
mins; Vertragsaufhebung; Wider-
ruf einer Schenkung gem. §§
530, 531 II; str.: Anfechtung des
der Leistung zugrunde liegenden
Kausalgeschäfts, **h. M.:** Bei wirk-
samer Anfechtung Anspruch aus
§ 812 I S. 2 1. Fall (Argument:
Anfechtung erfolgt erst nach
Leistung), **a. A.:** Anspruch aus

§ 812 I S. 1 1. Fall (Argument: § 142 I ordnet Rückwirkung an)

Condictio ob rem

§ **812 I S. 2 2. Fall.** Kondiktion wegen **Zweckverfehlung** => Falls Leistungszweck nicht die Erfüllung einer Verbindlichkeit war, sondern ein sonstiger Erfolg. Bsp.: X zahlt 1000 € dem Y, um diesen zu einer Erbeinsetzung (§ 2302) zu veranlassen. Hier erbringt X eine Leistung, um den Y zu einem bestimmten Verhalten zu bewegen, auf das X aber keinen Anspruch hat, Erfolg tritt nicht ein. **Vorauss.**: **1)** Etwas erlangt (siehe Def.); **2)** Durch Leistung (siehe Def.) eines anderen; **3)** Nichteintritt des mit der Leistung bezweckten Erfolgs; **4)** Leistungskondiktion ausgeschlossen: a) § 815; b) § 817 S. 2 (h. M.); c) § 241 a. **RFen:** Siehe LK. **Beachte:** Parteien müssen sich über den Zweck **wenigstens** stillschweigend ver-ständigt haben, damit eine Zweckvereinbarung i. S. d. § 812 I S. 2 2. Fall vorliegt. Unter **stillschweigend** versteht man den Fall, dass der Empfänger die Erwartung des Leistenden kennt. Durch die Annahme gibt er dann zu verstehen, dass er die Zweckbestimmung billigt. War der Zweck **bloß** einseitiges Motiv des Leistenden, dann liegt ein Motivirrtum vor, der i. d. R. unbeachtlich ist. Der bezweckte Erfolg muss zwar den Charakter einer Gegenleistung haben, jedoch ist diese kraft Gesetzes oder kraft Vereinbarung **nicht** erzwingbar! **Beachte: a)** Wenn sich die Parteien darüber einig waren, dass ein Geschäft unwirksam sein soll, wenn der bezweckte Erfolg **aus-**

bleibt, dann liegt eine auflösende Bedingung vor, § 158 II; b) Sofern der Zweck nicht zum Vertragsinhalt gehört, dieser aber der anderen Partei bekannt war, dann sind die Regeln über die Geschäftsgrundlage (§ 313) anzuwenden; c) Zweckvereinbarung zweier Erfolge. Bsp.: X verkauft der Gemeinde Y sein Grundstück für 200000 €, obwohl es einen doppelt so hohen Wert hat, weil die Gemeinde ein Kinderheim errichten will. Aufgrund finanzieller Engpässe verwirft Y die Umsetzung der Heimerrichtung. X will sein Grundstück zurück. BGH: Neben einer bestehenden Vortragspflicht können weitere Erfüllungsgründe vereinbart werden, deren Nichteintritt eine Kondiktion begründen. Die Parteien bestimmen den Zweck u. können daher auch mehrere Zwecke miteinander kombinieren (Privatautonomie). Hier: 2 Erfolge waren bezweckt: Erfüllung der Verbindlichkeit aus dem KV u. Kinderheimerrichtung. Errichtung ist fehlgeschlagen. Anspruch des X: § 812 I S. 2 2. Fall (a. A.: Kein Fall der condictio ob rem, sondern hier Anwendung der Regeln über die Geschäftsgrundlage, § 313)

condictio ob turpem vel iniustam causam

§ 817 S. 1. Kondiktion wegen Gesetzes- oder Sittenverstoß => Bedeutung des § 817 S. 1 ist gering, da dieser nur relevant wird, wenn nicht schon das Grundgeschäft nach §§ 134, 138 nichtig ist. Bsp.: Amtsträger nimmt für eine Amtshandlung ein Geschenk an (§ 331 StGB). Voraus.: 1) Etwas erlangt (siehe Def.); 2) Durch Leistung (siehe Def.) eines anderen; **3)** Zweck der Leistung war, dass der Empfänger durch die Annahme gegen ein gesetzliches Verbot oder die guten Sitten verstößt; **4)** Positive Kenntnis des Empfängers (Rspr., a. A.: Keine positive Kenntnis erforderlich); **5)** Leistungskondiktion ausgeschlossen: **a)** § 817 S. 2; **b)** § 241a. **Beachte** bei § 817 S. 2: **a)** Leistender hat Kenntnis oder handelte grob fahrlässig; **b)** Verstößt **nur** der **Leistende** gegen ein gesetzl. Verbot oder gegen die guten Sitten, dann § 817 S. 2 **analog!**

Nichtleistungskondiktion (NK)

§ 812 I S. 1 2. **Fall** => Hierunter versteht man alle Fälle der ungerechtfertigen Bereicherung, die **nicht** auf einer Leistung beruhen. **Beachte:** Deshalb muss die LK **immer** zuerst geprüft werden, d. h. NK ist gegenüber der LK **subsidiär.** Subsidiaritätsgrundsatz wird **aber** dann durchbrochen, wenn die Wertung anderer Vorschriften dies erfordert, z. B.: § 935, § 951 oder auch § 816 I 2! **Beachte:** § 812 I S. 1 2. Fall wird begrifflich weiter **unterteilt** in die **Eingriffs-. Verwendungs-** u. **Rückgriffskondiktion** (siehe jeweils Def.)

Eingriffskondiktion

§ 812 I S. 1 2. **Fall** => Hier greift der Bereicherte **selbst** durch eigene Handlung in das Recht eines anderen ein u. **vermehrt** auf diese Weise ohne rechtlichen Grund sein Vermögen. **Spezial**fälle der Eingriffskondiktion: **1)** § 816 I (Unberechtigte Verfügungen); **2)** § 816 II (Unberechtigte Leistungsentgegennahme). **Voraus.** der Eingriffskondiktion: **1)** Etwas erlangt (siehe Def.); **2)** In sonstiger Weise (siehe Def.); **3)**

Auf Kosten eines anderen (siehe Def.); **4)** Ohne Rechtsgrund (hat andere Bedeutung als bei der LK). **RFen:** Siehe LK. **Beachte: a)** Ohne rechtlichen Grund ist die Bereicherung erlangt, wenn der Bereicherungsgegenstand nach der Rechtsordnung einem **anderen** zuzuweisen ist

In sonstiger Weise

Bereicherung muss in sonstiger Weise, d. h. **nicht** durch Leistung, sondern durch Eingriff in den **Zuweisungsgehalt** (siehe Def.) eines fremden Rechts entstanden sein => **Eingriffsobjekte** können **alle** Rechtspositionen sein, deren wirtschaftliche Verwertung nach der Rechtsordnung dem Gläubiger zugewiesen ist. Bsp.: X stiehlt dem Y ein BMX-Rad. Damit hat X in den Zuweisungsgehalt des Eigentums des Y eingegriffen. Nach der Rechtsordnung ist nämlich der Besitz einer Sache dem Eigentümer zugewiesen

Zuweisungsgehalt

Vermögensmehrung **ohne** den Willen des Berechtigten

Auf Kosten eines anderen

Auf Kosten eines anderen ist die Bereicherung erfolgt, wenn **ein u. derselbe** Vorgang den Vermögensnachteil des Entreicherten u. den Vermögensvorteil des Bereicherten unmittelbar bewirkt hat

Verwendungskondiktion

Sie ist gegeben, wenn eine Person ohne rechtlichen Grund **Verwendungen** auf einen Gegenstand macht u. dadurch einen Rechtsverlust erleidet (§§ 946, 947 II, 948). Bsp.: Bauer X pflügte ein Feld, das aber seinem Nachbarn Y gehört. X meinte jedoch, das Feld sei sein eigenes.

Besonderer Fall der Verwendungskondiktion: §§ 951, 812 I S. 1 2. Fall. **Vor.**: **1)** Etwas erlangt (siehe Def.); **2)** Verwendung auf ein fremdes Vermögensgut; **3)** Auf Kosten eines anderen; **4)** Ohne Rechtsgrund. **Beachte**: Oft wird eine Mehrung des Vermögens aufgrund einer vertraglichen Verpflichtung erfolgen. Der Rechtsgrund liegt dann in dem Vertrag u. damit ist ein Bereicherungsanspruch **nicht** gegeben!

Rückgriffskondiktion

Hier geht es um Fälle der **Tilgung fremder Schulden** => Ein **Dritter** befreit den Schuldner von dessen Verbindlichkeiten gegenüber dem Gläubiger u. hat somit einen **Bereicherungsanspruch** (Rückgriffskondiktion) gegen den **Schuldner**. **Beachte**: Bereicherungsrecht kommt in diesen Fällen nur **selten** zur Anwendung, da das Gesetz den zahlenden Dritten dadurch sichert, dass es den Anspruch des Gläubigers gegen den Schuldner auf den Dritten übergehen lässt (cessio legis). Sofern sich auch aus Auftrag oder GoA ein Ersatzanspruch ergibt, ist ein Rechtsgrund vorhanden u. somit das Bereicherungsrecht ausgeschlossen!

§ 814
Kenntnis der Nichtschuld

Es schadet nur **positive** Kenntnis der Sach- u. Rechtslage. Nicht ausreichend sind die grobfahrlässige Unkenntnis u. Zweifel => **Beachte**: Wenn der Schuldner unter Vorbehalt zahlt, kommt § 814 **nicht** zur Anwendung

Sittliche Pflicht oder auf Anstand zu nehmende Rücksicht

§ 816
Entgeltliche Verfügung eines Nichtberechtigten

Bsp. für sittliche Pflicht: Gewährung von Unterhalt an Verwandte (z. B. Bruder, Schwester, Nichten u. s. w.), gegenüber denen keine Unterhaltspflicht besteht. Bsp. für Anstandspflicht: X gibt dem Kellner ein übliches Trinkgeld, weil er meint, eine Rechtspflicht zu erfüllen

§ 816 I S. 1 => Vor.: 1) Verfügung (siehe Def.); **2)** Eines Nichtberechtigten (siehe Def.); **3)** Wirksamkeit der Verfügung gegenüber Berechtigtem (siehe Def.); **4)** Verfügung erfolgte **entgeltlich**: Bei unentgeltlichen Verfügungen ist § 818 I S. 2 einschlägig. **RF:** § 816 I S. 1, Herausgabe des durch die Verfügung Erlangten. Wenn das Entgelt **geringer** als der Wert der Sache ist, dann ist nur dieses herauszugeben. Wenn das Entgelt **höher** als der Wert der Sache ist, dann ist auch dieser Mehrerlös herauszugeben (str., a. A.: Nur der obj. Wert der veräußerten Sache ist herauszugeben). **Beachte: a)** Der **Unterschied** (abgesehen von der Un-/Entgeltlichkeit) zwischen § 818 I S. 1 u. S. 2 liegt darin, dass sich bei **S. 1** der Anspruch des Berechtigten gegen den **Nichtberechtigten** u. bei S. 2 gegen den **Dritten** richtet; **b)** Unterschied von § 816 I S. 2 u. § 822: § 816 I 2 setzt eine **un**entgeltliche Verfügung des **Nichtberechtigten** voraus, bei § 822 muss dagegen die **un**entgeltliche Verfügung eines **Berechtigten** vorliegen; **c)** Unterschied von § 816 I S. 1 u. § 816 II: Nichberechtigter muss bei § 816 I S. 1 eine Verfügung **vornehmen**, in § 816 II erfolgt dagegen eine **Leistung** an den Nichtberechtigten. Bspe.: § 407, § 851

Verfügung

Verfügung ist **jedes** Rechtsgeschäft, durch das ein Recht begründet, aufgehoben, übertragen, belastet oder inhaltlich geändert wird => **Verfügungsobjekte:** Dingliche Rechte (z. B. Eigentum) u. Forderungen (z. B. § 414). **Beachte: a)** Verfügungen wirken **absolut**, d. h. gegenüber jedermann; **b)** Verfügung muss **bestimmt** sein, d. h. sie muss sich auf einen konkreten Gegenstand beziehen (Bestimmtheitsgrundsatz); **c)** Wahrung des Publizitätsprinzips: Rechtsgeschäftliche Übertragung dinglicher Rechte muss nach **außen** hin sichtbar sein (siehe jeweils Def. im Sachenrecht)

Nichtberechtigter

Derjenige, der **weder** Inhaber des Rechts **noch** zur Verfügung über das Recht befugt oder ermächtigt (§ 185) war

Wirksamkeit der Verfügung

Verfügung ist dem Berechtigten gegenüber wirksam, wenn eine Person von dem Nichtberechtigten ein Recht kraft **guten Glaubens** erwirbt => Z. B.: §§ 892, 932, 1207. **Beachte:** Auch eine Genehmigung des Rechtsinhabers führt zur Wirksamkeit der Verfügung (§ 185 II 1)

**§ 818
Entreicherung**

§ 818 III => Hier kommt es auf die **wirtschaftliche** Betrachtungsweise an. Entscheidend ist, ob die Bereicherung noch in irgendeiner Form im Vermögen des Empfängers **vorhanden** ist, das ist z. B. nicht der Fall, wenn das Erlangte untergegangen ist oder er es verbraucht bzw. verschenkt u. dadurch Aufwendungen erspart hat. **Beachte: a)** Bei **Luxus**aufwendungen ist ein Bereicherungsanspruch wegen Entreicherung **ausgeschlossen.** Bsp.: X hat mit rechtsgrundlos erlangtem Geld eine Reise nach Italien gemacht. Hätte er die Reise sonst nicht unternommen, ist er entreichert; **b)** Berufung auf § 818 III ist dem Bereicherungsschuldner versagt, wenn er **verschärft** haftet nach §§ 818 IV, 819 I

Zweikondiktionentheorie - Saldotheorie

Bsp.: X veräußert ein Auto (im Wert von 2000 €) zu einem Preis von 3000 € an Y. Kurz darauf wird das Auto infolge eines Unfalls zerstört. Zusätzlich stellt sich heraus, dass der KV nichtig war, wovon aber keine der Parteien etwas wusste. Y will die 3000 € zurück. Beide Parteien haben gegeneinander Bereicherungsansprüche: X gegen Y auf Wertersatz für das Auto u. Y gegen X auf Kaufpreisrückzahlung. Nach der **Zweikondiktionentheorie** ist **jede** Leistung **unabhängig** von der anderen rückabzuwickeln (ggf. Aufrechnung). Hier hat jedoch Y keinen Ersatz für das Auto erlangt, d. h. er kann einem Bereicherungsanspruch des X § 818 III entgegen halten. **Folge:** Y muss keinen Wertersatz an X leisten. Kaufpreisrückzahlung besteht aber nach wie vor. **Konsequenz:** Die Zweikondiktionentheorie führt zu **ungerechten** Ergebnissen, wenn eine Partei **entreichert** ist. Aus diesem Grund wird heute überwiegend die **Saldotheorie** vertreten. Diese geht davon aus, dass auch bei einem nichtigen gegenseitigen Vertrag die von den Parteien erbrachten Leistungen **nicht unabhängig** voneinander stehen, sondern durch den Austauschzweck wirtschaftlich miteinander verknüpft sind (d. h. es besteht nur ein **einziger** Bereicherungsanspruch zwischen den Parteien). Wenn also eine Partei nicht mehr zur Rückgewähr der von ihr empfangenen Leistung imstande ist (weil z. B. Entreicherung vorliegt), dann muss der Wert dieser Leistung bei der Kondiktion der eigenen Leistung als **Abzugsposten** in Rechnung gestellt werden (ohne Aufrechnungserklärung!). Hier ist Y entreichert, so dass nur er gegen X einen Anspruch auf Zahlung i. H. v. 3000 € hat. Nach der Saldotheorie wird aber der Wert der Entreicherung, in diesem Fall 2000 €, zum Abzugsposten. Folglich kann Y von X nur 1000 € verlangen! **Beachte:** **a)** Stehen sich **ungleichartige** Leistungen u. nicht Geldbeträge gegenüber, findet die Saldotheorie **keine** Anwendung. Jede Partei hat dann den Anspruch auf Rückgewähr ihrer Leistung! Bsp.: Nichtiger Tausch eines Pferdes gegen ein Schwein; **b)** Saldotheorie ist **ausgeschlossen**: **a)** wenn sich **Nachteile** für Minderjährige ergeben; **b)** wenn der Bereicherungsgläubiger durch arglistige **Täuschung** oder widerrechtliche **Drohung** zum Vertragsschluss bestimmt worden ist. In beiden Fällen gilt dann für den Ausgleich die Zweikondiktionentheorie!

§ 823

Verschuldenshaftung

Zu einer Haftung führt nur **schuldhaftes** Handeln, d. h. Anspruchsvoraus. ist das Verschulden des Schädigers => **Voraus.** des § 823 I: **1) Verletzungshandlung** (siehe Def.); **2) Rechtsgutverletzung** (siehe Def.); **3) Kausalität** zwischen Verletzungs- u. Rechtsgutverletzung = Haftungsbegründende Kausalität (siehe Def.); **4)** Rechtswidrigkeit (siehe Def.); **5)** Vertretenmüssen/ **Verschulden** (siehe Def.); **6) Schaden** (siehe Def.); **7) Haftungsausfüllende** Kausalität zwischen Rechtsgutverletzung u. Schaden (siehe Def.). **RF:** Schadensersatz. Art u. Umfang der Schadensersatzpflicht richten sich nach den §§ 249 ff. (siehe Schuldrecht AT). **Beachte: a)** Sonderregelungen: §§ 842 bis 851; **b)** Bei Mitverschulden (Prüfung im Rahmen des Schadensersatzumfanges u. nicht bei Verschulden!) wird die Ersatzpflicht nach **§ 254** gemindert! **Beachte:** Es gibt auch noch die **Gefährdungshaftung.** Hier haftet der Verantwortliche für die Verwirklichung einer spezifischen Gefahr, ohne dass Verschulden erforderlich ist. Bsp.: § 7 I StVG

Verletzungshandlung

Jedes menschliche Verhalten, das vom Willen **beherrschbar** ist => Tun oder Unterlassen, wobei Unterlassen nur dann ausreicht, wenn der Unterlassende **Garant** ist u. die Pflicht zum Tätigwerden hat (**Garantenpflicht**). **Beachte:** Rechtspflicht zum Handeln kann sich auch aus sog. Verkehrssicherungspflichten (siehe Def.) ergeben

Verkehrssicherungspflicht (VSP)

Pflicht desjenigen, der eine **Gefahrenquelle** unterhält oder in seinem Verantwortungsbereich andauern lässt, die **notwendigen** u. **zumutbaren** Vorkehrungen zu treffen, um Schäden anderer zu verhindern => Pflichtverletzung kann durch positives Tun oder Unterlassen erfolgen. Die Verletzung einer VSP indiziert die Rechtswidrigkeit. **Beachte: 1)** Einige wichtige Fallgruppen der VSP: **a)** Aus Verkehrseröffnung: Wer einen **Verkehr** für Menschen eröffnet, haftet auch für den verkehrssicheren Zustand; **b)** Benutzung **gefährlicher** Gegenstände; **c)** Ausübung eines Gewerbebetriebs oder **Berufs**, z. B. hat der Arzt die Pflicht, seine Patienten vor Infektionen zu schützen; **d) Produzentenhaftung** (Inverkehrbringen eines Produkts): Produzent hat u.a. für Schäden einzustehen, die eine Person durch Benutzung des Produkts erleidet; **2)** Die **Übertragung** einer VSP auf Dritte führt **nicht** zu einer Haftungsbefreiung, sondern die VSP **wandelt** sich zu einer Aufsichts- u. Überwachungspflicht; **3)** Es besteht keine VSP gegenüber Personen, die sich **unbefugterweise** in den Gefahrenbereich begeben. **Ausnahme:** Kinder u. wenn mit dem Fehlverhalten Dritter gerechnet werden muss

Rechtsgutsverletzung

Verletzung eines in § 823 I genannten Schutz- bzw. Rechtsguts: **1)** Unter Verletzung des **Lebens** versteht man die Tötung eines Menschen; **2)** Unter Verletzung des **Körpers** versteht man einen Eingriff in die körperliche Unversehrtheit; **3) Gesundheits-**

verletzung liegt bei einer Störung der inneren Lebensvorgänge vor; **4)** Unter Verletzung der **Freiheit** versteht man jede Beeinträchtigung der körperlichen Bewegungsfreiheit; **5) Eigentums**verletzung liegt vor, wenn der Eigentümer einer Sache in der Ausübung seines Eigentumsrechts, wie es sich aus § 903 ergibt, beeinträchtigt wird, z. B.: Substanz-, Funktionsverletzungen, Gebrauchsbeeinträchtigungen (Sachentzug); **6)** Unter „**sonstige Rechte**" fallen nur solche Rechte, die wie das Eigentum **absoluten** Charakter haben, z. B. alle dinglichen Rechte u. immaterielle Rechte (Bspe.: Patent-, Urheberrecht); allgemeines Persönlichkeitsrecht; einger. u. ausgeübter Gewerbebetrieb; berechtiger un-/ mittelbarer Besitz (str.). Beachte: Forderungen u. das Vermögen werden **nicht** von § 823 I erfasst!

Haftungsbegründende Kausalität

Als haftungsbegründende Kausalität bezeichnet man die Kausalität zwischen Verletzungs- u. Rechtsgutverletzung => **Prüfung**: **1)** Ermittlung der Kausalität mit Hilfe der **Äquivalenztheorie** (siehe Def. Schuldrecht AT); **2)** Äquivalenztheorie erfasst auch völlig unwahrscheinliche Kausalverläufe u. greift daher zu weit, deshalb **Korrektur** nach der **Adäquanztheorie** (siehe Def. Schuldrecht AT); **3)** Da nur solche Rechtsgutverletzungen dem Verhalten des Schädigers zugerechnet werden können, die unter den Schutzzweck der Norm fallen, bedarf es einer weiteren Einschränkung des Ursachenzusammenhangs. Die Lehre vom **Schutzzweck der**

Norm (siehe Def. Schuldrecht AT) kommt zur Anwendung

Rechtswidrigkeit

Ist durch die Verwirklichung des Tatbestandes grundsätzlich **indiziert** (h. M.). Beachte mögliche Rechtfertigungsgründe (Notwehr, Festnahmerecht u. s. w.)

Vertretenmüssen/Verschulden

Hier müssen die Verschuldensfähigkeit u. das Verschulden geprüft werden: **1) Verschuldensfähigkeit**: Verletzter muss gem. §§ 827, 828 verschuldensfähig sein. **Beachte** § 829, falls Verschuldensfähigkeit fehlt; **2) Verschulden**: § 823 I verlangt als Formen des Verschuldens Vorsatz oder Fahrlässigkeit (§ 276 II). Dieses Verschulden muss sich auf die Verletzungs- u. die Rechtsgutverletzung, sowie auf die haftungsbegründende Kausalität beziehen. Beachte eventuelle **Haftungsbeschränkungen**, die Haftung für Fahrlässigkeit ausschließen können! Bsp.: § 521

Schaden

Jede **unfreiwillige Vermögenseinbuße** => siehe Def. S.109

Haftungsausfüllende Kausalität

Betrifft den **Kausal**zusammenhang zwischen Rechtsgutverletzung u. Schaden => Für die Zurechnungskriterien gilt das Gleiche wie für die haftungsbegründende Kausalität (siehe Def.)

Verletzung eines Schutzgesetzes

§ 823 II => **Voraus.**: **1)** Verletzung eines **Schutzgesetzes** (siehe Def.); **2)** Rechtswidrigkeit (ist häufig schon bei der Verletzung eines Schutzgesetzes zu prüfen (sonst: siehe § 823 I); **3)** Verschulden (ist auch i. d. R. schon beim Verstoß gegen das Schutzgesetz zu prüfen), beachte: § 823 II S. 2; **4)** Schaden (siehe bei § 823 I); **5)** Haftungsausfüllende Kausalität (siehe bei § 823 I, allerdings unterscheidet man hier zwischen dem **persönlichen** u. dem **sachlichen** Schutzbereich. **Persönlicher S.**: Geschädigter muss zum geschützten Personenkreis des Gesetzes gehören; **Sachlicher S.**: Beschreibt vor welchen Gefahren die Schutznorm gerade schützen soll). **RF**: Schadensersatz

Schutzgesetz

Jede materielle Rechtsnorm, die dem **Schutz** der Interessen eines anderen dienen soll, d. h. die nicht nur die Allgemeinheit, sondern zumindest auch einzelne Bürger schützen soll => In Betracht kommen: Gesetze, Verordnungen, Satzungen. Bspe. für Schutzgesetz: §§ 123, 211, 223, 242 StGB. Sowohl die subj. als auch die obj. Tatbestandsvoraus. des Schutzgesetzes müssen vorliegen! Wenn es sich um ein Strafgesetz handelt, muss noch die Rechtswidrigkeit u. Schuld geprüft werden

§ 831
Verrichtungsgehilfe

Wer vom Geschäftsherrn in dessen Interesse eine **Tätigkeit übertragen** bekommen hat u. von seinen **Weisungen** abhängig ist => **Weisungsgebundenheit** ist gegeben, wenn der Geschäftsherr jederzeit das Verhalten des Handelnden untersagen, einschränken oder in sonstiger Wiese bestimmen kann. **Kein** Verrichtungsgehilfe ist, wer die ihm übertragene Tätigkeit selbstständig u. nach eigenem Ermessen ausführt u. damit eigenverantwortlich seinen Arbeitsablauf bestimmt. **Voraus.**: **1)** Verrichtungsgehilfe; **2)** Tatbestandsmäßige, rechtswidrige unerlaubte Handlung (§§ 823 ff.) des Verrichtungsgehilfen; die Rechtsw. fehlt, wenn Gehilfe obj. fehlerfrei handelt; **3)** Schadenszufügung in Ausführung der Verrichtung (siehe Def.); **4)** Keine Exkulpation (Entlastung) des Geschäftsherrn gem. § 831 I 2

In Ausführung der Verrichtung

Es muss ein **innerer** Zusammenhang zwischen der aufgetragenen Verrichtung u. der Schadenszufügung bestehen => Es genügt, wenn die schädigende Handlung in den Kreis der Maßnahmen fällt, die die Ausführung der Verrichtung darstellen. Es scheiden solche Schäden aus, die **nur bei Gelegenheit** der Ausführung zugefügt werden!

§§ 985, 986
Herausgabeanspruch

Eigentümer einer beweglichen/ unbeweglichen Sache (§ 90) kann die **Herausgabe** dieser Sache von dem **Besitzer** verlangen, der ihm gegenüber **kein** Recht zum Besitz hat (= **Vindikationsanslage**) => **Voraus.** (Vindikationslage): **1) Anspruchsteller** ist (Mit-)**Eigentümer** (§ 985); **2) Anspruchsgegner** ist unmittelbarer/mittelbarer **Besitzer**, § 985 (Besitzbegriff siehe Def. bei Sachenrecht: §§ 854 ff.); **3) Besitzer** hat **kein** Recht zum Besitz (§ 986). RF: **Herausgabe** der Sache, d. h. Verschaffung des unmittelbaren Besitzes. **Beachte: a)** Bei **unklarer** Rechtslage der Eigentümerstellung: § 1006 (Eigentums**vermutung** bei beweglichen Sach-

194

en) u. § 891 (bei unbeweglichen Sachen); **b)** Nach h. M. ist § 985 **nicht** abtretbar (**nur:** Abtretung des Herausgabeanspruchs, § 931); **c)** § 986 I unterscheidet zwischen dem **eigenen** Besitzrecht (§ 986 I S. 1 1. HS) u. dem von einem **Dritten** abgeleiteten Besitzrecht (§ 986 I S. 1 2. HS). Gegenüber dem Eigentümer muss das **Besitzrecht** bestehen. Das Besitzrecht kann ein **dingliches** (z. B. Pfandrechte nach § 1205) oder auch ein **obligatorisches** (= Besitzrecht aufgrund vertraglicher oder gesetzlicher schuldrechtlicher Beziehung, z. B. Besitzrecht aufgrund eines Leihvertrages) sein. **Obligatorische** Rechte wirken nur **relativ**, d. h. gegenüber dem Vertragspartner! **Dingliche** Rechte geben als **absolute** Rechte ihrem Inhaber gegenüber **jeder** Person ein Recht zum Besitz. **Streitig** ist, ob das Anwartschaftsrecht (siehe Def. im Sachenrecht) u. das Zurückbehaltungsrecht (nach §§ 273, 1000) ein Recht zum Besitz begründen (hier vertretene A.: jeweils kein eigenes Besitzrecht). **Bsp.** für **abgeleitetes** Besitzrecht nach **§ 986 I S. 1 2. HS**: X hat sein BMX-Rad an Y verliehen. Dieser leiht es wiederum dem Z. Kann X von Z das Rad nach § 985 herausverlangen? Wenn kein abgeleitetes Besitzrecht besteht, weil der mittelbare Besitzer nicht zur Weitergabe befugt war, dann kann nach **§ 986 I S. 2** der Eigentümer nur Herausgabe an den mittelbaren Besitzer verlangen. **Nur** für den Fall, dass sich der mittelbare Besitzer **weigert**, den unmittelbaren Besitz zu übernehmen, kann der Eigentümer Her-

ausgabe an sich **selbst** fordern!
Hier ist ein Anspruch nach § 985
ausgeschlossen, wenn es Y ge-
stattet gewesen wäre, das Rad
an Z weiterzuverleihen u. der
Leihvertrag zwischen X u. Y noch
bestehen würde. Z hätte nach
§ 986 I S. 1 2. HS aufgrund des
Leihvertrages zwischen ihm u. Y
ein *abgeleitetes* Recht zum Be-
sitz gehabt. War Y aber **nicht** zur
Weitergabe befugt, dann liegen
die Voraus. des § 986 I S. 1 2.
HS nicht vor, d. h. Z hätte kein
Besitzrecht. X kann jedoch nicht
Herausgabe des Rads an sich
selbst verlangen, sondern nach
§ 986 I S. 2 nur an Y, sofern die-
ser den Besitz übernehmen will.
Abwandlung: Hätte Y das Rad
dem X **gestohlen** u. anschlie-s-
send an Z verliehen, dann hätte Z
kein Recht zum Besitz des Rads
gegenüber X (Leihvertrag ist ein
obligatorischer schuldrechtlicher
Vertrag u. wirkt nur zwischen Y u.
Z, § 985 wirkt gegenüber jeder-
mann!). X hätte also einen An-
spruch aus § 985! **Bsp.** zu **§ 986
II**: X verkauft sein BMX-Rad an Z,
das er zwei Tage zuvor an Y ver-
liehen hatte. X sagt Z, dass er
das Rad bei Y abholen kann. Y
verweigert die Herausgabe des
Rads. Hier war die Übertragung
des Eigentums erfolgreich (Über-
gabe wurde durch § 931 ersetzt).
Y hat kein Besitzrecht aus dem
Leihvertrag mit X (da relatives
Recht!). Abgeleitetes Besitzrecht
(§ 986 I) des Y besteht ebenfalls
nicht, da X selbst dem Z gegen-
über nicht mehr zum Besitz
berechtigt ist. Allerdings kann
sich Y auf § 986 II berufen.
Dieser erweitert insoweit das obli-
gatorische Besitzrecht des Y ge-

gen X, als es auch gegenüber dem Z wirkt; **d) Beachte** bei der **Herausgabe** von **Geld**: Hier besteht ein Anspruch auf Herausgabe **nur** solange, wie das Geld noch **individualisierbar** beim Besitzer vorhanden ist. Wurde Geld gewechselt oder auf ein Konto eingezahlt (§§ 948 II, 947 II), besteht kein Herausgabeanspruch, sondern: §§ 989, 990 u. §§ 951, 812 ff.

§§ 987 - 1003
Eigentümer-Besitzer-Verhältnis (EBV)

Vindikationsrecht = Anspruch des Eigentümers gegen den Besitzer einer Sache auf deren **Herausgabe** => Ist hier vom Besitzer die Rede, ist immer der nichtberechtigte Besitzer gemeint. Die **§§ 987 bis 1003** können ein **gesetzliches Schuldverhältnis begründen.** Sie betreffen das **Rechtsverhältnis** zwischen dem Eigentümer u. dem Besitzer einer Sache (Voraus.: Eigentum u. Besitz haben wenigstens in der Vergangenheit bestanden!). **Sinn** u. **Zweck** der **§§ 987 ff.**: **Privilegierung** des unverklagten redlichen u. unberechtigten Besitzers (= Besitzer, der sich in den Grenzen seines vermeintlichen Besitzrechts gehalten hat). Folgende **Ansprüche** sind möglich: **1) §§ 985, 986**: Herausgabeanspruch des Eigentümers gegen den Besitzer (= Vindikationsanspruch); **2) §§ 987 - 993**: Nebenansprüche des Eigentümers auf Herausgabe der Nutzungen u. /oder Schadensersatz; **3) §§ 994 - 1003**: Gegenansprüche des Besitzers gegen den Eigentümer auf Verwendungsersatz. **Konkurrenzen**: **Beachte** die zentrale Vorschrift

§ 993 I a. E.; Ausgeschlossen sind deshalb Ansprüche des Eigentümers gegen den Besitzer aus §§ 812 ff. u. §§ 823 ff.; **Keine** Anwendung der §§ 987 ff. **neben** diesen Vorschriften! Auch der Anspruch des Besitzers gegen den Eigentümer (bzgl. Verwendungen, §§ 994 - 1003) aus §§ 812 ff. ist ausgeschlossen! **Ausnahmen** zu: **a) §§ 812 ff.**: Die §§ 812 ff. werden von den §§ 987 ff. als **abschließende** Regelung verdrängt, soweit es um **Nutzungsersatz** geht. Bei **Verwendungsersatz: BGH: §§ 994 ff. schließen** die §§ 951, 812 ff. **aus** (das gilt auch dann, wenn die Verwendung nicht mehr unter den engen Verwendungsbegriff, siehe Def., fällt); **A. A.:** §§ 951, 812 ff. gelten **neben** den §§ 994 ff., nach dieser Auffassung ließe sich der erforderliche Schutz des Eigentümers über die Grundsätze der aufgedrängten Bereicherung gewährleisten (= Nach der aufgedrängten Bereicherung entfällt ein Bereicherungsanspruch, wenn einer Person die Bereicherung aufgedrängt wird); **zu b): §§ 823 ff.:** 1) § 992; 2) **Fremdbesitzerexzess** (siehe Def.); **zu c): §§ 677 ff.:** § 687 II (Geschäftsanmaßung) ist **neben** den §§ 987 ff. anwendbar. Deswegen **beachte immer** den **Prüfungsaufbau** u. damit die **Reihenfolge** der möglichen Anspruchsgrundlagen: 1. Ansprüche aus **Vertrag, 2. Quasikontrakt** (c. i. c./GoA), **3. EBV, 4. Delikt, 5. Kondiktion**

Fremdbesitzerexzess

Die §§ 823 ff. werden **neben** den §§ 987 ff. angewendet (h. M.), d. h. nach der h. M. haftet der **unrechtmäßige redliche Besitzer** dem Eigentümer aus **§ 823 I** insoweit auf Schadensersatz, wie er bei Bestehen seines vermeintlichen Besitzrechts haften würde. **Bsp.**: Eigentümer E vermietet eine 2-Zimmer-Wohnung an M, wobei der Mietvertrag **nichtig** ist. Zerstört M z. B. nun infolge eines Wutanfalls eine Glasscheibe, dann kann E keinen Schadensersatzanspruch gegen M aus Vertrag geltend machen (da nichtig!). Aus EBV? Ein EBV liegt vor, da E nach wie vor Eigentümer der Wohnung ist u. M im Zeitpunkt der Verletzungshandlung Besitzer war u. dieser aufgrund des nichtigen Mietvertrages auch kein Recht zum Besitz hatte. Doch auch ein Anspruch auf Schadensersatz nach §§ 990 I, 989 scheidet aus, weil M redlich ist. Wegen § 993 I a. E. haftet M auch nicht aus § 823 I. Das Ergebnis, M muss die Scheibe nicht ersetzen, ist aber unbillig, denn wenn der Mietvertrag wirksam gewesen wäre, hätte E gegen M sowohl einen vertraglichen als auch einen deliktischen Schadensersatzanspruch gehabt. Die **h. M.** wendet deshalb in diesen Fällen trotz § 993 I a. E. **§ 823 I** an! **Beachte:** Das erläuterte Problem kann im Dreipersonenverhältnis nicht aufkommen, Grund: **§ 991 II**

§ 987 ff.
Vindikationslage

Vorauss. für eine Anwendbarkeit der §§ 987 ff. ist immer das Vorliegen einer **Vindikationslage** (siehe bei § 985) => **Beachte**

folgende Probleme bei Prüfungspunkt 3) Besitzer hat kein Recht zum Besitz (§ 986): **1) Nicht-so-berechtigter Besitzer**; **2) Nicht-mehr-berechtigter Besitzer**; **3) Aufschwingen** des be-rechtigten Fremd- zum **unberechtigten** Eigenbesitzer (siehe jeweils Def.)

Nicht-so-berechtigter Besitzer

Jemand **überschreitet** den Rahmen seines bestehenden Besitzrechts => Exzess eines berechtigten Besitzers! Bsp.: Der Mieter X zerstört die Glasscheiben. Nach h. M. sind §§ 989, 990 nicht anwendbar, nur vertragliche Deliktsansprüche sind möglich (siehe Def. Fremdbesitzerexzess)

Nicht-mehr-berechtigter Besitzer

Hier bestand im eigentlich maßgeblichen Zeitpunkt gerade ein Recht zum Besitz u. damit **keine** Vindikationslage => **Beachte** folgende Differenzierung: **1)** Verwirklichung der Tatbestände der §§ 987 ff. **vor** Ende des Besitzrechts: **Keine** Anwendung der §§ 987 ff.; **2)** Verwirklichung der Tatbestände der §§ 987 ff. **nach** Ende des Besitzrechts: §§ 987 ff. finden **keine** Anwendung, sondern nur die §§ 812 ff., § 823 ff. u. das Abwicklungsrecht (sehr str.; eine a. A.: Sofern das Abwicklungsrecht den SV abschliessend regelt, findet auch nur dieses Anwendung. Die §§ 987 ff. finden **daneben** nur dann Anwendung, wenn sie den Eigentümer **begünstigen**)

Aufschwingen des berechtigten Fremd- zum unberechtigten Eigenbesitzer

Nach h. M. sind die §§ 989, 990 **nicht** anwendbar, **nur** vertragliche Deliktsansprüche sind möglich. Dies wird damit begründet, dass die §§ 987 ff. darauf abstellen, dass der Ersterwerb von

Fremd- oder Eigenbesitz unberechtigt ist (§§ 990 I, 991 II, 992). Bsp.: X verleiht BMX-Rad an Y, dieser veräußert es an Z

§ 988
Rechtsgrundloser Erwerb

Bsp.: X veräußert sein Auto an Y. KV u. Übereignung sind **nichtig**. Muss Y die Nutzungen herausgeben? § 987 scheidet mangels Rechtshängigkeit aus, ebenso § 988 mangels Unentgeltlichkeit u. §§ 990, 987 mangels Bösgläubigkeit u. § 993 I mangels Übermaßfrüchte. Auch der Anspruch nach §§ 812 I 1 1. HS, 818 I i. V. m. ggf. II wird durch § 993 I a. E. ausgeschlossen. Das Kondiktionsrecht wäre dann anwendbar, wenn **nur** der KV nichtig wäre, mit der Folge, dass der rechtsgrundlose Eigentümer die Nutzungen über die genannte Anspruchsgrundlage herausgeben müsste. Wenn nun aber **auch** die **Übereignung nichtig** ist, dürfte der Besitzer die Nutzungen behalten. Eigentümer würde dadurch schlechter stehen als der Besitzer. In diesen Fällen wendet deshalb die **Rspr.** § 988 **analog** an, mit dem Argument, dass ein rechtsgrundloser Besitzer, wie ein unentgeltlicher Besitzer, die Gegenleistung nicht zu erbringen braucht! (**Lit.**: **Keine** analoge Anwendung des § 988; § 993 I a. E. verdrängt nur die Eingriffs-, **nicht** aber die **Leistungskondiktion**, demnach besteht ein Anspruch aus §§ 812 I 1 1. HS, 818 I i. V. m. ggf. II. Diese Streitfrage ist dann entscheidend, wenn der Besitzer von einem Dritten rechtsgrundlos erworben hat)

§ 990
Gutgläubigkeit des Besitzers

Besitzer ist gutgläubig, wenn er nicht bösgläubig ist => **Negativbestimmung!**

Bösgläubigkeit

§ 990 I S. 1 i. V. m. § 932 II => Bösgläubigkeit bei Einschaltung **Dritter**: 1) **Besitzdiener** (§ 855): Dem Geschäftsherrn schadet unstreitig die eigene Bösgläubigkeit, wenn er beim Besitzerwerb einen Besitzdiener einschaltet; 2) Bösgläubigkeit besteht **nur** bei Besitzdiener. **Zurechnung** der Bösgläubigkeit: a) **§ 166 I** findet direkte Anwendung, wenn es um die Gutgläubigkeit beim **Eigentumserwerb** nach §§ 932 ff. geht; b) Zurechnung der Bösgläubigkeit bzgl. des fehlenden Besitzrechts beim **Besitzerwerb**: **1.** Auffassung: Wegen Deliktsähnlichkeit des § 990 wird **§ 831 analog** angewendet (**h. M.**: Zurechnung über **§ 166 I analog**, wenn der Besitzdiener im Zeitpunkt der Besitzbegründung **vertreterähnlich** auftritt. **§ 831 analog**, wenn der Besitzdiener weisungsgebunden auftritt); 3) Bösgläubigkeit beim **Minderjährigen**: H. M. stellt auf die Einsichtsfähigkeit u. Reife des Minderjährigen gem. **§ 828 III analog** ab. Danach geht es um die Frage, ob der Minderjährige die nötige Einsicht hatte, das Fehlen seines Besitzrechts zu erkennen (A. A.: Analoge Anwendung des § 166, Abstellung auf die Kenntnis der Eltern)

Weitergehende Haftung wegen Verzug

Ohne Verschulden haftet der unredliche Besitzer nur dann, wenn er sich in Verzug befindet: §§ 990 II, **287 S. 2** (Haftung auch für Zufall)

§ 994

Enger Verwendungsbegriff

Verwendungen liegen bei einer **willentlichen** Vermögensaufwendung vor, die der Sache **zugute** kommen soll, indem sie sie verbessert, erhält oder wiederherstellt, sie aber **keiner grundlegenden** Veränderung unterzieht (Rspr.) => Unterscheide: **1)** Notwendige V.; **2)** Nützliche V.; **3)** Luxusverwendung

Weiter Verwendungsbegriff

Willentliche Vermögensaufwendungen, die (zumindest auch) der Sache **zugute** kommen sollen (Lit.) => Unterscheide die Arten der Verwendungen: siehe bei enger Verwendungsbegriff

Notwendige Verwendungen

Verwendungen, die **objektiv** zur Erhaltung bzw. zur ordnungsgemäßen Bewirtschaftung der Sache erforderlich sind => Diese hätte also **auch** der Eigentümer vorgenommen, Bsp.: Reparatur. Erstattungsanspruch richtet sich nach **§ 994**. Voraus.: Redlicher/ unverklagter Besitzer. War Besitzer **unredlich** oder **verklagt**, dann kann er Ersatz für notwendige Verwendungen nur verlangen, wenn die Voraus. der GoA gegeben sind (§§ 994 II, 677 ff., hier: §§ 683, 684). Entspricht die Verwendung dem Interesse u. dem wirklichen oder mutmaßlichen Willen des Eigentümers, dann besteht ein Anspruch auf Verwendungsersatz aus §§ 994 II, 683 S. 1, 670, andernfalls: §§ 994 II, 677, 684 S. 1, 818 (Rechts**folgen**verweisung), **beachte § 818 III**

Nützliche Verwendungen

Verwendungen, die zwar nicht notwendig sind, aber den Sachwert **objektiv erhöhen** oder aber auch die Gebrauchsfähigkeit der Sache **steigern** => Bsp.: Einbau eines Navigationssystems. Erstattungsanspruch richtet sich nach § 996. Voraus.: Redlicher/ unverklagter Besitzer. **Unredlicher** oder **verklagter** Besitzer ist auf § 997 beschränkt

Luxusverwendungen

Verwendungen, die für den Eigentümer **nicht** von Nutzen sind oder die den Wert der Sache **objektiv nicht** erhöhen => **Kein** Erstattungsanspruch des redlichen/ unverklagten Besitzers nach §§ 994 ff. **Beachte** aber § **997**. Im Fall des § 997 II: beachte Anspruch gem. § 951 I 1

4. Lektion: Sachenrecht

Abstraktionsprinzip

Siehe Def. BGB AT

Numerus clausus der Sachenrechte

Grundsatz des **Typenzwangs**: Die im Gesetz aufgeführten Sachenrechte sind **abschließend**

Fehleridentität

Liegt vor, wenn Grund- u. Verfügungsgeschäft an **ein** und **demselben** Fehler leiden, der bei **beiden** Geschäften zur **Unwirksamkeit** führt

Prinzipien des Sachenrechts:
Absolutheit

Sachenrechte wirken absolut, d. h. gegenüber **jedermann**

Publizitätsprinzip

Offenkundigkeitsgrundsatz => Behandelt die **Erkennbarkeit** dinglicher Rechte; **2** Mittel: **a)** Bei beweglichen Sachen: Besitz; **b)** Bei unbeweglichen Sachen: Grundbucheintragung. Die Publizität hat dabei **3 Funktionen: 1)** **Übertragungswirkung**: Rechtsgeschäftliche Übertragung dinglicher Rechte ist nach **außen** hin sichtbar; bei **beweglichen** Sachen: Einigung u. Übergabe an den Erwerber; Bei **Immobiliarrechte**: Einigung u. Grundbucheintragung des Erwerbers; **2) Vermutungswirkung**: Ist jemand im Besitz einer beweglichen Sache oder hat jemand ein Recht an einer unbeweglichen Sache zu seinen Gunsten im Grundbuch eingetragen, dann spricht eine **gewisse** Wahrscheinlichkeit dafür, dass ihm die Sache auch **dinglich** zugeordnet ist (§§ 1006, 891 I); **3) Gutglaubenswirkung**: Unter bestimmten Voraus. kann auch dann ein Recht erworben werden, wenn der Verfügende gar **nicht** selbst dieses Recht innehat (Erwerb vom **Nichtberechtigten**, z. B. §§ 932 ff., 892, 893)

Bestimmtheitsgrundsatz

Dingliche Rechte sind nur an **bestimmten einzelnen** Sachen möglich, d. h. sie müssen sich auf sie beziehen, Bsp.: „Hiermit übereigne ich ihnen 5 **dieser** Gläser" => unbestimmt, kein Eigentumserwerb; „Hiermit übereigne ich ihnen **diese** 5 Gläser" => Gläser sind eindeutig bestimmt!

§ 854
Besitz

Von **Sachherrschaftswillen** getragene tatsächliche Sachherrschaft => **Ausnahme**: Besitzdiener, § 855 (siehe Def.)

Unmittelbarer Besitzer

Wer **selbst**, oder im Fall des § 855 durch einen Besitzdiener, die **tatsächliche** Herrschaft über eine Sache ausübt

Besitzerwerb

Nach § 854 geschieht der unmittelbare Besitzerwerb: **a)** durch Erlangung der **tatsächlichen** Gewalt über die Sache (§ 854 I), **b)** durch **Einigung** (§ 854 II) => **Beachte: a)** Entscheidend ist, dass der Besitzer die **physische** Einwirkungsmöglichkeit auf das Bezugsobjekt erlangt; **b)** Nach h. M. ist daneben noch ein Besitzbegründungswille (siehe Def.) erforderlich; **c)** Unterscheidung: **derivativer** u. **originärer** Erwerb des unmittelbaren Besitzes (siehe jeweils Def.); **d)** Nach h. M. ist die **Einigung** ein Rechtsgeschäft, auf das **alle** für die rechtsgeschäftlichen Handlungen einschlägigen Vorschriften anwendbar sind

Besitzbegründungswille

Natürlicher Wille, der nicht auf eine konkrete Sache gerichtet sein muss => Genereller Besitzwille reicht aus!

Derivativer Besitzerwerb

Liegt vor, wenn der Besitz durch **Übergabe** von einer anderen Person **einverständlich** erworben wird

Originärer Besitzerwerb

Einseitige **Besitzergreifung** => Bspe.: durch Fund, Diebstahl

§ 855
Besitzdiener

Voraus.: 1) Wer in einem sozialen **Abhängigkeitsverhältnis** steht, **2)** die tatsächliche Gewalt im Rahmen dieses Abhängigkeitsverhältnisses ausübt, **3)** das Abhängigkeitsverhältnis von **außen** erkennbar ist => Zwischen Besitzdiener u. Besitzherrn muss das Abhängigkeitsverhältnis bestehen, Bsp. für Besitzdiener: Hausangestellte; Besitzdienerschaft ist von dem Besitzmittlungsverhältnis **abzugrenzen**

(siehe bei § 868): Entscheidendes Kriterium: **Weisungsgebundenheit** des Besitzdieners (Beurteilung nach der Verkehrsauffassung)

§ 858
Verbotene Eigenmacht

Entzug oder **Störung** des unmittelbaren Besitzes **ohne** den Willen des bisherigen Besitzers

§§ 861, 862
Possessorische Besitzschutzansprüche

Ansprüche **aus** Besitz => Hier kommt es für einen Besitzschutzanspruch **nicht** darauf an, ob der Anspruchsinhaber/ Anspruchsgegner zum Besitz berechtigt ist. Bei **Besitzentziehung** (siehe Def.): Herausgabe doc unmittelbaren Besitzes (**§ 861 I**); Bei **Besitzstörung**: Beseitigung der Störung im Besitz (**§ 862 I**)

Besitzentziehung

Liegt vor, wenn der Besitz des unmittelbaren Besitzers **beendet** wird

Besitzstörung

Jede **Beeinträchtigung** der tatsächlichen Sachherrschaft, die nicht als Besitzentziehung eingestuft werden kann

Störer

Derjenige, mit dessen **Willen** die Beeinträchtigung **entstand/ besteht** u. von dessen Willen die Beseitigung **abhängt**

§ 866
Mitbesitzer

Wer mit **mindestens einem** anderen **gemeinsam** den Besitz an einer Sache ausübt => Unterscheide: **a) Schlichter** Mitbesitz: Jeder Mitbesitzer kann **allein** den Besitz ausüben, Bsp.: gemeinsamer Fahrstuhl; **b) Qualifizierter** Mitbesitz: **Nur alle** Mitbesitzer gemeinschaftlich können den Besitz ausüben, Bsp.: Tresor, der zum Öffnen zweier Schlüssel bedarf, die sich in den Händen unterschiedlicher Personen befinden

§ 868
Mittelbarer Besitz

Legaldefinition in **§ 868** => Mittelbarer Besitzer übt seinen Besitz durch einen unmittelbaren Besitzer (**Besitzmittler**) aus; **Beachte** Abgrenzung zur Besitzdienerschaft: Während der Besitzdiener den **Weisungen** des Besitzers **unterworfen** ist, muss der Besitzmittler die Sache **lediglich** zu einem bestimmbaren Zeitpunkt **herausgeben**; **Voraus.** des mittelbaren Besitzes (Besitzmittlungsverhältnis): **1)** Bestehen eines **Rechtsverhältnisses** i. S. d. **§ 868; 2) Fremdbesitzerwille** beim Besitzmittler: Liegt vor, wenn jemand mit dem Willen, für den mittelbaren Besitzer die tatsächliche Sachherrschaft auszuüben, den unmittelbaren Besitz innehat (natürlicher u. kein rechtsgeschäftlicher Wille!); **3)** Durchsetzbarer **Herausgabeanspruch** des mittelbaren Besitzers gegen den Besitzmittler: Ergibt sich i. d. R. aus dem Rechtsverhältnis i. S. d. § 868

Erwerb des mittelbaren Besitzes

Unterscheide **originären** von **derivativen** Besitzerwerb; **a) Originärer Erwerb**: 3 Möglichkeiten: **1)** Bisheriger unmittelbarer Besitzer **überträgt** die Sachherrschaft auf einen anderen u. **vereinbart** mit diesem dabei zugleich ein Besitzmittlungsverhältnis, Bsp.: X verleiht Y sein BMX-Rad; **2)** Bisheriger unmittelbarer Besitzer **behält** die tatsächliche Sachherrschaft u. **vereinbart** mit einem anderen, dass er für diesen besitzen wird, Bsp.: Sicherungsübereignung gem. §§ 929 S. 1, 930; **3) Keiner** der Beteiligten hat zunächst irgendeinen Besitz inne. Die Neubegründung des mittelbaren Besitzes erfolgt dann dadurch, dass ein künftiger unmittelbarer Besitzer mit einem anderen **vereinbart**, dass er ab Erlangung der Sachherrschaft für diesen besitzen wird (= **Antizipiertes** Besitzkonstitut); **b) Derivativer** Erwerb: Übertragung des mittelbaren Besitzes an einen Dritten durch **Abtretung** des Herausgabeanspruchs (§ 870); Abtretung erfolgt nach den §§ 398 ff.

§ 873
Erwerb des Grundeigentums

§ 873 I 1. Fall => **A. Voraus.** des Eigentumserwerbs gem. §§ 873 I 1. Fall, 925 I 1 (vom **Berechtigten**, d. h. Verfugungsbefugten): **1) Auflassung**: Dingliche **Einigung** über den Eigentumsübergang (§ 873 I, 925 I). Auflassung = Dinglicher Vertrag zwischen Verkäufer u. Käufer über den Eigentumsübergang. Vertrag kommt nach allgemeinen Regeln zustande (§§ 104 ff., 130, 145 ff., 164 ff.): **aa)** Zwei wirksame WEen; **bb) Keine** Vereinbarung einer **Bedingung** (§ 925 II). **Beachte**: Eine Rechtsbedingung hindert nicht den Eigentumserwerb; **cc) Abgabe** der WEen in der Form des **§ 925 I 1**: Gleichzeitige Anwesenheit beider Vertragsteile vor einem Noter oder durch Erklärung in einem schriftlichen Vergleich; **2) Eintragung** im **Grundbuch. Beachte**: Die Nichtbeachtung von GBO-Vorschriften, z. B. von § 29 GBO, hindert **nicht** den Eigentumsübergang! Wichtig ist nur, dass eine Eintragung des Eigentümerwechsels **erfolgt**, nicht aber wie; **3) Einigsein** im Zeitpunkt der **Eintragung**: Kein Widerruf der WEen bis zu diesem Zeitpunkt. **Beachte**: Widerruf nur möglich, solange keine Bindung an die Einigungserklärung eingetreten ist (§ 873 II); **4) Verfügungsbefugnis**: Berechtigung des Veräußerers. Diese liegt vor, wenn **a)** der Veräußerer Eigentümer der Sache ist; **b)** der an sich Nichtberechtigte vom Berechtigten zur Veräußerung ermächtigt ist (§ 185); **c)** der an sich Nichtberechtigte sonst gesetzlich verfügungsbefugt ist, Bsp.: Insolvenzverwalter (§ 80 II InsO); **d)** der an sich Berechtigte zwar in seiner Verfügungsbefugnis beschränkt ist, aber die Voraus. des § 878 vorliegen; **B. Voraus. des Eigentumserwerbs gem. §§ 873 I, 925 I, 892 I S. 1 1. HS (vom Nichtberechtigten)**: Prüfungspunkt 1) bis 3) s. o.; **4) Vor.** des § 892 I: **a) Rechtsgeschäftlicher** Erwerb, d. h. ein gesetzlicher Erwerb ist ausgeschlossen, z. B. § 1922; **b)** Vorliegen eines **Verkehrsgeschäfts**. Dieses liegt beim Güteraustausch zwischen 2 Personen vor, jedoch nicht bei wirtschaftlicher oder persönlicher Identität des Übereignenden mit dem Erwerber (Veräußerer u. Erwerber müssen also **personenverschieden** sein); **c) Unrichtigkeit** des Grundbuchs: Das ist der Fall, wenn der Inhalt des Grundbuchs im Widerspruch zur materiellen Rechtslage steht, d. h. nicht mit der Wirklichkeit übereinstimmt; Bsp.: Eintragung eines Nichteigentümers als Eigentümer; **d)**

Bestehen der **Legitimation** des Verfügenden: Verfügender muss im Grundbuch als **Berechtigter** eingetragen sein; **e) Gutgläubigkeit** des Erwerbers: Erwerber muss **im Zeitpunkt** der Stellung des Eintragungsantrags (§ 892 II 1. HS) **gutgläubig** hinsichtlich der Richtigkeit des Grundbuchs gewesen sein, wobei nur die **positive** Kenntnis des Erwerbs bzgl. der Unrichtigkeit des Grundbuchs schadet; **f)** Keine Eintragung eines **Widerspruchs** gegen die Richtigkeit des Grundbuchs: § 899; Eingetragener Widerspruch verhindert den gutgläubigen Erwerb. **RF.:** Berechtigter kann **Herausgabe** nach § 985 u./ oder **Berichtigung** des Grundbuchs nach § 894 oder nach § 816 I 1 vom unberechtigt Verfügenden Herausgabe des Kaufpreises verlangen (jedoch Voraus.: Genehmigung des Grundstücksgeschäfts)

§ 883 ff.
Vormerkung

§§ 883 - 888 => Die Vormerkung schützt den Inhaber eines schuldrechtlichen Anspruchs, der auf **dingliche** Rechtsänderung gerichtet ist, vor beeinträchtigenden Verfügungen des Schuldners. **Beachte: Abstraktionsprinzip!** Im Grundstückskauf hat die **Auflassungs**vormerkung eine besonders wichtige Bedeutung, weshalb sich die folgenden Voraus. auf sie beziehen. Die Auflassungsvormerkung sichert den obligatorischen Anspruch auf **Übereignung** des Grundstücks u. schützt den Käufer vor **Verfügungen**, die der Verkäufer während des Zeitraums zwischen Kaufvertragsabschluss u. Grund-

bucheintragung vornehmen kann.
A. Voraus. des **Ersterwerbs** einer Vormerkung vom **Berechtigten** gem. **§§ 885, 883 I: 1)** Sicherungsfähiger **schuldrechtlicher** Anspruch, d. h. Anspruch, der auf dingliche Rechtsänderung gerichtet ist, Bsp.: Anspruch auf Übereignung aus § 433 I. Ohne einen solchen schuldrechtlichen Anspruch kann die Vormerkung nicht entstehen (**strenge Akzessorietät**); **2) Bewilligung** (in der Form des § 29 GBO) oder **einstweilige Verfügung**: § 885 I; **3) Eintragung** der Vormerkung im Grundbuch: §§ 883 I, 885; **4) Berechtigung** des Bewilligenden: Berechtigt sind der verfügungsbefugte Eigentümer, die kraft Gesetzes verfügungsbefugte Person (Bsp.: Insolvenzverwalter, § 80 I InsO) u. diejenige Person, die mit Zustimmung nach § 185 I verfügt; **B. Gutgläubiger** Ersterwerb einer Auflassungsvormerkung vom **Nichtberechtigten** gem. **§§ 885 I, 892 I 1 analog** (BGH, Argument: Vormerkung sichert nur dann wirksam, wenn sie unter den gleichen Voraus. wie das zu sichernde Recht (Eigentum) vom Nichtberechtigten erworben werden kann; str.): Prüfungspunkte **1)** bis **3)** s. o.; **4) Voraus.** des § 892 I: siehe ab 4) Prüfungspunkt bei Def. § 873 des Eigentumserwerbs vom Nichtberechtigten! **Beachte: a)** Beim **Zweiterwerb** einer Vormerkung vom **Berechtigten** gilt: Übergang der Vormerkung ergibt sich aus **§§ 398, 401 analog**, wenn die Forderung vom berechtigten Ersterwerber auf den Zweiterwerber übertragen wird, d. h. zusätzlich müsste noch geprüft werden: **1)** Forderungsab-

tretung gem. § **398**, Bsp.: X hat seinen Anspruch aus § 433 I 1 an Y abgetreten; **2) Berechtigung** des Abtretenden: Abtretender ist berechtigt, wenn er Inhaber der Forderung **u.** Inhaber der Vormerkung ist; **b)** Beim **Zweiterwerb** einer Vormerkung vom **Nichtberechtigten** gilt: Übergang der Vormerkung ergibt sich aus §§ **398, 401 analog, 892 analog** (str.; 1. Auffassung: gutgläubiger abgeleiteter Vormerkungserwerb vom Nichtberechtigten ist möglich; **h. M.**: Vormerkungserwerb ist **nicht** möglich, weil es keinen rechtsgeschäftlichen, condern nur einen gesetzlichen Erwerb der Vormerkung gibt); **c)** In den meisten Fällen sind die oben stehenden Ausführungen im Rahmen des Anspruches auf Abgabe einer Erklärung nach § **888 I** zu prüfen, d. h. **Voraus.** des § **888 I**: **1)** Anspruch muss entstanden sein, dazu müssen die Voraus. der §§ **885 I, 883** I vorliegen (s. o.); **2)** Weiterhin müssen die Voraus. des § **883 II** vorliegen: Anspruchsgegner muss eine entgegenstehende Rechtsposition nach Eintragung erlangt haben: **a)** Erlangung durch Verfügung z. B. nach §§ **873, 925** (siehe bei § 873); **b)** Entgegen der Vormerkung; **c)** Nach Eintragung der Vormerkung

§ 929
Eigentumserwerb

§ **929** S. **1** => **Vor.: 1) Einigung:** Dinglicher Vertrag, bei dem die allgemeinen Regeln der Rechtsgeschäftslehre (BGB AT) Anwendung finden; **Beachte:** Einhaltung des **Bestimmtheitsgrundsatzes**; **2) Übergabe:** Erwerber erlangt den unmittelbaren oder mittelbaren Besitz an der Sache, so dass der Veräußerer keinen Besitz mehr innehat; **Beachte:** Nach dem **Abstraktionsprinzip** ist die Einigung im Rahmen des § 929 streng von der Einigung im Rahmen des zugrunde liegenden Verpflichtungsgeschäfts zu trennen!

Anwartschaftsrecht

Entstehung des Anwartschaftsrechtes beim **Vorbehaltskauf: 1) Übergabe** der Sache von Verkäufer- auf Käuferseite; **2) Einigung** zwischen Verkäufer u. Käufer, dass das Eigentum unter der **aufschiebenden** Bedingung der vollständigen Kaufpreiszahlungen übergehen soll (**§§ 929, 158 I**) => 2 Rechtsgeschäfte sind erforderlich: **1) KV** (schuldrechtliche Seite); **2) Übereignung** mit der Bedingung der vollständigen Zahlung der aus dem Kausalgeschäft resultierenden Forderung: §§ 929 S. 1, 158 I; **Hauptfall** der aufschiebend bedingten Übereignung nach §§ 929, 158 I ist der Kauf unter Eigentumsvorbehalt (§ 449); **Beachte:** Anwartschaftsrecht wird also nach den Regeln des Vollrechts übertragen, bei **beweglichen** Sachen: §§ 929 ff. analog, bei **Grundstücken:** §§ 873 I 1. Fall, 925 analog (Eintragung des Anwartschaftsrecht im Grundbuch ist nicht erforderlich)

§ 930
Sicherungsübereignung

Person (Sicherungsgeber) übereignet einer anderen (Sicherungsnehmer) eine **bewegliche** Sache, um eine **Forderung** zu sichern => Sie ist im Gesetz nicht ausdrücklich geregelt, aber ein Fall des § 930. Bei der Sicherungsübereignung bekommt der Sicherungsnehmer das **vollwerti-**

ge Eigentum, ist aber im Innenverhältnis durch die schuldrechtliche **Sicherungsabrede** beschränkt! **Voraus.** der Sicherungsübereignung nach §§ **929 S. 1, 930: 1) Wirksame** Einigung (§ 929 S. 1) zwischen Eigentümer u. Sicherungsnehmer: Bedingte (§ 158) **oder** unbedingte Übereignung/ Übertragung des Eigentums; **2)** Konkretes Besitzmittlungsverhältnis nach § 868; **3)** Wahrung des Bestimmtheitsgrundsatzes, d. h. Sicherungsgut muss hinreichend bestimmt sein; **4)** Sicherungsübereignete Sachen dürfen nicht wesentliche Bestandteile einer anderen Sache sein (§ 93 a. E.).
Die **Sicherungsabrede** ist ein **schuldrechtlicher** Vertrag (Sicherungsvertrag), der den **Rechtsgrund** für die Sicherungsübereignung darstellt; bei Nichtigkeit hat Sicherungsgeber einen Rückübereignungsanspruch aus § 812 I S. 1 1. Fall

§ 932
Erwerb vom Nichtberechtigten

§ 932 I 1 => **Bevor** die Voraus. eines Anspruchs nach §§ 929 S. 1, 932 zu prüfen sind, sollten folgende Vorüberlegungen angestellt werden: **1)** Hatte der Veräußerer die **Befugnis**, über den Gegenstand zu verfügen? **a)** Kraft **Gesetzes** (Bsp.: § 2205 S. 2); **b)** Liegt ein Fall des § 185 I vor (**Ermächtigung**)? **2)** Wenn man zu dem Ergebnis kommt, dass **keine** Verfügungsbefugnis vorliegt, dann muss **§ 185 II S.1 1. Fall** geprüft werden: Rückwirkende Wirksamkeit der Verfügung! **Voraus.** der §§ 929 S. 1, 932: **1)** Grundtatbestand: § 929 S. 1; **2) Guter** Glaube des Erwerbers: § 932 II; **3) Kein** Abhandenkommen (§ 935): Besitzverlust **ohne** oder **gegen** den **Willen** des bisherigen Besitzers; **Beachte**: Verfügungen von Nichteigentümern (Nichtberechtigten): **§§ 932 bis 935**

**§ 1004
Störer**

Unterscheide: **a) Handlungsstörer**: Person, die durch ihr **eigenes** Tun oder pflichtwidriges Unterlassen die Beeinträchtigung der Sache **unmittelbar** herbeiführt; **b) Zustandsstörer**: Person, die durch ihre Willensbetätigung mittelbar adäquat u. damit nicht unmittelbar durch eine Handlung einen beeinträchtigenden Zustand herbeigeführt hat u. den Zustand beseitigen oder verhindern kann, Bsp.: X ist Verpächter eines Grundstücks, auf dem der Pächter eine störende Disco betreibt

**§ 1007
Petitorische Besitzschutzrechte**

Diese schützen **nicht** den Besitz als solches, sondern das Recht **zum** Besitz => Bspe.: §§ 1007; 1004, 985, 823, 812

**§ 1113
Hypothek**

§ 1113 I (Verkehrshypothek) => Hypothek dient der Sicherung von Forderungen; sie ist **akzessorisch**, d. h. in Entstehung u. Bestand von einer **Forderung** abhängig; **Beachte: a)** Verkehrshypothek kann als **Brief-** (§ 1115) oder als **Buch**hypothek (§ 1116 II) bestellt werden. Briefhypothek hat sich weitgehend durchgesetzt, weshalb sie im Folgenden besondere Berücksichtigung erhält; **b)** Gläubiger einer durch Hypothek gesicherten Forderung kann nach § 1147 direkt das belastete Grundstück im Rahmen der Zwangsvollstreckung verwerten, ohne dass es hierbei auf die persönliche Leistungsfähigkeit des Schuldners ankommt. **A. Voraus.** des **Ersterwerbs** einer Briefhypothek vom **Berechtigten** gem. §§ 873 I, 1113, 1115 ff.: **1) Einigung** gem. §§ 873 I, 1113: Einigung, dass ein Grundstück eine bestimmte Forderung sichern soll, Bsp.: Sicherung eines Anspruches auf Rückzahlung eines Darlehens; **2) Eintragung** der Einigung im **Grundbuch**: §§ 873 I, 1115 I; **3) Briefübergabe** oder Einigung über **Ausschluss** der Brieferteilung: § 1117 bzw. § 1116 II; **4)** Bestehen der zu sichernden **Forderung**: Die der Hypothek zugrunde liegende Forderung muss bestehen, Bsp.: Anspruch auf Darlehensrückzahlung; **5) Berechtigung** des Bestellers: § 873 I. Berechtigt sind der verfügungsbefugte Eigentümer, die kraft Gesetzes verfügungsbefugte Person (Bsp.: Insolvenzverwalter) u. diejenige Person, die mit Zustimmung nach § 185 I verfügt. **RF:** Bei nicht durchsetzbarem Anspruch aus der Forderung kann der Hypothekengläubiger die Duldung der Zwangsvollstreckung gemäß § **1147** verlangen; Beachte hierbei **Voraus.** des § 1147: **1)** Anspruch ist entstanden, wenn der Anspruchsgegner Eigentümer des Grundstücks u. **2)** der Anspruchsteller Inhaber der Briefhypothek ist; **3)** Wenn ursprüngliche Inhaberschaft ausscheidet, dann ist der Briefhypothekenerwerb nach §§ 873, 1113, 1115 ff. zu prüfen (s. o.); Wenn die Prüfung ergibt, dass der Anspruchsteller Inhaber der Briefhypothek ist, dann darf der Anspruch nicht untergegangen u. muss durchsetzbar sein; **B. Voraus.** des **Ersterwerbs** einer Hypothek vom **Nichtberechtigten** gem. §§ 873, 1113, 1115 ff., 892: Prüfungspunkte **1)** bis **4)** s. o.; **5)** Vor. des § 892: Siehe ab 4) Prüfungspunkt bei Def. § 873 des Eigentumserwerbs vom Nichtberechtigten! **Beachte**: Sollte es sich um eine **Buch**hypothek handeln, ist der 3) Prüfungspunkt mit dem 2) zu vertauschen, d. h. Prüfung der Einigung über Ausschluss des Hypothekenbriefs (§ 1116 II) erfolgt vor der Eintragung der Einigungen im Grundbuch! **C. Zweiterwerb** einer Hypothek vom **Berechtigten** gem. §§ 398, 1154, 1153: **1)** Die der Hypothek zugrunde liegende Forderung muss **abgetreten** worden sein: § **398**; **2)** Abtretung in der Form der §§ 1154 I, II, 1117, d. h. die Abtretung muss in **schriftlicher** Form auf dem Hypothekenbrief erfolgen u. der Hypothekenbrief übergeben werden (§ 1117 I); **D. Zweiterwerb** einer Hypothek vom **Nichtberechtigten** gem. §§ 398, 1154, 1153, 892: Siehe Voraus. bei Zweiterwerb vom Berechtigten u. für die Voraus. des § 892, siehe ab 4) Prüfungspunkt bei Def. § 873 Eigentumserwerb vom Nichtberechtigten! **Beachte** bei § 892, Prüfungspunkt „Rechtsgeschäftlicher Erwerb": § 1153 normiert zwar einen gesetzlichen Übergang der Hypothek, aber dem Erwerb nach § 1153 liegt eine rechtsgeschäftliche Übertragung, nämlich die Abtretung gem. § 398, zugrunde u. das ist **ausreichend**!

E. **Zweiterwerb** einer Hypothek vom **Nichtberechtigten** wegen **nicht bestehender** Forderung: Ganz normale Prüfung, siehe wie bei D.; **Beachte** aber bei den Voraus. des § 892 den § **1138** einfach mitzuzitieren, d. h. **Voraus.** der §§ **1138, 892.** Beachte beim Prüfungspunkt der Gutgläubigkeit des Erwerbers, dass dieser **bzgl.** des Bestehens der Forderung gutgläubig sein muss; § **1138 fingiert** nämlich das Bestehen einer Forderung, wenn die **Voraus.** des § **892** bzgl. der Forderung vorliegen u. damit kann die Hypothek gem. § 1153 übergehen (Voraus : Übertragender ist Inhaber der Hypothek! Beachte hierbei: Falls Übertragender nicht Hypothekeninhaber ist, dann gilt auch § 1153, wenn bzgl. der Hypothek die Voraus. des § 892 vorliegen!); **Beachte: a) Einreden** des Eigentümers: § **1137,** § **1157; b)** Der Verkehrshypothek gegenüber steht die **Sicherungshypothek** (§ 1184), diese ist streng akzessorisch; Sie kann nur als Buchhypothek bestehen (§ 1185)

§ 1147
Grundschuld

§§ **1191 - 1198** => Zentrale Vorschrift: § **1192 I:** Hypothekenvorschriften, die Ausdruck der Akzessorietät sind, finden **keine** Anwendung auf die Grundschuld, **Unterschied** zur Hypothek: Die Grundschuld sichert **keine** Forderung u. ist damit **nicht** akzessorisch! **Beachte:** Es besteht aber die Möglichkeit, Forderung u. Grundschuld in einem sog. **Sicherungsvertrag schuldrechtlich** miteinander zu verknüpfen. Die Parteien vereinbaren in diesem Vertrag **schuldrechtlich**, dass die Grundschuld eine Forderung sichern soll (**Sicherungsgrundschuld**). **A. Voraus.** des **Ersterwerbs** einer Grundschuld vom **Berechtigten** gem. §§ 873, 1191, 1192 I, 1115 ff.: **1) Einigung** über die Bestellung der Grundschuld: §§ 873, 1191 I; **2) Eintragung** der Einigung im Grundbuch: §§ 873, 1192 I, 1115 I; **3) Briefübergabe** oder **Ausschluss** der Brieferteilung: §§ 1192 I, 1117 bzw. 1116 II; **4) Berechtigung** des Bestellers: § 873 I. Siehe wie bei Hypothek. **RF**: Bei nicht durchsetzbarem Anspruch aus der Forderung kann der Inhaber der Grundschuld die Duldung der Zwangsvollstreckung nach §§ **1192 I, 1147** verlangen (Prüfung siehe Hypothek bei A. Rechtsfolge). **B. Voraus.** des **Ersterwerbs** einer Grundschuld vom **Nichtberechtigten** gem. §§ 873, 1191, 1192 I, 1115 ff., 892: Siehe Prüfungspunkte **1)** bis **3)** bei A.; **4)** Voraus. des § 892: Siehe ab 4) Prüfungspunkt bei Def. § 873 Eigentumserwerb vom Nichtberechtigten! **C. Voraus.** des **Zweiterwerbs** einer Grundschuld vom **Berechtigten** gem. §§ 1192 I, 1154: **1)** Einigung über den Übergang: § 873 I; **2)** In der Form der §§ 1192 I, 1154: Übertragungserklärung in schriftlicher Form/ Eintragung; **a)** Bei **Brief**grundschuld: §§ 1154 I, II, 1117; **b)** Bei **Buch**grundschuld: §§ 1192 I, 1154 III, 873: Einigung u. Eintragung; **3) Berechtigung** des Übertragenden: Dieser muss Inhaber der Grundschuld sein! **Beachte**: **Kein** Platz für § 398, da keine Abhängigkeit zur Forde-

rung, § 1154 ist **ausreichend!**
D. Voraus. des Zweiterwerbs
einer Grundschuld vom **Nichtbe-
rechtigten** gem. §§ 1192 I, 1154,
892: **1) Einigung** über den Über-
gang: § 873 I; **2)** In der Form der
§§ 1192 I, 1154; **3)** Voraus. des
§ 892: Siehe ab **4)** Prüfungspunkt
bei Def. § 873 Eigentumserwerb
vom Nichtberechtigten! Beachte
den **neuen § 1192 Abs.1a!**

§ 1204
Pfandrecht

Begründet ein **Verwertungs-
recht** an einer **beweglichen**
Sache => Das Pfandrecht ist
streng **akzessorisch**, d. h. ohne
eine Forderung, existiert auch
kein Pfandrecht! Es gibt **ver-
tragliche** Pfandrechte an beweg-
lichen Sachen (§§ 1205 ff.), die
durch eine Verpfändung u. **ge-
setzliche** Pfandrechte (§ 1257),
die allein aufgrund einer gesetz-
lichen Anordnung entstehen,
Bsp.: Vermieterpfandrecht, § 562;
Die sog. **Pfändungspfandrechte**
(§§ 803 ff. ZPO) entstehen mit
der Pfändung, die durch den Ge-
richtsvollzieher im Rahmen einer
Zwangsvollstreckung vorgenom-
men wird

5. Lektion: Familienrecht

Familie

Gesamtheit aller durch Ehe, Ver-
wandtschaft oder Schwäger-
schaft verbundenen Personen =>
Familiengemeinschaft als solche
hat **weder** Rechtspersönlichkeit
noch eigenes Vermögen, diese
bestehen nur zwischen den **ein-
zelnen** Familienmitgliedern

Verwandtschaft

Umfasst die auf Abstammung
beruhende Blutsverwandtschaft
(§ 1589), die Schwägerschaft

infolge Eheschließung (§ **1590**) u. die Annahme als Kind (§§ **1741 ff.**) => § **1589 S. 1**: Verwandtschaft in **gerader** Linie, z. B. Kinder – Eltern – Großeltern; § **1589 S. 2: Seiten**verwandschaft, z. B. Nichte/ Neffe – Onkel/ Tante; § **1589 S. 3**: Verwandtschaftsgrad, z. B. X hat zwei Söhne Y1 u. Y2 u. Y1 hat wiederum einen Sohn Z, dann ist Z mit seinem Vater Y1 im ersten Grad gerader Linie, mit seinem Opa X im zweiten Grad gerader Linie verwandt u. mit seinem Onkel Y2 im dritten Grad seitenverwandt („Seitenlinie"); **Beachte**: Ehegatten sind als solche **nicht** miteinander verwandt und auch **nicht** miteinander verschwägert!

Verlöbnis

§§ **1297 ff.** => Darunter versteht man **sowohl** das gegenseitige Heiratsversprechen von Mann u. Frau, als **auch** das durch dieses Versprechen begründete personenrechtliche Dauerrechtsverhältnis des Brautstandes => Eheversprechen ist **formlos** gültig!

Ehe

Lebensgemeinschaft von Mann u. Frau auf **Dauer** => Zustandekommen durch vertragliche Einigung; Die Ehe ist ein Dauerschuldverhältnis personenrechtlicher Natur

Lebensgemeinschaft

§ **1353 I 2** => Pflicht zur ehelichen Lebensgemeinschaft umfasst alles, was nach sittlicher Auffassung zum Wesen der Ehe gehört (**Generalklausel**), Fallgruppen: **1) Personenrechtliche** Pflichten, Bspe.: Liebe, Treue, Rücksichtnahme, Beistand, Hilfe- u. Gefahrenabwehr; **2) Vermögensrechtliche** Pflichten, Bspe.:

Mitbenutzung von Hausratsgegenständen u. Wohnung, Auskunft über Vermögensverhältnisse; **3) Gleichberechtigte** Entscheidungsbefugnis der Ehegatten (z. B. Haushaltsführung u. Erwerbstätigkeit), **Ausnahme**: Alleinentscheidungsbefugnis gem. § 1356 I 2

Nichteheliche Lebensgemeinschaft

Verbindung zweier Personen zwecks gemeinsamer Lebensführung **ohne** Trauschein => **Grundsatz**: **Keine** analoge Anwendung der Vorschriften des Eherechts, **Ausnahme**: Vorschriften finden Anwendung, wenn sie nicht speziell auf die Ehe zugeschnitten sind; **Beachte**: Insbesondere **keine** analoge Anwendung von §§ 1357, 1365, 1369, 1370

Schlüsselgewalt

§ 1357 I 1 => **Beachte: a) Rechtsnatur**: Gesetzliche Vertretungsmacht sui generis, §§ 164 I 1, 1357 I 2 (str., wenn keine Offenkundigkeit besteht, der Ehegatte also nicht im Namen des anderen Ehegatten auftritt; a. A.: Verpflichtungsermächtigung sui generis: Tritt der Ehegatte nicht im Namen des anderen auf, so wird neben der Eigenverpflichtung der andere Ehegatte aufgrund des dann als gesetzliche Verpflichtungsermächtigung wirkenden § 1357 I 2 berechtigt u. verpflichtet; Contra-Argument: BGB kennt nur die Verfügungsermächtigung, § 185 I); **b) Umfang** der Schlüsselgewalt: Geschäft muss der **angemessenen** Deckung des Lebensbedarfs der Familie dienen, **nicht** umfasst sind Geschäfte, die die Lebensbedingungen der Familie grundlegend verändern, z. B. Hauserwerb; **c)**

Deckung ist **angemessen**, wenn sie nach Art u. Umfang den durchschnittlichen Gebrauchsgewohnheiten einer Familie in vergleichbarer sozialer Lage entspricht; **d) Beachte § 1362 I 1** (Eigentumsvermutung)

Zugewinngemeinschaft

§ 1363 => **3** Prinzipien der Zugewinngemeinschaft: **1) Vermögenstrennung:** §§ 1363 II, 1364 1. HS, 1370; **2) Verfügungsbeschränkungen:** §§ 1364 2. HS, 1365, 1369; **3) Zugewinnausgleich:** §§ 1363 II S. 2, 1371 bis 1390. **Beachte: 1)** Vermögen im Ganzen: **a) Gesamttheorie** (M. M.): Darunter fällt nur das **ganze** Vermögen „en bloc", nicht aber ein einzelner Gegenstand, auch wenn dieser im Wesentlichen das Vermögen darstellt. Contra-Argument: Theorie missachtet den Schutzzweck des § 1365; **b) Einzeltheorie** (h. M.): Auch ein einzelner Vermögensgegenstand, der nahezu das gesamte Vermögen ausmacht, fällt unter diesen Begriff; **2)** Innerhalb der Einzeltheorie ist wiederum die **Kenntnis** des Vertragspartners **umstritten**, ob also § 1365 I bereits dann eingreift, wenn objektiv ein Gegenstand veräußert wurde, der nahezu das ganze Vermögen ausmachte, oder ob dazu noch eine subjektive Komponente kommen muss: **a)** Vertragspartner des verfügenden Ehegatten muss **positiv** wissen, dass es sich um dessen (nahezu) ganzes Vermögen handelt (**Subjektive Theorie**, h. M.); **b)** Nach der M. M. ist **keine** Kenntnis des Vertragspartners erforderlich (Objektive Theorie). Contra-Argument: Unangemessene Beeinträchtigung der Sicherheit des Rechtsverkehrs; **3) Zeitpunkt** der Kenntnis: Nach h. M. ist maßgeblicher Zeitpunkt die Kenntnis des Vertragspartners bei **Abgabe** seiner WE, bei Grundstücken kommt es auf den Zeitpunkt des Antrags auf Grundbucheintragung an; M. M.: Kenntnis bei Vollendung des Rechtserwerbs (Erfüllung)

Vormundschaft

Rechtlich umfassend geregelte Sorge für einen **Minderjährigen**, dessen Eltern nicht kraft Sorgerechts als gesetzliche Vertreter fungieren (§ 1773, 1793)

6. Lektion: Erbrecht

Erbfolge

Gesamtrechtsnachfolge in **alle** Rechte u. Pflichten des Erblassers. Diese wird entweder durch **gesetzliche** Bestimmungen oder durch **letztwillige** Verfügungen bestimmt => Gesamtrechtsnachfolge = Universalsukzession: § 1922 I; **Ausnahme:** Sonderrechtsnachfolge im Todesfall: **a)** Nachfolge in Personengesellschaftsanteile aufgrund von Nachfolgeklauseln; **b)** Bei Mietwohnungen: §§ 563 bis 563b; **Beachte:** Gesetzliche Erbfolge ist gegenüber der gewillkürten **subsidiär!**

Erbschaft

Stellt die **Summe** aller Rechte u. Pflichten des Erblassers dar => **Unvererblich** sind höchstpersönliche Rechtspositionen, Bsp.: Vereinsmitgliedschaft, sofern nichts anderes vereinbart ist

Testierfreiheit

Fähigkeit zur **Errichtung** eines Testaments => **Beachte: § 2229;**

Testierfreiheit wird durch Art. 14 I 1 GG garantiert

Erbe

Jede (lebende) natürliche oder juristische Person => Erbfähigkeit: § 1923. Erbe kann man durch gewillkürte oder durch gesetzliche Erbfolge werden; Gewillkürte Erbfolge wird durch Verfügungen von Todes wegen bestimmt. Man unterscheidet 2 Arten: **1) Einseitige** Verfügung von Todes wegen:Testament (§§ 1937, 2064 ff.); **2) Mehrseitige** Verfügung von Todes wegen: Erbvertrag (§§ 1941, 2274 ff.)

Parentelsystem

Einteilung der **Verwandten** (§ 1589) in **Ordnungen** je nach ihrer Abstammung von bestimmten Vorfahren (§§ 1924 ff., 1930) => Aufteilung innerhalb der **ersten** Ordnung (§ 1924): Wenn ein Abkömmling (siehe Def.) des Erblassers vor dem Erbfall verstorben ist, dann treten an seine Stelle in der gesetzlichen Erbfolge seine Abkömmlinge (Eintrittsprinzip; Erbfolge nach **Stämmen**: § 1924 III)

Abkömmlinge

Die in gerader **absteigender** Linie mit dem Erblasser verwandte Personen => Bspe.: Kinder, Enkel

Repräsentationsprinzip

§ 1924 II => Innerhalb eines Stammes (siehe Def.) **schließt** der nähere Abkömmling die von ihm abstammenden Abkömmlinge aus. **Beachte: Daneben** gilt innerhalb des Stammes das Eintrittsprinzip (§ 1924 III, siehe Parentelsystem)

226

Stamm

Verwandte in **absteigender** Richtung => Bspe.: Kind, Kindeskinder, Enkel

Erbfolge nach Linien

Ab der **zweiten** Ordnung tritt die Erbfolge nach Linien (siehe Def.) ein, die vor der Erbfolge nach Stämmen gilt (§§ 1925 III 1, 1926 III 1)

Linie

Die vom Erblasser aus gesehene Abstammung von **Eltern** u. **Großeltern** => **Unterscheide** die zur väterlichen Linie gehörenden Verwandten von den zur mütterlichen Linie gehörenden Verwandten. Es gelten für die Abkömmlinge des vorverstorbenen Elternteils die Vorschriften über die Erben erster Ordnung (**§ 1925 III 1**). Kinder des vorverstorbenen Elternteils erben also zu gleichen Teilen, u. es gilt innerhalb der mütterlichen oder der väterlichen Linie wieder die Vererbung nach Stämmen! Sind keine Abkömmlinge vorhanden, dann erbt der noch lebende Elternteil allein (**§ 1925 III 2**)

Gradualsystem

Ab der **vierten** Ordnung tritt die Erbfolge nach Linien u. Stämmen nicht mehr ein, sondern die Erbfolge bestimmt sich nach dem **Grad** der Verwandtschaft (§ 1928 III) => Es sind jeweils die dem Grade nach **nächsten** Verwandten (aus derselben Ordnung) zur Erbfolge berufen, bei **gleich** naher Verwandtschaft zu gleichen Teilen (§ 1928 II, III, § 1929 II); Grad der Verwandtschaft bestimmt sich nach der Zahl der vermittelnden **Geburten** (§ 1589 S. 3)

Ehegattenerbrecht

§ 1931 => **Voraus.**: **Bestehende** Ehe zur Zeit des Erbfalls. **Beachte**: Wenn Ehegatten im gesetzlichen Güterstand der Zugewinngemeinschaft gelebt haben: §§ 1371 I, 1931 III

Testament

Einseitige Verfügung von Todes wegen (§ **1937**) => Testament bindet den Erblasser **nicht**, dieser kann seine Verfügungen **jederzeit** widerrufen (§ 2253) oder ändern (Unterschied zum Erbvertrag!). **Inhaltliche** Gestaltungsmöglichkeit: **1) Erbenbestimmung**, § 1937; **2) Vermächtnis**, §§ 1939, 2147 ff.; **3) Auflage**, §§ 1940, 2192 ff.; **4) Teilungsanordnung**, § 2048 S. 1; **5) Testamentsvollstreckung**, §§ 2197 ff.; **Voraus.** einer wirksamen Testamentserrichtung: **1) Persönliche** Errichtung des Testaments, § 2064, d. h. keine Stellvertretung/ Bevollmächtigung; **2) Testierfähigkeit** im Zeitpunkt der Errichtung, d. h. Fähigkeit, ein Testament zu errichten. **Beachte** Einschränkungen in §§ 2229 bis 2233 u. § 2247 IV; **3) Testierwille**, d. h. Wille, eine Verfügung von Todes wegen errichten zu wollen; **4) Form: a)** Ordentliche Testamente (§ 2231); **b)** Außerordentliche Testamente (§ 2249 bis 2252); **Beachte:** Auslegung von Testamenten nur nach § 133, **nicht** § 157! Bei der Auslegung ist **kein** Empfängerhorizont zu berücksichtigen, es muss immer vom **Blickwinkel** des Erblassers ausgegangen werden. Bei mehreren Auslegungsmöglichkeiten: § 2084; Gesetzliche Auslegungsregeln: §§ 2066 bis 2077, diese sind jedoch **subsidiär** zur Auslegung! **Beachte: Anfechtung** des

Testaments: §§ 2078 bis 2084. Es gilt der **Grundsatz**: Auslegung **vor** Anfechtung! Anfechtungsberechtigt ist Dritter, dem die Aufhebung der Verfügung zustatten kommt (**§ 2980 I**) u. nicht der Erblasser, da dieser jederzeit widerrufen kann (§ 2253)

Eigenhändiges Testament

§ 2247 => **Vor.**: **1)** Eigenhändig geschriebener Text; **2)** Handschriftlichkeit; **3)** Eigenhändige Unterschrift, die den Text „unten" abschließt

Gemeinschaftliches Testament

Zwei gemeinschaftlich getroffene letztwillige Verfügungen => Nur von **Ehegatten** möglich! 2 Arten: **a) Einfaches** gemeinschaftliches Testament ist gleichzeitig Testament, § 2267 (Formerleichterung); **b) Wechselbezügliches** Testament, d. h. Testament enthält wechselbezügliche Verfügungen (§ 2270). Darunter versteht man Verfügungen, die der eine Ehegatte nur mit Rücksicht auf die Verfügungen des anderen getroffen hat (**gegenseitige Abhängigkeit**; Quasi-Synallagma); Beachte **§ 2270 III**; **Sonderfall** des gemeinschaftlichen Testaments: **Berliner Testament** (siehe Def.)

Berliner Testament

§ 2269 I => Hier setzen sich die Eheleute **gegenseitig** zu Erben ein u. bestimmen einen Dritten als Erben des Überlebenden. 2 Möglichkeiten, dieses Testament zu gestalten: **1)** Anordnung von Vor- u. Nacherbschaft (**Trennungsprinzip**); **2)** Anordnung von Voll- u. Schlusserbschaft (**Einheitsprinzip**). Zu 1) **Trennungsprinzip**: Jeder Ehegatte setzt den anderen zum **Vorerben** des eigenen Vermögens u. den

Dritten als **Nacherben** ein. Mit dem Tod des erstverstorbenen Ehegatten geht dessen Vermögen auf den überlebenden Ehegatten als Vorerben über. Nach dessen Tod geht dann das Vermögen des Erstverstorbenen auf den Dritten als Nacherben u. das Vermögen des später Verstorbenen auf den Dritten als Vollerben über (**2** Erbgänge). **Beachte: a)** Wenn Überlebender Vorerbe wird, dann bleibt der Nachlass von seinem eigenen Vermögen rechtlich **getrennt**; **b)** Vorerbe kann über ererbtes Vermögen frei verfügen (**§ 2112**), aber gewisse Verfügungen werden mit Eintritt des Nacherbfalls unwirksam: **§§ 2113 - 2115.**

Zu 2) **Einheitsprinzip**: Jeder Ehegatte setzt den anderen als **Vollerben** u. den Dritten als **Schlusserben** des länger Lebenden ein. Überlebender Ehegatte wird folglich alleiniger Vollerbe des zuerst Verstorbenen. Die Vermögen beider Ehegatten **verschmelzen** also in der Person des überlebenden Ehegatten zu einer Einheit. Stirbt dieser, dann erhält der Dritte als dessen Erbe den gesamten Nachlass in **einem** Erbgang. **Beachte: a)** Freie Verfügung des Überlebenden zu Lebzeiten, Geschäfte bleiben auch nach seinem Tod wirksam, aber: Dritter hat nach dem Tod des Letztverstorbenen eventuell Ansprüche gem. § 2287 analog i. V. m. §§ 812 ff.; **b)** Nach der Auslegungsregel des § 2269 I, die nur **hilfsweise** eingreift, ist das **Einheitsprinzip** anzunehmen!

Erbvertrag

§§ 2274 ff. => Mischform von Vertrag u. Verfügung von Todes wegen; **Beachte: a)** Formerfordernis nach § 2276; **b)** Vertragsgemäße Bestimmungen: § 2278 II; **c)** Erblasser kann sich vom Vertrag durch **Anfechtung** (§§ 2281 bis 2283), durch **Rücktritt** (§§ 2293 bis 2297) oder durch einen **Aufhebungsvertrag** (§§ 2290 bis 2292) lösen

Annahme/Ausschlagung der Erbschaft

§ 1942 I => Zwischen Anfall der Erbschaft u. Entscheidung über Annahme oder Ausschlagung ist der Erbe ein sog. **vorläufiger** Erbe; **Beachte** Überlegungsfrist von 6 Wochen (§ 1944 I), nach dieser Zeit ist eine Ausschlagung ausgeschlossen (§ **1943**); Bei Anfechtung der Annahme/ Ausschlagung gelten die Anfechtungsgründe des Allgemeinen Teils u. § 2308

Enterbung

§ **1938** => Pflichtteil (§ 2317), falls berechtigt (§ 2303)

Erbschein

Legaldefinition in § **2353** => **Beachte** Rechtsscheinwirkung nach §§ 2366, 2367; § **2366** betrifft rechtsgeschäftliche Verfügungen! Der gutgläubige Erwerber wird so gestellt, als ob er vom wahren Erben erworben hätte. §§ 892, 893, 932 bis 935 werden durch § 2366 **verdrängt**, soweit der Erwerb daran scheitert, dass der Veräußerer Nichterbe ist

Pflichtteil, § 2303

Ist ein Abkömmling des Erblassers durch Verfügung von Todes wegen von der Erbfolge **ausgeschlossen,** so kann er von dem Erben den Pflichtteil verlangen, § 2303. Der Pflichtteil besteht in der Hälfte des Wertes des gesetzlichen Erbteils. Beträgt der

gesetzliche Erbteil z.B. ½, so ist
der Pflichtteil also ¼ .

Pflichtteilsrestanspruch, § 2305

Ist einem Pflichtteilsberechtigten
ein Erbteil hinterlassen, der ge-
ringer ist als die Hälfte des ge-
setzlichen Erbteils, so kann der
Pflichtteilsberechtigte von den
Miterben als Pflichtteil den Wert
des an der Hälfte fehlenden Teils
verlangen.

**Pflichtteilsergänzungsanspruch
bei Schenkungen, § 2325**

Hat der Erblasser einem Dritten
eine Schenkung gemacht, so
kann der Pflichtteilsberechtigte
als Ergänzung des Pflichtteils
den Betrag verlangen, um den
sich der Pflichtteil erhöht, wenn
der verschenkte Gegenstand
dem Nachlass hinzugerechnet
wird.

7. Lektion: Handelsrecht (§§ des HGB)

**§ 1
Kaufmann**

§ 1 I HGB

Gewerbe

Ist jede äußerlich erkennbare,
planmäßige (= auf gewisse Dauer
angelegt), erlaubte (str., überwie-
gende Meinung: keine Voraus.,
da Gewerbebegriff wertneutral!),
selbstständige u. auf Gewinner-
zielung (h. M.) gerichtete Tätig-
keit mit Ausnahme der freien Be-
rufe (Rechtsanwalt, Arzt, Künst-
ler)

Betreiber des Gewerbes

Derjenige, in **dessen Namen** die
Geschäfte abgeschlossen wer-
den u. der aus ihnen **berechtigt**
u. **verpflichtet** wird => Bspe.:
GmbH, Treuhänder, Vertretene;
Kein Betreiber: Prokurist, Treuge-
ber, Geschäftsführer einer GmbH

Handelsgewerbe

§ 1 II => **Jeder** Gewerbebetreibende ist automatisch Kaufmann, solange er nicht ausschließlich Kleingewerbebetreibender ist, bei dem kein in kaufmännischer Weise eingerichteter Geschäftsbetrieb erforderlich ist (= **Ist-Kaufmann**)

§ 2
Kannkaufmann

Gewerbebetrieb gilt als Handelsgewerbe, wenn das Unternehmen im **Handelsregister** eingetragen ist => Kraft Eintragung liegt die Kaufmannseigenschaft vor!

§ 5
Fiktivkaufmann

Nach Eintragung ins Handelsregister kann der Gewerbebetreibende **nicht** mehr geltend machen, dass ein Handelsgewerbe in Wirklichkeit gar nicht vorliege

§ 6
Kaufmann kraft Rechtsform

§ 6 II => Formkaufleute, bei denen das Betreiben eines Handelsgewerbes nach § 1 II **nicht** zu prüfen ist. Bspe. für Kaufleute kraft Gesetz: GmbH, AG

§ 15
Negative Publizität

§ 15 I => Hier kann der Dritte auf die Nichteintragung bzw. -bekanntmachung **vertrauen**

Schutz bei Eintragung u. Bekanntmachung

§ 15 II => Hier muss der Dritte die eingetragenen u. bekanntgemachten Tatsachen **gegen** sich gelten lassen. Vorliegen muss eine **eintragspflichtige** u. nicht nur –fähige Tatsache. Eintragungsfähig: Tatsachen, deren Eintragung gesetzlich erlaubt, aber **nicht** vorgeschrieben ist; **Eintragungspflichtig**: Tatsachen, deren Eintragung gesetzlich **zwin-**

gend vorgeschrieben ist, z. B. §
29 Firma, § 53 Prokura

Positive Publizität

§ 15 III => Schützt das Vertrauen
an eine **fälschlicherweise** be-
kanntgemachte Tatsache

§ 17
Firma

§ 17 I => Nur der Handelsname
des Kaufmanns im Handelsver-
kehr, unter dem er seine Ge-
schäfte betreibt u. seine Unter-
schrift abgibt. Die Firma steht
nicht für das Unternehmen
selbst! Deswegen ist sie auch
nicht Träger von Rechten u.
Pflichten, sondern immer nur der
Kaufmann allein

§ 18
Grundsatz der Firmenwahrheit

§ 18 II 1 => Firma muss **wahr**
sein

§§ 23 ff.
Unternehmenserwerb

Rechtsgeschäftliche Übertragung
eines Unternehmens wird nach
allg. Zivilrecht behandelt => **Be-
achte** die Unterscheidung zwi-
schen dem der Übertragung
zugrunde liegenden Verpflich-
tungsgeschäft und den zu seiner
Erfüllung erforderlichen Verfü-
gungsgeschäften (= Übertragung
der Unternehmensbestandteile);
Abstraktionsprinzip! => Das
Unternehmen ist zwar einerseits
Rechtsobjekt, andererseits aber
kein Rechtssubjekt. Das Unter-
nehmen ist also nicht selbst
Träger von Rechten u. Pflichten,
sondern **nur** dessen Inhaber
(Kaufmann)!

Wechsel des Inhabers eines kauf-
männischen Unternehmens

3 Formen: **1)** Durch Rechtsge-
schäft unter Lebenden: **§ 25**; **2)**
Von Todes wegen: **§ 27**; **3)** Durch
Rechtsgeschäft unter Lebenden
durch Einbringung des einzel-

234

kaufmännischen Unternehmens
in eine OHG oder KG: § 28

§ 37
Formeller Firmenschutz

§§ 37 I, II S. 1

§ 48
Erteilung der Prokura

Ausdrücklich u. persönlich durch den Kaufmann, § 48 I => **Umfang**: Prokura ist eine unbeschränkte (§ 49 I) u. unbeschränkbare (§ 50 I, II) Vollmacht im Handelsverkehr. Ein **Missbrauch** der Prokura liegt dann vor, wenn der Prokurist die im Innenverhältnis vorhandenen Beschränkungen überschreitet. **Trotz** Missbrauchs ist der Kaufmann aus den Rechtsgeschäften berechtigt u. verpflichtet! **Ausnahme**: Prokurist wirkt mit Drittem zusammen!

Gesamtprokura

§ 48 II => Gemeinschaftsprokura, bei der das Zusammenwirken **mehrerer** Prokuristen notwendig ist, um den Kaufmann wirksam zu verpflichten

§ 50
Filialprokura

§ 50 III => Vertretung nur für eine **bestimmte** Niederlassung

§ 53
Erlöschen der Prokura

§ 53 III: Eintragung im Handelsregister

§ 54
Handlungsvollmacht

Alle Vollmachten, die ein Kaufmann im Rahmen seines Handelsgewerbe erteilt u. die **nicht** Prokura sind, sind Handlungsvollmachten => **Ausschluss** der Handlungsvollmacht: § 54 II. **Erlöschen** der Handlungsvollmacht: **a)** Widerruf, § 168 S. 2 BGB; **b)** Erlöschen des Grundverhältnisses, § 168 S. 1 BGB

Generalhandlungsvollmacht	**§ 54 I 1. Fall** => **Ermächtigung** zum Betrieb eines Handelsgewerbes. Unterscheide hiervon die Generalvollmacht (§§ 164 ff. BGB)
Arthandlungsvollmacht	**§ 54 I 2. Fall** => Hier besteht Vertretungsmacht für eine bestimmte **Art** von Geschäftetn, die ein derartiges Handelsgewerbe mit sich bringt
Spezialhandlungsvollmacht	**§ 54 I 3. Fall** => Ermächtigung zur Vornahme **einzelner** zu einem Handelsgewerbe gehöriger Geschäfte
§ 56 Ladenvollmacht	Unter **Laden** oder Warenlager sind für das Publikum offen stehende Räume zu verstehen, in denen der Inhaber seine Geschäfte betreibt
§ 84 Handelsvertreter	**§ 84 I 1** => Entscheidendes Kriterium: **Selbstständigkeit**, d. h. Handelsvertreter muss seine Arbeitszeit selbst u. **frei** bestimmen u. seine Tätigkeit im Großen u. Ganzen **frei** gestalten können. Gegenbeispiel: Angestellter
§ 86 Pflichten	**Vermittlung/ Abschluss** von Geschäften: **§ 86 I 1** => Handelsvertreter muss seine Pflichten mit der Sorgfalt eines ordentlichen Kaufmanns wahrnehmen: **§ 86 III**; § 667 BGB findet ergänzende Anwendung. Er ist gem. § 90 zur Verschwiegenheit verpflichtet! **Unterscheide** Abschluss- u. Vermittlungsvertreter (siehe Def.)
Abschlussvertreter	Dieser darf **alle** Geschäfte u. Rechtshandlungen vornehmen, die der **Abschluss** von Geschäf-

ten außerhalb des Betriebs mit sich bringt (Außenverhältnis) => Hierzu nach §§ 55, 54 ermächtigt. **Innenverhältnis**: §§ 84 ff., Verpflichtung zur Bemühung, dass Verträge zwischen Unternehmer u. Dritten zustande kommen (siehe Hauptflicht)

Vermittlungsvertreter

Dieser hat **keine** Vollmacht zum Abschluss von Geschäften (Aussenverhältnis) => Aber: § 91 II. **Innenverhältnis**: siehe Abschlußvertreter

§ 87
Provision

Handelsvertreter hat hierauf einen **Anspruch**: § 87 I 1 (Abschlussprovision) => Inkassoprovision: § 87 IV; Delkredereprovision: § 86b

§ 93
Handelsmakler

§ 93 I => Unterschied zum Handelsvertreter: Makler wird nicht aufgrund ständiger Beauftragung, sondern im **Einzelfall** u. **objektbezogen** für Andere als Vermittler tätig, **ohne** dass er an Weisungen gebunden wäre. Abgrenzung ist wichtig in Bezug auf die Anwendung der §§ 84 ff. u. ob ein Anspruch auf Provision besteht oder dieser Anspruch einer ausdrücklichen Parteivereinbarung bedarf!

§ 94
Schlussnote

§ 94 I => Sie schafft den Parteien **Gewissheit** über den Vertragsabschluss u. dessen Inhalt. Sind die Parteien Kaufleute u. widersprechen sie der Schlussnote nicht unverzüglich, dann kommt das Geschäft nach den Grundsätzen über das kaufmännische

Bestätigungsschreiben mit dem Inhalt der Schlussnote zustande

§ 343
Handelsgeschäft

Alle Geschäfte eines Kaufmanns, die zum **Betrieb** seines Gewerbes gehören: § 343 I => **Einseitiges** Handelsgeschäft: Lediglich ein Beteiligter ist Kaufmann; **Zwei-/beiderseitiges** H.: Beide Beteiligten sind Kaufleute. Beachte: Grundsatz des **§ 345**

§ 362
Schweigen des Kaufmanns auf Anträge

§ 362 I 1 => Weiterer Fall des Schweigens beim Vertragsschluss: Kaufmännisches Bestätigungsschreiben (siehe Def. BGB AT), **Voraus.: 1)** Empfänger ist Kaufmann bzw. nimmt zum grossen Teil am Rechtsverkehr teil; **2)** Bestätigender muss wie ein Kaufmann am Geschäftsleben teilnehmen u. erwarten können, dass der Empfänger ihm gegenüber nach kaufmännischer Sitte verfährt; **3)** Zugang des Schreibens; **4)** Unmittelbarer zeitlicher Zusammenhang zwischen den Vertragsverhandlungen/ Vertragsschluss u. dem Bestätigungsschreiben; **5)** Bestätigender muss redlich sein, d. h. er muss davon ausgehen können, dass der Inhalt des Schreibens das Vereinbarte richtig wiedergibt; **6)** Kein unverzüglicher Widerspruch des Empfängers (§ 121 I 1 BGB)

§ 366
Eigentumserwerb vom Nichtberechtigten § 366 I: Hier reicht der gute Glaube des Erwerbers an die **Verfügungsbefugnis** des Veräußerers aus => **Beachte:** Tatbestandsmerkmale der §§ 932-936 BGB müssen vorliegen. Neben den §§ 932-936 BGB gilt § 366 nur im

238

Hinblick auf die Verfügungsbe-
fugnis. Maßstab der Gutgläu-
bigkeit: § 932 II BGB

§ 369
Zurückbehaltungsrecht

§ 369 I

§ 373 ff.
Verzug beim Handelskauf

Handelskauf ist ein KV (§ 433 ff.
BGB), der zu den in §§ 343, 344
genannten Handelsgeschäften
gehört => Sachkauf (z. B. § 373
I) oder Rechtskauf (z. B. § 381 I).
Beachte die Anwendung der all-
gemeinen Vorschriften des BGB
über Annahmeverzug (§ 293 ff.)

Bestimmungskauf

§ 375 I => Abgrenzung zur Wahl-
schuld (§ 262 BGB)

Fixhandelskauf

§ 376 I => S. relatives/ absolutes
Fixgeschäft (Def. BGB AT)

Rügeobliegenheit

Durch § 377 sind die Gewährleis-
tungsansprüche aus dem Han-
delskauf **beschränkt** => Sach-
mangel i. S. v. § 434 BGB

§ 383
Kommissionär

§ 383 I => Er handelt als **mittel-
barer** Stellvertreter. Unterscheide
3 Rechtsbeziehungen beim Kom-
missionsgeschäft: **1)** Kommis-
sionsvertrag (Geschäftsbesor-
gungsvertrag): zwischen Kommit-
tent (Auftraggeber) u. Kommis-
sionär; **2)** Ausführungsgeschäft:
zwischen Kommissionär u. einem
Dritten (z. B. Verkauf von Wert-
papieren); **3)** Abwicklungsge-
schäft: zwischen Kommissionär
u. Kommittent (Übertragung der
erlangten Rechte oder Waren).
Beachte wichtige Norm: § 392 II

8. Lektion: Gesellschaftsrecht

Gesellschaft i. w. S.

Privatrechtliche Vereinigung natürlicher u./ oder juristischer Personen, die zur Erreichung eines **gemeinsamen** Zwecks durch Rechtsgeschäft gegründet wird => **Einteilung** der Gesellschaftsformen: **a)** Personengesellschaften; **b)** Körperschaften (siehe jeweils Def.)

Numerus Clausus der Gesellschaftsformen

Verschiedene Arten von Gesellschaftstypen werden im Gesetz **abschließend** bestimmt => Gründungsgesellschafter können also **keine** neuen Gesellschaftsformen „erfinden"

Personengesellschaften

Grundform ist die Gesellschaft bürgerlichen Rechts (**GbR**), §§ 705 ff. BGB => Zu Personengesellschaften zählen insbes. die offene Handelsgesellschaft (oHG, §§ 105 ff. HGB), die Kommanditgesellschaft (KG, § 161 ff. HGB), die stille Gesellschaft (§§ 230 ff. HGB). **Beachte: 1)** Personengesellschaften sind **keine** juristischen Personen (siehe Def.), beachte **aber** Rechtsfähigkeit der (**Außen-**)GbR, soweit sie durch Teilnahme am Rechtsverkehr eigene Rechte u. Pflichten begründet (siehe Def. GbR); **2)** Personengesellschaften sind in ihrem rechtlichen Bestand von ihren Mitgliedern **abhängig**; **3)** Sie eignen sich als Rechtsform vor allem für **kleine** u. mittelständische Unternehmen: Einfache Gründung, formlos wirksamer Gesellschaftsvertrag, offene Gestaltung des Innenverhältnisses; **4) Haftung** für Gesellschaftsverbindlichkeiten: Gesellschafter haften **persönlich** mit ihrem Privatvermögen u. auch **unbeschränkt**, der Kommanditist (siehe Def.) ausgenommen; **5)** **Geschäftsführung/ Vertretung**: Wird von den Gesellschaftern **selbst** wahrgenommen (**Selbstorganschaft**); **6)** Punkt 4 u. 5 sind wesentliche Unterschiede zu den Körperschaften (siehe Def.)

Körperschaften

Grundform ist der **Verein**, §§ 21 ff. BGB => Zu den Körperschaften gehören u. a. die Aktiengesellschaft (AG, §§ 1 ff. AktG), die Gesellschaft mit beschränkter Haftung (GmbH, §§ 1 GmbHG). **Beachte: 1)** Körperschaften sind **juristische Personen** (siehe Def.): Gesellschaft ist selbst Inhaberin/ Eigentümerin des Gesellschaftsvermögens u. wird **selbst** berechtigt u. verpflichtet; **2)** Körperschaften sind **nicht** vom Bestand ihrer Mitglieder abhängig; **3)** Die AG eignet sich als Rechtsform vor allem für große Unternehmen; **4) Haftung** für Gesellschaftsverbindlichkeiten: Haftung gegenüber Dritten ist auf das Gesellschaftsvermögen **beschränkt; 5) Geschäftsführung / Vertretung**: Trennung von den Mitgliedern, da diese Aufgaben durch besondere Organe wahrgenommen werden (**Fremdorganschaft**), Bspe.: durch Vorstand, Geschäftsführer; **Aber**: Es besteht die Möglichkeit, auch einen Gesellschafter zum Organ zu bestimmen, Bsp.: GmbH-Gesellschafter kann zugleich Geschäftsführer der GmbH sein

Juristische Person

Körperschaft oder Stiftung, der durch Rechtsordnung **Rechtsfähigkeit** verliehen ist => Bspe.:

Verein (§§ 21 BGB), AG (§ 41 I 1
AktG), GmbH (§ 11 I GmbHG)

Gesellschaft bürgerlichen Rechts (GbR) §§ 705 bis 740 BGB, auch BGB-Gesellschaft genannt => **GbR** ist eine auf Gesellschaftsvertrag beruhende Vereinigung mehrerer Personen (mindestens zwei) zur Erreichung/ Förderung eines beliebigen gemeinsamen Zwecks, der **nicht** auf den Betrieb eines Handelsgewerbes i. S. v. § 1 II HGB gerichtet ist; Bspe.: Arbeitsgemeinschaften, Lotto-Tippgemeinschaft. **Beachte: a) Entstehung** im **Innenverhältnis** durch formfreien Gesellschaftsvertrag (§ 705 BGB); **Außenverhältnis:** GbR wird wirksam, sobald in ichrem Namen Geschäfte mit Dritten gemacht werden; **b)** Eine GbR kann durch ihre vertretungsberechtigten Gesellschafter am Rechtsverkehr teilnehmen u. in Beziehung zu Dritten treten (**Außengesellschaft**), Bsp.: Arbeitsgemeinschaft tritt unter dieser Bezeichnung, z. B. Arbeitsgemeinschaft Schöner Bauen, gegenüber Dritten auf; **c)** Meistens treten die Gesellschafter aber nach außen **nicht** gemeinsam hervor, sondern treten bei Geschäften mit Dritten im **eigenen** Namen auf. Die GbR hat dann **keinerlei** Außenwirkung (**Innengesellschaft**), Bsp.: Lotto-Tippgemeinschaft, die die Scheine nicht als „Tippgemeinschaft Schmidt" kauft u. daher nicht als GbR im Rechtsverkehr in Erscheinung tritt; **d) Geschäftsführung/ Vertretung:**
Geschäftsführung: Betrifft das Innenverhältnis, d. h. das Verhältnis der Gesellschafter untereinander u. die Möglichkeit der

gesellschaftsinternen Willensbildung. Geschäftsführung erfolgt grundsätzlich **gemeinschaftlich** (Gesamtgeschäftsführung), d. h. jede Entscheidung in Angelegenheiten der Gesellschaft bedarf der Zustimmung aller Gesellschafter (§ 709 BGB), **beachte** aber: §§ 709 II, 710 (Einzelgeschäftsführungsbefugnis); **Vertretung**: Behandelt das Tätigwerden Dritten gegenüber (**Aussenverhältnis**) u. richtet sich gem. § 714 BGB nach der **Geschäftsführungsbefugnis**, deren Umfang sich nach dem Gesellschaftsvertrag oder sonstigen Absprachen bestimmt. Meistens: **Beschränkung** der Geschäftsführungsbefugnis auf das Gesellschaftsvermögen; **e) Haftung** der Gesellschafter im **Innenverhältnis** bei Pflichtverletzungen: Ggf. Haftung gegenüber den anderen Gesellschaftern/ der Gesellschaft aus §§ 280 I, III, 281 BGB; Sorgfaltsmaßstab: § 708 BGB, bei **grober** Fahrlässigkeit, § 277 BGB; Pflichtverstöße aus dem Innenverhältnis haben aber **keine** Auswirkungen auf die Wirksamkeiten von Rechtsgeschäften mit Dritten; **Haftung** im **Außenverhältnis**: Wenn ein Gesellschafter im Namen der GbR mit Vertretungsmacht ein Rechtsgeschäft mit einem Dritten schließt, dann haften aus diesem Geschäft die GbR u. zugleich auch die Gesellschafter. Haftung der Gesellschafter wird über die **Akzessorietätstheorie** (BGH, str.) begründet. Nach ihr haften Gesellschafter für Verbindlichkeiten der GbR **akzessorisch** nach § 128 HGB analog mit ihrem Privatvermögen; Gläubiger der GbR kann grundsätzlich unbeschränkt auf **alle** Gesellschafter (Gesamt-schuldner i. S. v. §§ 421 ff. BGB) zugreifen; GbR muss sich zu Schadensersatz verpflichtendes Handeln ihrer Gesellschafter entsprechend § 31 BGB zurechnen lassen; **f) Kündigung** (§ 723 BGB) u. **Auflösung** (§§ 726-728 BGB); Folge der Auflösung: Auseinandersetzung, §§ 730 ff., **beachte**: Fortsetzung der Gesellschaft, § 736 BGB

Offene Handelsgesellschaft (oHG)

Siehe Def.: **§ 105 I HGB** => oHG ist eine Personengesellschaft, auf die die Vorschriften über die GbR Anwendung finden (§ 105 III HGB); §§ 105 ff. HGB sind zu §§ 705 ff. BGB vorrangig; **Unterschied** zur GbR: OHG ist auf den Betrieb eines **Handelsgewerbes** unter gemeinschaftlicher **Firma** (§ 17 I HGB) gerichtet; **Beachte: a)** oHG ist **keine** juristische Person, aber **teilrechtsfähig** (§ 124 HGB); **b) Entstehung**: Im **Innenverhältnis** durch formfreien Gesellschaftsvertrag (§ 105 III HGB i. V. m. § 705 BGB; **Inhalt**: § 109 HGB); **Außenverhältnis**: Wirksamkeit im Verhältnis zu Dritten tritt mit der **Eintragung** im Handelsregister oder mit Geschäftsaufnahme ein (§ 123 HGB); **Beachte** bei der Geschäftsaufnahme: Gilt **nur**, wenn die oHG ein Handelsgewerbe mit kaufmännischem Geschäftsbetrieb betreibt (§ 1 II HGB, Ist-Kaufmann); **c) Geschäftsführung/ Vertretung: Geschäftsführung**: Grundsätzlich **Einzel**geschäftsführungsbefugnis aller Gesellschafter (§§ 114, 115 I HGB), **Ausnahme**: Ausschluss, § 114 II HGB oder § 115 II HGB; **Umfang** der Geschäftsführung: § 116 HGB; **Vertretung**: Als Grundsatz gilt die **Einzel**vertretungsbefugnis (§ 125 I HGB) durch jeden Gesellschafter; **Umfang** der Vertretungsmacht: § **126 I HGB**, beachte: § 125 III HGB; **Beschränkungen** des Umfangs sind Dritten gegenüber **unwirksam**: § 126 II HGB; **d) Haftung** der **Gesellschaft**: oHG haftet aus in ihrem Namen abgeschlossenen Geschäften u. ist für die Verletzung ihrer rechtsgeschäftlichen Verpflichtungen haftbar (für Verschulden ihrer verfassungsmäßig berufenen Vertreter hat sie gem. § 31 analog BGB u. für Erfüllungsgehilfen gem. § 278 BGB einzustehen); **e) Haftung** der **Gesellschafter**: Alle Gesellschafter der oHG haften den Gläubigern der Gesellschaft nach § **128 HGB** (unbeschränkte Haftung, auch mit Privatvermögen) als Gesamtschuldner (§ 421 BGB) für die Verbindlichkeiten der Gesellschaft (= **akzessorische** Haftung). Gläubiger können also **direkt** die Gesellschafter in Anspruch nehmen u. müssen sich nicht erst über § 124 I HGB an die Gesellschaft halten; **f) Auflösung** der oHG: § **131 I HGB**; Beachte Ausscheiden des Gesellschafters: § 131 III HGB; **Anmeldung** von Auflösung u. Ausscheiden im Handelsregister (§ 143 HGB)

Kommanditgesellschaft (KG)

§§ 161 ff. HGB => **Abwandlung** der oHG; Anwendung der Vorschriften der oHG/BGB: § 161 II, § 105 III; **Beachte: a) Entstehung**: siehe oHG; **b) Unterschied** zur **oHG** in den Haftungsverhältnissen der Gesellschafter: **Komplementäre** haften für die

Gesellschaftsverbindlichkeiten **unbeschränkt** persönlich, die **Kommanditisten** nur bis zur Höhe ihrer Haftsumme (= **Einlage**); c) **Geschäftsführung/Vertretung**: Grundregel: Kommanditisten sind von der Geschäftsführung ausgeschlossen (§ **164 HGB**), diese liegt **allein** bei den Komplementären; d) **Atypische KG** = Gesellschaftsvertrag trifft eine abweichende Regelung von der Grundregel u. **überträgt** einem Kommanditisten die Geschäftsführung; e) **Haftung** der Gesellschaft: Siehe wie bei oHG; f) **Haftung** der **Komplementäre**: Haftet für die Verbindlichkeit der Gesellschaft, wie die Gesellschafter der oHG gem. § 128 HGB **persönlich**; g) **Haftung** der **Kommanditisten**: Sie haften zwar auch gesamtschuldnerisch u. persönlich neben den Komplementären, jedoch **nur** bis zur Höhe ihrer **Einlage** (§ 171 I HGB); h) **Unbeschränkte** Haftung des Kommanditisten **vor** Eintragung: § 176 I HGB, beachte auch § 176 II HGB; i) **Auflösung** der KG: Siehe bei oHG, Besonderheit: § **177 HGB**

Kommanditist — Gesellschafter, deren Haftung auf den Betrag einer bestimmten Vermögenseinlage **beschränkt** ist

Komplementäre — Gesellschafter, die **unbeschränkt** haften => Gesetz spricht von persönlich haftenden Gesellschaftern

Stille Gesellschaft — §§ **230 bis 237 HGB** => Beteiligung am Handelsgewerbe eines anderen mit einer Vermögenseinlage (§ 230 I HGB); Sie tritt **nicht** nach außen im Rechtsverkehr auf (**Innengesellschaft**)

Verein (e. V.)

§§ **21 ff. BGB** => Siehe Def. BGB AT; **Beachte: a)** Unterscheidung nichtwirtschaftlicher (§ 21 BGB) u. wirtschaftlicher (§ 22 BGB) Vereine: **Wirtschaftlicher** Verein liegt vor, wenn **planmäßig** u. **dauerhaft** Leistungen gegen **Entgelt** angeboten werden; Rechtsfähiger Verein ist **juristische** Person u. von seinen Mitgliedern **getrennt; b) Haftung:** Mitglieder haften **nicht** für Vereinsschulden. Verein haftet als juristische Person **selbst**; Gem. § **31 BGB** haftet er für Schäden, die durch Pflichtverletzungen seiner Organe verursacht worden sind; **c) 2** Organe: **Vorstand** (§ 26 BGB) u. die **Mitgliederversammlung** (§ 32 BGB); **d) Vorstand vertritt** den Verein gerichtlich u. außergerichtlich (§ 26 I); **e) Mitgliederversammlung** ist für die **Willensbildung** des Vereins zuständig; Die Willensbildung erfolgt durch **Beschluss** (§ 32 I 3 BGB: Mehrheit der abgegebenen Stimmen entscheidet)

Aktiengesellschaft (AG)

§§ **1 ff. AktG** => AG ist eine Handelsgesellschaft mit **eigener** Rechtspersönlichkeit (= juristische Person), deren Gesellschafter (**Aktionäre**) mit Einlagen an dem in Aktien zerlegten Grundkapital beteiligt sind, **ohne** persönlich für die Verbindlichkeiten der Gesellschaft zu haften. **Beachte: a)** Die AG kann zu jedem gesetzlich zulässigen Zweck gegründet werden; **2** Möglichkeiten zur Gründung: **1)** Bargründung (§ 2 AktG, § 23 III Nr. 3 AktG): Mindestens 50.000 €); **2)** Sachgründung (§§ 26, 27 AktG), Bsp. Einbringung eines Unter-

nehmens; **Entstehung** durch
Eintragung im Handelsregister
(§ 41 I AktG); **b) Haftung**: Den
Gläubigern haftet nur das Ge-
sellschaftsvermögen, **nicht** die
Aktionäre **persönlich** (§ 1 I 2
AktG); Die **AG** haftet für in ihrem
Namen abgeschlossene Ge-
schäfte, sowie für Organver-
schulden (§ 31 BGB); **c) Grund-
kapital** ist in Aktien zerlegt, mit
denen die Aktionäre am Ver-
mögen der Gesellschaft beteiligt
sind; **d) Organe** der AG: **Vor-
stand** (§ 76 AktG), der Ge-
schäftsführungsbefugnis hat,
Aufsichtsrat (§ 111 AktG),
Hauptversammlung (§ 118
AktG); **e) Aktionäre** = Eigentüm-
er der Gesellschaft mit folgenden
Rechten: §§ 118, 131, 134, 245,
58 IV, 60, 271 AktG (Mitverwal-
tungs- u. Vermögensrechte)

**Gesellschaft mit beschränkter Haftung
(GmbH)**

GmbH ist eine Handelsgesell-
schaft mit eigener Rechtspersön-
lichkeit (= juristische Person),
deren Gesellschafter mit Stamm-
einlagen auf das in Geschäftsan-
teile zerlegte Stammkapital be-
teiligt sind, **ohne** persönlich für
die Verbindlichkeiten der Gesell-
schaften zu haften => **Beachte:
a) Form**erfordernis des Gesell-
schaftsvertrages: § 2 I S. 1 u. S.
2 GmbHG; **Mindestinhalt**: § 3
GmbHG; Mit Abschluss des Ver-
trages u. der notariellen Beurkun-
dung ist der Vertrag **errichtet,
entstanden** ist die GmbH da-
gegen erst mit dem **Eintrag** ins
Handelsregister (§ 11 GmbHG),
davor ist sie nur „Vor-GmbH"; **b)
Außenhaftung**: Für die Verbind-
lichkeiten der Gesellschaft **haftet**
grundsätzlich nur das Gesell-
schaftsvermögen (§ 13 II

GmbHG); Gesellschaft haftet für in ihrem Namen abgeschlossene Geschäfte sowie für Organverschulden nach § 31 BGB; **Innenhaftung**: Bei Pflichtverletzungen hat die Gesellschaft einen Schadensersatzanspruch gegen den Gesellschafter (= **Gründungshaftung**), § 9a GmbHG; **Haftungsbefreiung** durch Entlastungsbeweis: § 9a III GmbHG

Lehre von der fehlerhaften Gesellschaft Nach ihr wird eine Personengesellschaft auf **fehlerhafter** Vertragsgrundlage unter bestimmten Voraus. für die Vergangenheit wie eine **wirksame** Gesellschaft behandelt => **Voraus.**: **1)** Fehlerhafter Gesellschaftsvertrag (z. B. §§ 105, 125, 134); **2)** Vertrag muss in **Vollzug** gesetzt sein: Bei Vereinen u. Kapitalgesellschaften muss **Eintragung** ins Vereins-/ Handelsregister stattgefunden haben; bei Personengesellschaften muss die Gesellschaft in Vollzug gesetzt sein durch Rechtsgeschäfte mit Dritten; **3) Keine** entgegenstehende Interessen der Allgemeinheit (z. B. Gesetz-/ Sittenwidrigkeit des Vertrages, §§ 134, 138); Bei Beteiligung Minderjähriger gilt § 107 BGB zu berücksichtigen. **RFen: 1) Innenverhältnis**: Es gelten die gesellschaftlichen Regelungen, wobei die unwirksamen Absprachen ausgenommen werden; **2) Aussenverhältnis**: Wie eine wirksame Gesellschaft; **3) Beendigung**: Auflösung nur **ex-nunc** nach gesellschaftlichen Regelungen durch Kündigung, § 723 I BGB oder Auflösungsklage, § 133 HGB oder Nichtigkeitsklage, §§ 275 ff. AktG bzw. §§ 75 ff. GmbHG

9. Lektion: Arbeitsrecht

Individualarbeitsrecht

Regelungen, die das **einzelne** Arbeitsverhältnis betreffen => Bsp.: Hierunter fallen das Arbeitsvertrags- oder das Arbeitnehmerschutzrecht

Kollektivarbeitsrecht

Erfasst **2** Rechtsbeziehungen: **1)** Rechtsbeziehungen zwischen den **Gewerkschaften** als überbetrieblichen Zusammenschlüssen u. dem **Arbeitgeber**; **2)** Rechtsbeziehungen zwischen der **Vertretung** der **Arbeitnehmer** im Betrieb u. dem **Arbeitgeber** => Bsp.: Hierunter fallen das Tarifvertrags-, Koalitions-, Mitbestimmungs-, Arbeitskampf-, Betriebsverfassungsrecht

Arbeitsvertrag/Arbeitsverhältnis

Es ist ein **privatrechtlicher** Austauschvertrag (Dienstvertrag i. S. d. **§§ 611 ff. BGB**), durch den sich die eine Vertragspartei (Arbeitnehmer) gegenüber der anderen (Arbeitgeber) zur Leistung unselbstständiger Dienste gegen Zahlung einer Vergütung verpflichtet => **Beachte: a) Abgrenzung** des Dienstvertrages zum Auftrag, Werk- u. Gesellschaftsvertrag (siehe Def. Schuldrecht BT); beim Gesellschaftsvertrag wird die Förderung eines gemeinschaftlichen Zwecks geschuldet; **b)** Kriterium für unselbstständige Dienste ist die **persönliche Abhängigkeit** u. nicht die wirtschaftliche!

Arbeitnehmer (AN)

Wer aufgrund eines privatrechtlichen Vertrages für einen anderen **unselbstständige** Dienste leistet => Indizien für persönliche Abhängigkeit: Weisungsgebundenheit bzgl. der Art u. Weise, des Ortes u. der Zeit u. Dauer der Dienstleistung; Bsp.: Arbeiter (= Beschäftigung überwiegend körperlicher Art) u. Angestellte (= Beschäftigung überwiegend geistiger Art). **Beachte: a) Hauptpflicht**: Verpflichtung zur Arbeitsleistung (absolute Fixschuld; Verpflichtung ergibt sich z. B. aus dem Tarifvertrag). Das Direktionsrecht (Weisungsrecht) des AG konkretisiert die entsprechenden Pflichten des AN; Rechtsgrundlage des Direktionsrechts: Arbeitsvertrag i. V. m. § 315 BGB; **b) Nebenpflichten** werden aus § 242 hergeleitet (z. B. Förderung des Vertragszwecks, Treue-, Verschwiegenheitspflicht); **c) Haftung** bei schuldhafter Verletzung der arbeitsvertraglichen Pflichten gegenüber AG: Schadensersatz aus § 280 I BGB, § 823 BGB

Arbeitgeber (AG)

Jede natürliche u. juristische Person => Vertragspartner des AN. **Hauptpflicht**: Zahlung der/s Vergütung/Entgeltes (Unterscheide Begriffe: Lohn für Arbeiter, Gehalt für Angestellte), Anspruchsgrundlage: Arbeitsvertrag i. V. m. § 611 BGB; **Nebenpflichten**: Schutzpflichten gegenüber Leben/Gesundheit des AN (§ 618 BGB)

Tarifvertrag

Privatrechtlicher Vertrag zwischen tariffähigen Parteien (§ 2 TVG) => Sie können entweder zwischen einer Gewerkschaft u. einem AG abgeschlossen werden (**Firmentarif**) oder zwischen einer Gewerkschaft u. einem Arbeitgeberverband (**Verbandstarifvertrag**); **Beachte: a) Inhalt**

des Tarifvertrages: **1) Normativer** Teil: Normen über Abschluss, Inhalt, Beendigung von Arbeitsverhältnissen; **2) Schuldrechtlicher**/obligatorischer Teil: Enthält Rechte u. Pflichten der Tarifvertragsparteien; **b)** Auf die einzelnen Arbeitsverhältnisse hat der normative Teil eine **unmittelbare** u. **zwingende** Wirkung (§ 4 I TVG), **Ausnahme:** § 4 III TVG

Betriebsvereinbarung

Privatrechtlicher Normenvertrag (str.) zwischen AG u. Betriebsrat

Kündigung

Siehe Def. Schuldrecht AT

Außerordentliche Kündigung

Siehe Schuldrecht BT, § 626 BGB

Verdachtskündigung

Kündigung, die der AG ausdrücklich wegen des **Verdachtes**, der AN habe eine strafbare Handlung begangen, die für das Arbeitsverhältnis **erheblich** ist, ausspricht => Kann auch bei sonstigem schwerem Fehlverhalten ausgesprochen werden. **Beachte: a)** Verdacht muss so **gravierend** sein, dass der AG eine fristlose Kündigung (**§ 626**) aussprechen könnte; **b)** Dringender Verdacht ist ausreichend, wenn der AG **alles** Erforderliche zur Aufklärung des Verdachts unternommen u. auch dem AN die Möglichkeit zu einer Äußerung gegeben hat; **c)** Wurde der Verdacht **ausgeräumt**, hat der AN einen Anspruch auf Wiedereinstellung!

Abmahnung

AG **beanstandet** ein bestimmtes pflichtwidriges Verhalten des AN mit dem Hinweis, dass bei Wiederholung arbeitsrechtliche Konsequenzen drohen

Koalitionsrecht

Schutzbereich der Koalitionsfreiheit: **Art. 9 III GG** => Erfasst sowohl die individuelle als auch die kollektive Koalitionsfreiheit

Arbeitskampf

Kollektive Maßnahmen zur Störung der Arbeitsbeziehungen, damit ein **bestimmtes Ziel** erreicht wird => Unterscheide 2 Arten: **a)** Streik; **b)** Aussperrung (siehe jeweils Def.)

Streik

Planmäßige u. gemeinsame **Verweigerung** von einer Mehrzahl von AN der geschuldeten Arbeitsleistung zur Durchsetzung von Forderungen => Streik erfolgt **ohne** Einverständnis des AG u. auch **ohne** Vorabankündigung. **Voraus.** für einen **rechtmäßigen** Streik: **1)** Parteien müssen **gewerkschaftlich** organisiert sein; **2) Einziges** zulässiges Ziel: Abschluss eines Tarifvertrages; **3)** Streikziel muss tariflich **regelbar** sein; **4)** Friedenspflicht; **5)** Verhältnismäßigkeit des Streiks (z. B müssen erst alle Möglichkeiten einer friedlichen Einigung verfolgt werden). **RF: a)** Hauptpflichten des Arbeitsverhältnisses werden suspendiert, d. h. **ruhen; b)** AN sind **nicht** zur Arbeit verpflichtet; **c)** AG müssen **keine** Gehälter zahlen, haben jedoch auch keinen Schadensersatzanspruch! **RF rechtswidriger** Streiks: **a)** Hier ruhen **nicht** die Hauptleistungspflichten aus dem Arbeitsverhältnis; **b)** Der AG **hat** einen Anspruch auf die Arbeitsleistung u. **kann** ggf. Schadensersatz gegen AN geltend machen (§§ 280, 823 II, 826 BGB); nach BGH ist auch ein Anspruch aus § 823 I, Eingriff in den eingerichteten u. ausgeübten Gewerbebetrieb, möglich (str.); **c) Daneben** kommen fristlose u. ordentliche Kündigungen in Betracht (§ 626 BGB)

Aussperrung

Planmäßige **Ausschließung** von AN von der Arbeit unter Verweigerung der Lohnzahlung => Aussperrung erfolgt ohne Einverständnis der AN u. auch ohne Vorabankündigung. **Voraus.** für eine **rechtmäßige** Aussperrung: **1)** Streik; **2)** Organisiert vom Arbeitgeberverband; **3)** Aussperrung aller AN, die streiken dürfen (d. h. Aussperrung auch von AN, die nicht streiken); **4)** Verhältnismäßigkeit. **RF: 1)** Hauptleistungspflichten **ruhen; 2) Kein** Vergütungsanspruch der AN; **3)** AN können **nicht** in Anspruch genommen werden, Schadensersatz zu leisten. **RF rechtswidriger** Aussperrungen: **1)** Hauptleistungspflichten ruhen nicht; **2)** Beschäftigungsanspruch der AN; **3)** Vergütungsanspruch der AN (§ 615)

Sachregister: BGB AT, Schuldrecht AT, Familien-, Erb-, Gesellschafts-, Arbeitsrecht

260

261

262

Paragraphen: Schuldrecht BT

Die §§ 433 bis 994 sind ab der Seite 126 aufsteigend angeordnet

Paragraphen: Sachenrecht

Die §§ 854 bis 1204 sind ab der Seite 203 aufsteigend angeordnet

Paragraphen: Handelsrecht

Die §§ 1 bis 383 HGB sind ab der Seite 231 aufsteigend angeordnet